高等学校新文科数字经济创新型人才培养系列教材

物流设施与设备

杨 扬◎主 编
何 静 郭东军 李杰梅◎副主编

电子工业出版社
Publishing House of Electronics Industry
北京·BEIJING

内 容 简 介

本书结构完整，内容丰富，比较全面地反映了现代物流设施与设备的发展状况，全面、系统地介绍了物流设施与设备的种类、结构和工作原理，能够为读者提供实用的物流设施与设备基本知识和技术资料。

全书内容包括绪论、运输设施与设备、仓储设施与设备、装卸搬运设备、集装单元化设备、包装设备、流通加工设施与设备、物流信息技术与设备、现代物流配送中心技术与设备、地下物流系统设施与设备。作者在书中提供了众多案例和习题，力图将本书打造成"互联网+"数字融合新形态教材，本书在实用性和操作性方面都有很强的指导作用。

本书适合高等学校物流管理、物流工程、供应链管理、工业工程、交通运输、电子商务、跨境电商及相关专业教学使用，也可作为物流和供应链领域的管理人员、工程技术人员和行业从业人员的学习培训参考书。

未经许可，不得以任何方式复制或抄袭本书之部分或全部内容。
版权所有，侵权必究。

图书在版编目（CIP）数据

物流设施与设备 / 杨扬主编. —北京：电子工业出版社，2022.8

ISBN 978-7-121-44064-9

Ⅰ.①物… Ⅱ.①杨… Ⅲ.①物流－设备管理－高等学校－教材 Ⅳ.①F252

中国版本图书馆 CIP 数据核字（2022）第 134254 号

责任编辑：刘淑敏　　　　特约编辑：田学清
印　　刷：北京捷迅佳彩印刷有限公司
装　　订：北京捷迅佳彩印刷有限公司
出版发行：电子工业出版社
　　　　　北京市海淀区万寿路 173 信箱　　　邮编：100036
开　　本：787×1092　1/16　　印张：16　　字数：420 千字
版　　次：2022 年 8 月第 1 版
印　　次：2025 年 1 月第 4 次印刷
定　　价：59.00 元

凡所购买电子工业出版社图书有缺损问题，请向购买书店调换。若书店售缺，请与本社发行部联系，联系及邮购电话：（010）88254888，88258888。

质量投诉请发邮件至 zlts@phei.com.cn，盗版侵权举报请发邮件至 dbqq@phei.com.cn。

本书咨询联系方式：（010）88254199，sjb@phei.com.cn。

前　言

物流设施与设备是物流系统运行的物质基础，是物流产业的基本生产要素，是现代物流生产作业的基本技术手段。随着生产和物流规模的扩大，现代化物流设施与设备的应用日益广泛，物流设备的自动化、信息化、智能化程度不断提高，在进行物流系统规划时，如何根据实际需要，选好、用好、管好物流设施与设备，充分发挥其效能，这是任何一个物流系统都需要解决的重要问题。

物流设施与设备是物流系统的重要子系统之一，在物流活动中具有十分重要的地位。随着社会经济的不断发展和科学技术水平的不断提高，物流设施与设备呈现出了许多新特征、具备了许多新功能。物流设施与设备的不断创新和发展，使得物流设备的构成越来越丰富、越来越复杂，物流设施与设备的合理选用和科学配置将会直接影响整个物流系统运行的效率和效果。

基于此，编者结合多年物流教学和工程实践经验，在参考了大量文献的基础上编写了此书，力求全面阐述物流设施与设备的种类、结构、特点、性能及选用方法，为物流从业者进行物流系统规划与设施、设备管理打下理论基础。

全书分为10章：第1章简要介绍了物流设施与设备的总体情况；第2章介绍了综合运输体系下5种主要运输方式的设施与设备；第3章介绍了常见的仓储设施与设备；第4章介绍了各类装卸搬运设备的工作原理和具体分类；第5章介绍了集装单元化技术和设备；第6章介绍了包装设备及其分类；第7章介绍了流通加工设施与设备；第8章介绍了物流信息技术与设备；第9章介绍了现代物流配送中心技术与设备；第10章介绍了地下物流系统设施与设备。

本书建议授课总学时为48学时，各章学时安排如下表所示。

教学内容	建议学时安排（学时）
第1章　绪论	2
第2章　运输设施与设备	6
第3章　仓储设施与设备	6
第4章　装卸搬运设备	6
第5章　集装单元化设备	4
第6章　包装设备	4

续表

教学内容	建议学时安排（学时）
第7章 流通加工设施与设备	6
第8章 物流信息技术与设备	6
第9章 现代物流配送中心技术与设备	4
第10章 地下物流系统设施与设备	4

本书的主要特点如下：

（1）内容丰富、新颖、实用，体现了现代物流需求。在编写过程中，编者广泛吸收了当前物流设施与设备的最新成果和技术，参阅了大量同类教材、专著、网上资料，并结合自身多年的教学和工程实践经验，力图使本书涵盖物流领域使用到的设施与设备。

（2）强化了立体化教材体系构建。本书结合信息平台存储更大的知识量，采用突出展现物流设施与设备的相关示意图、效果图、视频音频、流程设计等富媒体形式，以利于学生巩固所学的知识并培养其实际应用知识的能力。

（3）紧密结合本课程教学的基本要求，重点突出，所用资料力求更新、更准确地解读问题点。本书在注重物流设施与设备相关知识学习的同时，结合物流实训内容，强调应用性，具有较强的针对性。

本书由杨扬（昆明理工大学）负责设计全书结构、草拟写作提纲、组织编写，以及最后的统稿定稿工作。各章具体分工如下：第1章和第4章由杨扬、帅春燕（昆明理工大学）编写；第2章和第5章由何静（昆明理工大学）编写；第3章由李杰梅（昆明理工大学）、甘仲平、李俊良（昆船智能技术股份有限公司）编写；第6章由杨扬、郭东军（中国人民解放军陆军工程大学）编写；第7章由杨扬、王孝坤（大连交通大学）编写；第8章由徐新扬（昆明理工大学）、杨扬编写；第9章由李杰梅、闵定勇、徐文东（昆船智能技术股份有限公司）编写；第10章由郭东军编写。隋东旭老师对本书进行了细致的审读。研究生刘语瑶、王玉鸟、张秋月、尹继娇、张哲宇、高凡、马路、赵以诺、陈泳帆参与了书稿整理和资料收集工作。本书在编写过程中，参考了大量有关书籍和资料，在此向相关作者表示衷心的感谢！同时我们还得到了许多院校、科研机构及物流企业的大力支持，在此致以诚挚的谢意。

本教材提供了丰富的课程配套资源，主要包括PPT、教案、期末试卷两套及答案、微课视频、案例库、课后习题解答等。读者可以登录华信教育资源网（http://www.hxedn.com.cn）获取。

由于时间仓促和编者水平所限，书中难免存在疏漏之处，真诚希望广大读者不吝赐教，以便我们进一步修改完善，联系邮箱：yytongji@kust.edu.cn。

目 录

第1章　绪论·············1
 1.1　物流设施与设备概述·············2
 1.2　物流设施与设备的作用·············5
 1.3　物流设施与设备的发展状况和趋势·············7
 关键术语·············10
 本章小结·············10
 复习思考题·············11

第2章　运输设施与设备·············12
 2.1　公路运输设施与设备·············13
 2.2　铁路运输设施与设备·············19
 2.3　水路运输设施与设备·············27
 2.4　航空运输设施与设备·············33
 2.5　管道运输设施与设备·············38
 关键术语·············42
 本章小结·············42
 复习思考题·············43

第3章　仓储设施与设备·············44
 3.1　仓储设施与设备概述·············45
 3.2　仓库·············47
 3.3　货架技术·············51
 3.4　仓库月台及出入库装卸设备·············55
 3.5　自动化立体仓库·············60
 关键术语·············65
 本章小结·············65
 复习思考题·············66

第4章　装卸搬运设备·············67
 4.1　装卸搬运概述·············67
 4.2　起重机械设备·············70
 4.3　输送机械设备·············81
 4.4　叉车·············89
 关键术语·············96
 本章小结·············96
 复习思考题·············96

第5章　集装单元化设备·············98
 5.1　集装单元化概述·············99
 5.2　集装箱·············101
 5.3　托盘·············105
 5.4　集装箱装卸搬运设备·············110
 5.5　集装箱自动识别系统和智能检查系统·············117
 关键术语·············121
 本章小结·············121
 复习思考题·············121

第6章　包装设备·············122
 6.1　包装概述·············122
 6.2　包装材料和技术·············126

6.3　常用的包装设备……………………131
　　6.4　自动化包装生产线…………………144
　关键术语………………………………………147
　本章小结………………………………………147
　复习思考题……………………………………147

第7章　流通加工设施与设备……………148
　7.1　流通加工概述………………………149
　7.2　原材料流通加工设施与设备………154
　7.3　冷链物流设施与设备………………164
　7.4　生鲜食品流通加工设备……………170
　7.5　绿色流通加工的发展趋势…………172
　关键术语………………………………………173
　本章小结………………………………………173
　复习思考题……………………………………173

第8章　物流信息技术与设备……………174
　8.1　物流信息技术概述…………………175
　8.2　条码技术与设备……………………177
　8.3　射频识别技术………………………184
　8.4　地理信息系统和全球定位系统……189
　8.5　物联网技术…………………………195
　关键术语………………………………………198

本章小结………………………………………199
复习思考题……………………………………199

第9章　现代物流配送中心技术与设备……200
　9.1　现代物流配送中心概述……………201
　9.2　现代物流配送中心的基本
　　　　作业流程………………………………203
　9.3　自动化存储设备……………………205
　9.4　自动化装卸搬运设备………………207
　9.5　自动化输送设备……………………213
　9.6　自动化分拣设备……………………221
　关键术语………………………………………223
　本章小结………………………………………224
　复习思考题……………………………………224

第10章　地下物流系统设施与设备………225
　10.1　地下物流系统概述…………………225
　10.2　地下物流系统设施…………………230
　10.3　地下物流系统设备…………………238
　关键术语………………………………………245
　本章小结………………………………………245
　复习思考题……………………………………245

参考文献……………………………………247

第 1 章

绪论

本章学习目标

- 了解物流设施与设备的发展趋势；
- 掌握物流设施与设备的特点和作用；
- 熟悉常见的物流设施与设备的分类和组成部分。

案例导入

2020年5月，一列载着6个40ft（英尺，1ft≈0.3m）冷藏集装箱，共计156t泰国山竹、榴梿的火车在国铁凭祥口岸物流中心接受海关检验检疫后，迅速通过各种运输方式转运发往全国各地。这是泰国水果首次通过跨境冷链班列进入国内市场。位于中越边境的广西凭祥市素有"中国—东盟水果之都"的美称，水果每年进出口量超百万吨。国铁凭祥口岸物流中心集海关、边检、铁路货运功能于一体，通过"一站式"办理通关流程，最大限度地保证时鲜水果走进千家万户。过境的水果集装箱检疫、通关、发车一条龙，不用换车换装，大大缩短了整体物流时间，通关最快仅需1h。针对山竹、榴梿装卸作业、存储温度要求高等特点，中国铁路南宁局集团有限公司专程调配冷藏集装箱，保证运输箱源充足，确保山竹、榴梿在整个运输过程中的温度控制在2℃~8℃，将各品类东南亚热带时鲜上市水果迅速运往全国各地，让老百姓品尝到异国新鲜水果。

思考题：在这个案例中需要使用到哪些物流设施与设备？对于生鲜商品，在跨境物流过程中采用什么技术和手段保证其商品质量？

案例解读

1. 案例中用到了铁路运输设备、公路运输设备等运输设备，以及物流中心等物流功能性设施和冷链物流设备等专用设备。

2. 对于生鲜商品，在跨境物流过程中首先使用到了冷藏集装箱进行单元化运输，保证物流过程处于全程冷链状态。另外，在通关、检验检疫过程中实现了一体化运作，缩短了传统装卸搬运、换装等环节的时间消耗，降低了货物损耗。

1.1 物流设施与设备概述

经济的全球化、制造业的国际化使得物流需求快速增长，对物流服务水平也提出了更高的要求，需要构建一个合理的物流网络体系，实现高效运转，而物流网络体系中的各个节点、环节的运作都有赖于物流设施与设备的支持。现代物流通常由运输、装卸搬运、仓储、配送、包装与分拣、流通加工、信息处理等基本环节组成，需要提供高效、快捷、准确、安全的物流服务，这一切都离不开现代化的物流设施与设备。

1.1.1 物流设施与设备的概念

物流设施与设备是指进行各项物流活动和物流作业需要的设施与设备的总称。现代物流网络体系中的任何节点、任何环节都必须实现高度的机械化、自动化和信息化。因此，没有现代物流设施与设备的支撑，就没有现代物流的实施与运作，物流设施与设备在现代物流中具有非常重要的地位和不可替代的作用。物流设施与设备既包括各种机械设备、器具、信息平台硬件等可供长期使用，并在使用中基本保持原有实物形态的物资，也包括交通设施、物流节点、站场和仓库等基础设施。物流设施与设备是组织物流活动和物流作业的物资技术基础，是物流水平的重要体现。

1.1.2 物流设施与设备的分类

物流设施与设备可以划分为物流设施和物流设备。一般来说，设施是指为某种需要而建立的机构、组织、建筑等。因此，物流设施就是指为从事物流活动的需要而建立的机构、组织、建筑等。从广义上讲，凡是与物流活动相关的各种设施都属于物流设施。在物流生产实践中，根据各种设施在社会生产中地位和功能的不同，可以将这些物流设施划分为物流基础性设施和物流专用性设施两大类。

1. 物流基础性设施

物流基础性设施主要包括物流运输港站和枢纽、物流运输通道和物流公共信息平台设施等。这些设施主要是由国家主导规划和投资建设的，为全社会生产和居民生活提供公共服务，是社会公共基础设施的重要组成部分，战略地位突出，服务和辐射范围大。换句话说，物流基础性设施是用于保证国家或区域物流生产和社会经济活动正常进行的公共服务系统，是社会物流赖以生存和发展的基础物质条件。物流基础性设施的建设水平和通过能力直接影响着物流各环节的运行效率。

（1）物流运输港站和枢纽

物流运输港站和枢纽主要包括各种车站、港口、机场等港站设施，以及公路运输枢纽、铁路运输枢纽、水路运输枢纽、航空运输枢纽和综合运输枢纽等。物流运输港站和枢纽是物流网络结构的节点，是物流活动的重要集散地，对物流的运作起着至关重要的支撑作用。

（2）物流运输通道

物流运输通道主要包括公路和城乡道路、铁路、水运航道、航空航线、运输管路等各种运输通道设施。物流运输通道是物流网络结构中的线路，是货物流动的主要通路。物流运输通道的通过能力直接影响着全社会物流的速度和效率。

（3）物流公共信息平台设施

物流公共信息平台设施是指基于计算机通信网络技术，提供物流信息、技术和设备等资源共享服务的信息平台。其主要功能是支持或进行物流服务供需信息的交换，为社会物流服务供给者和需求者提供基础物流信息服务、管理服务、技术服务及交易服务。物流公共信息平台是建立社会化、专业化和信息化的现代物流服务体系的基石，对促进产业结构调整、转变经济发展方式，以及增强国民经济竞争力具有重要作用。

2. 物流专用性设施

物流专用性设施是指具备物流相关功能和提供物流服务的场所，主要包括物流园区、物流中心、配送中心，以及各类仓库和货运站等。

（1）物流园区

物流园区就是指为了实现物流设施集约化和物流运作共同化，或者出于城市物流设施空间布局合理化的目的，而在城市周边等区域集中建设的物流设施群。其也是众多物流从业者在地域上的物理集结地。典型物流园区如图1-1所示。

图1-1 典型物流园区

根据国家标准《物流园区分类与规划基本要求》（GB/T 21334—2017），物流园区划分为货运服务型、生产服务型、口岸服务型、商贸服务型和综合服务型5种基本类型。

① 货运服务型物流园区应符合以下要求：依托空运、水运或陆运节点（枢纽）而规划建设；为大批量货物分拨、转运提供配套设施；主要服务于区域性物流转运及运输方式的转换。

② 生产服务型物流园区应符合以下要求：依托经济开发区、高新技术园区、工业园区等制造业集聚园区而规划建设；为生产型企业提供一体化物流服务；主要服务于生产企业物料供应、产品生产、销售和回收等。

③ 口岸服务型物流园区应符合以下要求：依托对外开放的海港、空港、陆港及海关特殊监管区域及场所而规划建设；为国际贸易企业提供国际物流综合服务；主要服务于进出口货物的报关、报检、仓储、国际采购、分销和配送、国际中转、国际转口贸易、商品展示等。

④ 商贸服务型物流园区应符合以下要求：依托各类批发市场、专业市场等商品集散地而规划建设；为商贸流通企业提供一体化物流服务及配套商务服务；主要服务于商贸流通业商品集散。

⑤ 综合服务型物流园区应符合以下要求：具备上述两种及两种以上服务功能的物流园区。

（2）物流中心

物流中心主要指从事物流活动，具有完善的信息网络的场所或组织。物流中心一般应具备以下功能：主要面向社会提供公共物流服务；物流功能较为健全；集聚辐射范围大；存储、吞吐能力强；可以为下游配送中心提供物流服务。

（3）配送中心

配送中心主要指从事配送业务的、具有完善的信息网络的场所或组织。配送中心一般应具备以下功能：主要为特定用户或末端客户提供服务；配送功能健全；辐射范围小；提供高频率、小批量、多批次配送服务。

以上几种物流设施都是一些新兴的、功能齐全的先进物流专用性设施，近年来在我国得到了较快的发展。此外，各类仓库、货运站等也是从事物流业务的物流专用性设施，分属于仓储设施和运输设施。

3. 物流设备

物流设备有多种分类方法，通常按功能不同分类。物流设备按功能不同可分为运输设备、装卸搬运设备、仓储设备、包装设备、流通加工设备、信息采集与处理设备、集装单元化设备等，如表1-1所示。

表1-1 按功能不同分类的物流设备

按功能不同分类	具 体 分 类
运输设备	铁路运输设备、公路运输设备、水上运输设备、航空运输设备和管道运输设备
装卸搬运设备	装卸机械、搬运机械和装卸搬运机械
仓储设备	物资储藏、保管设备
包装设备	货架、托盘、计量设备、通风设备、温湿度控制设备、养护设备和消防设备等
流通加工设备	剪切加工设备、开木下料设备、配煤加工设备、冷冻加工设备、分选加工设备、精制加工设备、分装加工设备、组装加工设备
信息采集与处理设备	计算机及网络、信息识别装置、通信设备
集装单元化设备	集装箱、托盘、滑板、集装袋、集装网络、货捆、集装装卸设备、集装运输设备、集装识别系统等

（1）运输设备

运输设备是指用于较长距离运输货物的设备。利用运输设备，通过运输活动，可以解决物资在生产地点和需求地点之间的空间距离问题，创造商品的空间效用，满足社会需要。根据运输方式，运输设备分为铁路运输设备、公路运输设备、水上运输设备、航空运输设备和管道运输设备5种类型。

（2）装卸搬运设备

装卸搬运设备是用来升降、搬移、装卸和短距离输送货物的机械设备。装卸是指在指定地点通过人力或机械将物品装入运输设备或从运输设备上卸下的一种作业活动，是一种以垂直方向移动为主的物流活动，包括物品装入、卸出、分拣、备货等作业行为；搬运是指在同一场所内，以对物品进行水平方向的移动为主的物流作业。装卸搬运是对运输、仓储、包装、流通加工等物流活动进行衔接的中间环节，包括装车、卸车、堆垛、入库、出库，以及连接这些作业活动的搬运。

装卸搬运设备按照作业性质的不同可分为装卸机械、搬运机械和装卸搬运机械三大类；按照主要用途和结构特征的不同可分为起重机械、连续运输机械、装卸搬运车辆和专用装卸搬运机械等；按照物品运动方式的不同可分为水平运动方式、垂直运动方式、倾斜运动方式、垂直及水平运动方式、多平面运动方式这5类装卸搬运设备。

常用的装卸搬运设备包括叉车、手推车、手动托盘搬运车、各种输送机、托盘收集机、自动引导机、升降机、堆垛机等。利用装卸搬运设备可以实现货物在仓库里短距离的水平或垂直方向的物品装卸搬运等作业。

（3）仓储设备

仓储设备是指用于物资储藏、保管的设备。常用的仓储设备有自动化仓库、货架、托盘、计量设备、通风设备、温湿度控制设备、养护设备和消防设备等。从目前的发展状况看，仓储设备正朝着自动化、智能化和无人化的方向发展。

（4）包装设备

包装设备即包装机械，是指完成全部或部分包装过程的机器设备。包装过程包括充填、裹包、封口等主要工序，以及与其相关的前后工序，如清洗、堆码和拆卸等。此外，包装过程还包括计量或在包装件上盖印等工序。根据不同的标准，可对包装设备进行不同分类。例如，按照包装设备功能标准的不同，包装设备可分为灌装机械、充填机械、裹包机械、封口机械、贴标机械、清洗机械、干燥机械、杀菌机械、捆扎机械、集装机械、多功能包装机械，以及完成其他包装作业的辅助包装机械和包装生产线。

（5）流通加工设备

流通加工设备是指用于物品包装、分割、计量、分拣、组装、价格贴附、标签贴附、商品检验等作业的专用机械设备。流通加工设备种类繁多，有多种分类方法。按照流通加工形式的不同，流通加工设备可分为剪切加工设备、冷冻加工设备、分选加工设备、精制加工设备、分装加工设备、组装加工设备；按照加工对象的不同，流通加工设备可分为金属加工设备、水泥加工设备、玻璃加工设备、木材加工设备、煤炭加工机械、食品加工设备、组装产品的流通加工设备、生产延续的流通加工设备，以及通用加工设备等。

（6）信息采集与处理设备

信息采集与处理设备是指用于物流信息的采集、传输、处理等的物流设备，主要包括计算机及网络、信息识别装置、通信设备等。

（7）集装单元化设备

集装单元化设备是指用集装单元化的形式进行存储、运输作业的物流设备，主要包括集装箱、托盘、滑板、集装袋、集装网络、货捆、集装装卸设备、集装运输设备、集装识别系统等。

1.2 物流设施与设备的作用

随着我国社会和经济的快速发展，商品的流通量越来越大，且流通范围越来越广，对物流系统的运行速度和效率提出了越来越高的要求。现代物流生产实践不断证明，物流设施与设备对于物流系统的运行速度和效率起着至关重要的作用，物流系统的高效运行离不开物流设施与设备的支持。物流设施与设备作为重要的物流技术要素，在现代物流系统的运行中发挥着越来越重要的作用，主要体现在以下4个方面。

1. 物流设施与设备是现代物流系统的"硬件"要素，是物流系统正常运行的物质基础

从系统论的角度分析，现代物流系统是由若干要素组成的一个庞大的巨系统。其主要包括人、财、物等一般要素；运输、仓储、装卸搬运等功能要素；法规、制度、标准等支撑要素；物流设施、设备、信息网络等物质基础要素。可以看出，在这些构成要素中，物流设施与设备是重要的"硬件"要素，是物流系统正常运行的物质基础。

2. 物流设施与设备是物流产业的基本生产要素，是评估物流企业的重要条件之一

物流业是服务性行业，物流生产所提供的是物流服务。物流生产不同于一般的工业生产，物流企业不需要占有生产产品的原材料。所以，物流设施与设备是物流产业的基本生产要素。现代先进的物流设施与设备一般都需要巨大的资金投入。除物流基础设施通常由国家或社会资金投资建设外，物流企业还要购置先进的物流技术设备，因此需要有较强的经济实力。物流企业拥有的物流设施与设备条件，通常是反映物流企业经济和技术能力的重要标志。因此，国家制定的物流企业评价标准《物流企业分类与评估指标》（GB/T 19680—2013）把物流企业拥有的物流设施与设备、信息化水平作为重要的评估指标，对不同级别的物流企业应当具备的设施与设备条件做出了明确的规定，如表1-2所示。由此可见，物流设施与设备在物流企业的经营和发展中具有重要的地位和作用。

表1-2　A级物流企业评估指标

企业类型	评估指标		级别				
			AAAAA级	AAAA级	AAA级	AA级	A级
运输型物流企业	设施设备	自有货运车辆/辆（或总载重量/t）	1500以上（7500以上）	400以上（2000以上）	150以上（750以上）	80以上（400以上）	30以上（150以上）
		营运网点/个	50以上	30以上	15以上	10以上	5以上
	信息化水平	信息系统	物流经营业务全部信息化管理			物流经营业务部分信息化管理	
		电子单证管理	90%以上	70%以上		50%以上	
		货物物流状态跟踪	90%以上	70%以上		50%以上	
		客户查询	建立自动查询和人工查询系统			建立人工查询系统	
仓储型物流企业	设施设备	自有仓储面积/m²	20万以上	8万以上	3万以上	1万以上	4000以上
		自有/租用货运车辆/辆（或总载重量/t）	500以上（2500以上）	200以上（1000以上）	100以上（500以上）	50以上（250以上）	30以上（150以上）
		配送客户点/个	200以上	150以上	100以上	50以上	30以上
	信息化水平	信息系统	物流经营业务全部信息化管理			物流经营业务部分信息化管理	
		电子单证管理	100%以上	70%以上		100%以上	
		货物物流状态跟踪	90%以上	70%以上		90%以上	
		客户查询	建立自动查询和人工查询系统			建立人工查询系统	
综合服务型物流企业	设施设备	自有仓储面积/m²	10万以上	3万以上	1万以上	3000以上	1000以上
		自有/租用货运车辆/辆（或总载重量/t）	1500以上（7500以上）	500以上（2500以上）	300以上（1500以上）	200以上（1000以上）	100以上（500以上）
		配送客户点/个	50以上	30以上	20以上	10以上	5以上

续表

企业类型	评估指标		级别				
			AAAAA级	AAAA级	AAA级	AA级	A级
综合服务型物流企业	信息化水平	信息系统	物流经营业务全部信息化管理			物流经营业务部分信息化管理	
		电子单证管理	100%	80%以上		100%	
		货物物流状态跟踪	100%以上	80%以上		100%以上	
		客户查询	建立自动查询和人工查询系统			建立人工查询系统	

3. 物流设施与设备是现代物流生产的基本技术手段

在现代物流生产活动中，无论是对物品的包装、装卸搬运，还是对物品的存储、运输，都需要借助物流设施与设备来实现；无论是出于对生产速度和效率的考虑，还是出于对作业质量的考虑，都要求实现物流作业的机械化、自动化，甚至智能化。现代物流生产逐渐摆脱了落后的人力作业，物流设施与设备成为现代物流生产作业的基本技术手段，能够改变传统的物流作业方式，全面提高物流速度和效率。可以说，没有先进的物流设施与设备，物流生产就难以顺利、高效地进行。

4. 物流设施与设备是物流系统现代化水平高低的主要标志

现代物流与传统物流的主要区别之一就在于现代物流设施与设备的应用程度。一个国家和区域的物流业发展水平、物流系统的现代化水平的高低，在很大程度上体现在其物流设施与设备的现代化程度上。随着现代物流技术的进步和发展，物流活动的各个环节都在各自的领域中不断提高技术水平，主要反映为各种类型的先进物流设施与设备得到快速的发展和应用。例如，现代化的交通运输设施和运输工具、现代化的物流园区和物流中心、先进的大型自动化立体仓库、快速的自动化货物分拣系统等，这些现代化物流设施与设备的应用反映着物流系统的现代化水平。

1.3 物流设施与设备的发展状况和趋势

21世纪以来，我国物流业总体规模快速增长，服务水平得到了显著提高，现代物流业的快速发展在相当程度上得益于现代物流设施与设备的支撑。另外，现代物流业的快速发展也极大地促进了物流设施与设备技术的完善和提高，带动了物流设施与设备产业的全面发展，推动了现代物流技术设备的广泛应用。

1.3.1 物流设施与设备的发展状况

1. 国外的发展历史及现状

① 初期：用传送带、工业输送带、起重机移动和搬运物料或货物；用货架和托盘、可移动式货架存储物料；用限位开关、螺旋式机械制动装置和机械监视器等控制设备的运行。

② 20世纪五六十年代：自动化技术被广泛运用，相继出现了自动导向车（AGV）、自动货架、自动存取机器人、自动识别系统和自动分拣系统。英国最早研制了电磁感应导向的AGVS，欧洲将AGVS迅速推广并应用于柔性加工系统（Flexible Manufacture System，FMS），使其成为生产工艺的组成部分。

③ 20 世纪七八十年代：出现了自动控制的旋转式货架、移动式货架、巷道式堆垛机，并应用于生产和流通领域。

④ 20 世纪 80 年代后期：大型起重机、自动运输机、自动分拣设备、自动上下料机械及智能型装卸堆垛机器人等设备相继出现并得到广泛应用。

2．国内的发展历史及现状

① 20 世纪 70 年代前：物流设备主要运用于商业物资仓储和运输系统，包括一定数量的起重机、载货汽车等设备，仓库的机械化作业率仅为 50%左右。

② 20 世纪七八十年代：物流基础设施得到快速发展和完善，公路运输、铁路运输、水路运输、航空运输和管道运输五大运输方式统筹规划，初步建设成结构合理的综合运输系统，为现代物流业的健康发展提供了坚实的基础保障；实现了物流运输的电气化、高速化，开展了集装箱运输、散装运输和联合运输等；一些物流技术设备，如起重机、输送机、集装箱、散装水泥车等在仓库、货场、港口、码头得到了较为广泛的应用。

③ 20 世纪 90 年代后期：随着计算机网络技术在物流活动中的应用，以及物流园区、物流中心、配送中心的兴建，物流设施与设备得到了广泛应用，先进的物流技术不断涌现。

1.3.2 物流设施与设备的发展趋势

随着科技水平的提升，物流设施与设备技术也在不断完善和提高。特别是工业建造技术和电子控制技术等技术的快速发展，使物流设施与设备不断体现出高新技术的特点，呈现出大型化、高速化、实用化、专用化和通用化、自动化和智能化、成套化和系统化、绿色化的发展趋势。

1．大型化

大型化是指物流设施与设备的容量、规模越来越大，能力越来越强，这是实现物流规模效应的基本手段。物流设施与设备之所以呈现大型化的发展趋势，一是为了适应现代社会大规模物流的需要，以大的规模来换取高的物流效益；二是由于现代科学技术的发展和制造技术的进步，使大型物流设施与设备的出现成为可能。

例如，目前世界上最长的卡车长达 1600m，已在法国投入使用。国际航运中的油轮最大载重量达 4 100 000 桶（650 000m³），集装箱船的装载量已达 21 000TEU；铁路货运的大型化表现为重载化，出现了可以装载 716 000t 矿石的列车，我国大秦铁路煤炭运输专用线已全面实现了单列火车载重为 20 000t 的重载运输；管道运输的大型化体现在大口径管道的建设上，目前最大的输油管道口径为 1220mm；航空运输的大型化表现为货机的大型化，目前货机最大载重可达 300t，一次可装载 30 个 40ft 的标准箱。这些物流设备的大型化基本满足了基础性物流需求量大、连续、平稳的要求。

2．高速化

高速化是指物流设施与设备的运转速度、运行速度、识别速度、运算速度大大提高，主要体现在对"常速"极限的突破。高速化一直是各种物流设施与设备追求的目标。

在公路运输中，"高速"一般是指高速公路，目前各国都在努力建设高速公路网，将其作为公路运输的骨架。随着高速公路的全面建设和汽车动力性能的不断提高，公路直达货物运输的经济运距不断提高,长远距离的汽车直达货物运输应用得越来越广泛,货物运达速度越来越快。在铁路运输方面,我国铁路运输已全面进入高速铁路运输时代,目前营运的高速列车最大商业时速为 250~300km/h。随着各项技术的不断成熟和经济发展的推动,普通铁路将会被高速铁路所取代。在航空运输中,超音速飞机在远程客运中得到了广泛应用,双音速(亚音速和超音速)民用货运飞机正不断研制、突破,这是民用货机的发展方向。在水路运输中,杂货船和集装箱船的航速也在不断地提高,目前航速最快的集装箱船时速可达 30 海里/h(约 55km/h)。在管道运输中,高速体现在高压力上,如美国阿拉斯加原油管道的最大工作压力达到 8.2MPa。

智能化的快速物流分拣系统的分拣速度可以达到 10 000 箱/h,而且分拣准确率高,大大提高了物流分拣中心的作业速度和效率。例如,北京首都国际机场的行李分拣系统是世界上分拣速度最快的现代化行李分拣系统,行李的最高运送速度可达 40km/h。

3. 实用化

实用化是指一个物流系统的配置。在满足使用条件下,应选择简单、经济、可靠的物流设施与设备,即在构筑物流系统时,要善于运用现有的各种物流技术设备,组成非常实用的简单系统,以满足需要为原则,自动化程度不一定越高越好。

以仓储设备为例,仓储设备是在通用场合使用的,工作并不繁重,因此,仓储设备应该好使用、易维护、易操作,且具有耐久性、可靠性、经济性,以及较高的安全性和环保性。该类设备需求批量大、用途广,要求在考虑综合效益的基础上减小外形尺寸、简化结构、降低造价,这样也可降低设备的运行成本。因此,根据不同需求,开发出使用性能好、成本低、可靠性高的物流设施与设备是一种发展趋势。

4. 专用化和通用化

随着物流活动的广泛深入,物流设施与设备的品种越来越多且不断更新。物流活动的系统性、一致性、经济性、机动性、快速化,使得一些物流设施与设备向专用化和通用化方向发展。

专用化是提高物流效率的基础,主要体现在两个方面:一是物流设施与设备专用化;二是物流方式专用化。物流设施与设备专用化是以物流工具为主体的物流对象专用化,如从客货混载到客货分载,出现了专门运输货物的飞机、轮船、汽车及专用车辆等设备。运输方式专用化中比较典型的是海上运输,其几乎在世界范围内放弃了客运,主要从事货运。而管道运输是为输送流体货物而发展起来的一种专用运输方式。

通用化主要表现在两方面:一是集装箱运输的发展。集装箱在各种运输方式中通用,可直接实现各种运输方式间的转换,如公路运输的大型集装箱拖车可运载水路运输、航空运输、铁路运输中所有尺寸的集装箱。二是运输设备的通用化,如客货两用飞机、水空两用飞机及正在研究的载客管道运输等。通用化的运输设备实现了物流作业的快速转换,极大地提高了物流作业的效率,为物流系统的快速运转提供了基本保证。

5. 自动化和智能化

将机械技术和电子技术相结合,将微电子技术、电力电子技术、光缆技术、液压技术、模糊控制技术等先进技术应用到机械的驱动及控制系统中,实现物流设施与设备的自动化和智能化将是人们目前及今后的努力方向。应用人工智能技术，可以降低工人的劳动强度，改善劳动条件，使操作更轻松自如。目前，人们在人工智能及其相关物流领域中的专家系统技术等方面进行了大量的研究。例如，大型高效起重机集机、电、液于一身，实现了全自动数字化控制系统，使起重机具有更高的柔性，以提高单机综合自动化水平；自动化仓库中的送/取货小车、AGV、公路运输智能交通系统（Intelligent Transportation Systems，ITS）受到广泛重视；卫星通信技术及计算机、网络等多项高新技术结合起来的物流车辆管理技术正在逐渐被应用。

6. 成套化和系统化

在物流设备单机自动化的基础上，通过计算机把各种物流设备组成一个集成系统，通过中央控制室的控制与物流系统协调、配合，形成不同机种的最佳匹配和组合。只有当组成物流系统的设备成套、匹配时，物流系统才是最有效、最经济的，如工厂生产搬运自动化系统、货物配送集散系统、集装箱装卸搬运系统、货物自动分拣与搬运系统等，这些以后将得到重点发展。

7. 绿色化

所谓物流设施与设备的绿色化是指使设备更有效地利用能源，减少污染排放，达到环保要求。随着全球环境的恶化和人们环保意识的增强，人们对物流设施与设备提出了更高的环保要求，有些企业在选用物流设施与设备时会优先考虑对环境污染小的绿色产品或节能产品。因此，物流设备供应商也开始关注环保问题，采取有效措施以达到环保要求。例如，尽可能选用环保型材料；有效利用能源，注意解决设备的排污问题，尽可能地将排污量降到最低水平；采用新型装置与合理的设计，降低设备的震动、噪声与能源消耗量等。

关键术语

物流设施与设备　　　　　运输设备
装卸搬运设备　　　　　　仓储设备
流通加工设备　　　　　　包装设备
信息采集与处理设备　　　集装单元化设备

本章小结

物流设施与设备是现代物流系统的"硬件"要素，是物流系统正常运行的物质基础，可以分为物流基础性设施、物流专用性设施和物流设备。物流设备按功能不同可分为运输设备、装卸搬运设备、仓储设备、包装设备、流通加工设备、信息采集与处理设备、集装单元化设备等。随着用户需求的变化、自动控制技术和信息技术在物流设施与设备上的应用，我国已建立了比较完善的物流设施与设备体系。现代物流设施与设备正向大型化、高速化、实用化、专用化和通用化、自动化和智能化、成套化和系统化、绿色化方向发展。

复习思考题

1. 填空题

（1）现代物流通常由_____、_____、_____、_____、包装、流通加工、信息等基本环节组成。

（2）物流设施与设备按照功能的不同可分为_____、_____、_____、包装设备、流通加工设备、信息采集与处理设备、集装单元化设备等。

（3）装卸搬运设备根据主要用途和结构特征的不同分为_____、_____、_____和专用装卸搬运机械等。

2. 简答题

（1）简述物流设施与设备的概念、分类。

（2）查询相关资料，简述国内外物流设施与设备的发展现状。

（3）简述物流设施与设备的发展趋势。

（4）通过不同渠道调查一下目前我国物流行业自动化设备的应用情况。

第 2 章

运输设施与设备

本章学习目标

- 掌握 5 种运输方式的特点及适用范围；
- 了解各种运输方式在国民经济中的地位和作用；
- 了解各种运输方式的分类；
- 了解 5 种运输方式基础设施的组成部分及类型；
- 掌握公路、铁路、水路、航空载运工具的组成部分及类型。

案例导入

2017 年 5 月 19 日，我国多式联运领域发生了一个重要事件："乌鲁木齐—连云港—新德里"首列公铁海联运班列开行。这趟联运班列的开行，实现了铁路运输、海上运输和公路运输 3 种运输方式的无缝对接。2017 年 5 月 16 日，满载新疆中泰集团有限责任公司采购的溶解浆原料的班列从德国杜伊斯堡开出，到达中欧班列乌鲁木齐集结中心。就地卸车后，新疆中泰集团有限责任公司生产的 PVC 产品被装入海运集装箱，在乌鲁木齐一次性完成报关报检手续，先通过公路短程倒运，再通铁路运达连云港，然后以海上运输方式远销印度等南亚国家。"免去装卸、存储仓库的环节。直接用集装箱装到海运船上，节省 10 天的时间。"新疆中泰集团有限责任公司副总经理李良甫介绍，这是该公司首次尝试公铁海联运，用以降低企业运输成本、为产品增加更多附加值。远离海洋的新疆实现公铁海联运，既拉近了新疆与海洋的距离，也让新疆在"一带一路"中形成自己的特色。

思考题：多式联运在降低物流成本中的作用体现在哪些方面？我国大力发展多式联运的意义是什么？

案例解读

拓展"互联网+公铁联运"模式，利用铁路运输范围和互联网相结合的运输模式，创建电子商务服务和铁路运输发展模式，通过相应的互联网技术可以对铁路运输状况进行监控。由于

"一带一路"沿线各国地形的差异,我国应推进中国铁路总公司与大型物流公司的对接,通过互联网技术分析运输路线涉及的地形,建设全新的公铁联运线路,拓宽公铁联运服务范围,建立网络化管理模式。

努力推进海铁联运便捷通道建设,实现海铁无缝衔接。为了加强"一带一路"物流产业,"海铁联运"地方政府应积极加强航运公司与中国铁路总公司的联系,并给予相应的政策支持。中国铁路总公司应为其设立铁路运输专用线,实现铁路运输与海上运输的无缝衔接,确保货物以最快的速度通过海关查验,尽快安排运输,建立便捷的海铁联运通道,不断构建更多的港口物流运输体系。

2.1 公路运输设施与设备

公路运输是一种机动灵活、简捷方便的运输方式,尤其在实现"门到门"的运输中,其重要性更为显著。尽管其他运输方式各有特点和优势,但或多或少都要依赖公路运输来完成末端的运输任务。

2.1.1 公路运输的概念

1. 公路运输的特点及适用范围

(1) 机动灵活,适应性强

由于公路运输网的密度一般比铁路运输网、水路运输网高十几倍,且分布面广,因此公路运输车辆可以"无处不到、无时不有"。公路运输在时间方面的机动性也比较大,车辆可随时调度、装运,各环节之间的衔接时间较短。尤其是公路运输对客货运量的多少具有很强的适应性,汽车的载重吨位有小(0.25~1t)有大(200~300t),既可以以单个车辆独立运输,也可以由若干车辆组成车队同时运输。

(2) 可实现"门到门"直达运输

由于汽车体积较小,中途一般不需要换装,除可沿分布较广的公路网运行外,还可离开公路网深入工厂企业、农村田间、城市居民住宅等地,即可以把旅客和货物从始发地门口直接运送到目的地门口,实现"门到门"直达运输,这是其他运输方式无法与公路运输比拟的一点。

(3) 在中短途运输中,运输速度快

在中短途运输中,由于公路运输可以实现"门到门"直达运输,中途不需要倒运、转乘就可以直接将客货运达目的地,因此,与其他运输方式相比,公路运输的客货在途时间较短,且运输速度较快。

(4) 原始投资少,资金周转快

公路运输与铁路、水路、航空运输方式相比,所需固定设施简单,车辆购置费用一般也比较低,投资回收期短。有关资料表明,在正常经营情况下,公路运输的投资每年可周转 1~3 次,而铁路运输 3~4 年才能周转一次。

(5) 运量较小,运输成本高

汽车的载运量较小,在长途运输中,公路运输的单位运输成本要远高于铁路运输和水路运输,分别是铁路运输的 11.1~17.5 倍、水路运输的 27.7~43.6 倍。

（6）运行持续性较差

有关统计资料表明，在各种现代运输方式中，公路运输的平均运距是最短的，运行持续性较差。

（7）安全性差，环境污染大

自公路运输诞生以来，公路运输中发生交通事故的比重较大，对人们的人身和财产安全造成了很大的威胁。同时，汽车排出的尾气严重地影响着人类的健康和城市的清洁，是造成大气污染的重要污染源之一。

一般而言，公路运输机动灵活，可实现门到门运输，主要承担客货短途运输，以及高档工业品和鲜活货物的中途运输。因此，公路运输适合短距离、小批量的运输。

2. 公路运输的分类

（1）按照运营运方式的不同分类

按照货运营运方式的不同，公路运输可分为整车运输、零担运输、集装箱运输、联合运输和包车运输。

① 整车运输是指一批托运的货物在 3t 以上（包括 3t）或虽不足 3t，但其性质、体积、形状需要一辆运载量达 3t 以上（包括 3t）汽车运输的货物运输，如需要大型汽车或挂车（核定载货吨位达 4t 及 4t 以上的），以及容罐车、冷藏车、保温车等车辆运输的货物运输。

② 零担运输是指托运人托运的一批货物不足整车的货物运输。

③ 集装箱运输是将适箱货物集中装入标准化集装箱，采用现代化手段进行运输的货物运输。我国又把集装箱运输分为国内集装箱运输及国际集装箱运输。

④ 联合运输是指一批托运的货物需要两种或两种以上运输工具的运输。目前，我国联合运输有公铁联运、公水联运、公公联运、公铁水联运等。联合运输遵循一次托运、一次收费、一票到底、全程负责原则。

⑤ 包车运输是指根据托运人的要求，经双方协议，把车辆承包给托运人，按时间或里程计算运费的运输。

（2）按照托运的货物是否办理保险分类

按照托运的货物是否办理保险，公路运输可分为不保险运输、保险运输。

运输的货物保险与否均采取托运人自愿的办法，凡办理保险的，需要按规定缴纳保险金或保价费。保险须由托运人向保险公司投保或委托承运人代办。

（3）按货物种类分类

按照货物种类，公路运输可分为普通货物运输和特种货物运输。

① 普通货物运输是指对普通货物的运输，普通货物可分为一等、二等、三等几个等级。

② 特种货物运输是指对特种货物的运输，特种货物包括超限货物、危险货物、贵重货物和鲜活货物等。

2.1.2　公路设施

1. 公路的组成部分

公路的主要组成部分有路基、路面、桥涵、隧道、排水系统、防护工程设施和交通安全及沿线设施。

（1）路基

路基是按照路线位置和一定技术要求修筑的作为路面基础的带状构造物，它承受着本身的岩土自重和路面重力，以及由路面传递而来的行车荷载，是整个公路构造的重要组成部分。路基主要包括路基本体、路基排水设备、路基防护与加固设备等部分。按照材料的不同，路基可分为土路基、石路基、土石路基3种。按照路基填挖的情况，其断面形式可分为路堤、路堑和半填半挖3种类型。

（2）路面

路面是指将筑路材料铺在路基上供车辆行驶的层状构造物，具有承受车辆重量、抵抗车轮磨耗和保持道路表面平整的作用。为此，要求路面有足够的强度、较高的稳定性、一定的平整度、适当的抗滑能力，且行车时不产生过于严重的扬尘现象，从而使驾驶员保持良好视距。路面按使用要求、受力状况、土基支承条件和自然因素影响程度的不同，主要分为面层、联结层、基层、底基层、垫层。路面按其力学特征分为刚性路面和柔性路面。刚性路面在行车荷载作用下能产生板体作用，具有较高的抗弯强度，如水泥混凝土路面；柔性路面抗弯强度较小，主要靠抗压强度和抗剪强度抵抗行车荷载作用，在重复荷载作用下会产生残余变形，如沥青路面、碎石路面。

（3）桥涵

桥涵是公路的重要组成部分，尤其是大中型桥梁，对公路和施工工期、工程造价有较大影响。桥涵分类采用两个指标，一个是单孔跨径，另一个是多孔跨径总长。对于桥涵的划分，无论有无填土，均以跨径大小为界：凡单孔跨径小于5m或多孔跨径总长小于8m的桥涵均称为涵洞。

（4）隧道

隧道是指修建在地层中的地下工程建筑物。它被广泛用于公路、铁路、矿山、水利、市政和国防等方面。在高等级公路建设中，为了满足技术标准、改善公路的平面线形、提高车速、减少对植被的破坏、保护生态环境、避免山区公路的各种病害（如坍方、雪崩、泥石流等），常常需要修建隧道。修建隧道既能保证线路平顺、行车安全，以及提高舒适性和节省运费，又能增加隐蔽性、提高防护能力且不受气候的影响。

（5）排水系统

公路排水系统是指由一系列拦截、疏干或排除危及公路的地面水和地下水的设施，结合沿线条件进行合理规划设计而形成的完整、畅通的排水体系。公路地面排水设施有边沟、截水沟、排水沟、跌水和急流槽。

（6）防护工程设施

防护工程设施是指为防止降水或水流侵蚀、冲刷，以及温度、湿度变化的风化作用造成路基及其边坡失稳的工程措施。公路防护工程设施包括路基坡面防护设施和路基冲刷防护设施。

（7）交通安全及沿线设施

交通安全及沿线设施是为保护、养护公路和保障公路安全畅通所设置的照明设施、安全设施、服务及管理设施、绿化与美化工程等。照明设施包括灯柱、弯道反光镜、隧道照明等；安全设施包括护栏、隔离栅、路面标线、交通标志等；服务设施包括加油站、服务区、汽车站等；管理设施包括管理处、收费站、管理人员生活区，以及通信、监控、收费、供配电设施等；绿化与美化工程具有美化路容、保持水土、稳固路基、防风固沙、净化空气等作用，而且可提高行车的视觉效应及安全。

2. 我国公路分级

（1）我国公路的技术分级

公路根据任务、功能和适用的交通量分为高速公路、一级公路、二级公路、三级公路、四级公路5个技术等级。

（2）我国公路的行政分级

根据公路在政治、经济、国防上的重要意义和使用性质，我国公路划分为国家公路、省公路、县公路、乡公路（简称国道、省道、县道、乡道）和专用公路5个行政等级。

3. 高速公路的主要功能及特点

（1）高速公路的主要功能

① 封闭、全立交、严格控制出入。高速公路实行的是一种封闭型管理，各种车辆只能通过互通式立交桥的匝道进出。

② 汽车专用，限速通行。高速公路只供汽车专用，不允许行人、牲畜、非机动车和其他慢速车辆通行。同时，一般规定时速低于60km/h的车辆不得上路，最高时速亦不宜超过120km/h。

③ 设中央分隔带，分道行驶。高速公路一般有4条以上车道，实行上下车道分离，渠化通行，隔绝了对向车辆的干扰，并通过路面交通标线分割不同车速的车辆，较好地保证了高速公路的连续畅通，从而强调了其运营管理的秩序。

④ 有完善的交通设施与服务设施。高速公路能满足司乘人员在路上的多种需求，除设有各种安全、通信、监控设施和标志进行无声服务外，还建有服务区，能够提供停车休息、餐饮、住宿、娱乐、救助、加油、修理等综合服务。同时，高速公路也是信息传递的多功能载体，这也决定了其运营管理的服务性。

（2）高速公路的特点

① 行车速度快、通行能力大。一般情况下，高速公路的行车速度为60~120km/h。一条车道每小时可通过1000辆中型车，比一般公路高出3~4倍。

② 物资周转快、经济效益高。对于运距在300km以内、使用大吨位车辆运输的货物，无论是从时间还是经济角度考虑，高速公路运输均优于铁路和普通公路运输。虽然高速公路的投资大，但其综合经济效益也大，能促进沿路地区的经济发展。

③ 交通事故少、安全舒适好。目前，高速公路有严格的管理系统，全段采用先进的自动化交通监控手段和完善的交通设施，全封闭、全立交，无横向干扰，因此交通事故的发生频率大幅度下降。另外，高速公路的线形标准高、路面坚实平整、行车平稳，乘客不会感到颠簸。

2.1.3 公路货运站（场）

公路货运站（场）是公路货运网络的重要节点，也称汽车货运站，即货物的集散点，主要通过公路运输组织货物周转。其核心任务是接收货物进入运输站暂时保存、分拣装车并将货物及时、安全地送达目的地。公路货运站（场）既是实现"门到门"运输的场所，也是公路行业直接为货主和车主提供多种运输服务的场所。

1. 公路货运站（场）的功能

（1）基本服务功能

① 运输组织与管理功能：主要包括生产组织、货源组织、运力组织、运行组织与管理 4 部分。

② 集散中转和储运功能：公路货运站（场）利用站（场）内装卸设备、仓库、堆场及相应的配套设施，为不同类别货物的集散、中转、储运提供服务，以利于不同类别货物的集、疏、运。

③ 多式联运与运输代理功能：公路货运站（场）的多式联运以公路为主，通过一次托运、一份单证、一次计费、一次保险，由各运输区段的承运人共同完成货物的全程运输。

④ 配送和信息服务功能：公路货运站（场）根据不同货主的需求和运输配载的需求，具体组织网络内部的运输作业，在规定时间内将相应货物运抵目的地。同时，通过计算机及现代化通信设施形成公路货运网络，进行货物跟踪、仓库管理、运费结算、货运业务处理和运输信息交换等，并向社会提供货源、运力、货流信息和车货配载及通信服务。

⑤ 车辆停放服务功能：公路货运站（场）为等待货源的货运车辆提供车辆停放场所，避免这些货运车辆随意停放，影响公路货运站（场）周边的道路交通秩序。

（2）增值服务功能

增值服务功能指公路货运站（场）在完成基本服务功能的基础上，根据客户需要提供的各种延伸服务功能，主要包括流通加工功能、包装功能、结算功能、报关报检功能，以及与运输生产有关的辅助服务功能。

2. 公路货运站（场）的类型

（1）整车货运站（场）

整车运输是指托运人一次托运同一到站的货物重量在 3t 以上（含 3t），或虽不足 3t 但其性质、体积、形状需要一辆载重为 3t 以上（含 3t）的汽车运输。整车货运站（场）指从事货运商务作业（托运、承运、结算等）的场所，主要经办大批量货物的运输。有些整车货运站（场）也兼营小批货物运输或零担货运业务。

（2）零担货运站（场）

零担运输是指托运人一次托运的货物计费重量不足 3t 的货物运输。按件托运的零担货物，单件体积一般不得小于 $0.01m^3$（单件重量超过 10kg 的除外）不得大于 $15m^3$；单件重量不得超过 200kg；货物的长度、宽度、高度分别不得超过 3.5m、1.5m 和 1.3m。不符合这些要求的，不能按零担货物托运、承运。零担货运站（场）是指专门办理零担货物运输业务，进行零担货物作业、中转换装、仓储保管的营业场所。

（3）集装箱货运站（场）

集装箱运输是指以集装箱为载体，将货物集合组装成集装单元，以便在现代流通领域内运用大型装卸机械和大型载运车辆进行装卸、搬运作业和完成运输任务，从而更好地实现货物"门到门"运输的一种新型、高效率和高效益的运输方式。集装箱货运站（场）亦称公路集装箱中转站，是指承担集装箱及其货物运输业务的设施。

（4）综合型公路货运站（场）

综合型公路货运站（场）指集仓储、配送、流通加工、运输、装卸搬运、信息服务多功能于一体，分拣与配送多种货物的公路货运站（场）。

2.1.4 货运汽车

汽车是借助自身的动力装置驱动,且具有4个(或4个以上)车轮的非轨道无架线车辆。汽车是数量最多、普及程度最高、活动范围最广的现代化交通工具。其主要用途是运输,即载运人和货物或牵引载运的车辆。

汽车的分类方法很多,常见的4种分类方法是按用途、动力装置、行驶条件和行驶机构进行分类,其中常用的分类方法是按用途进行分类。国家标准《汽车和挂车类型的术语和定义》(GB/T 3730.1—2001)规定,汽车可分为乘用车和商用车两大类。按用途可把汽车分为普通运输汽车、专用汽车和特种用途汽车。其中,普通运输汽车又分为轿车、客车、货车;专用汽车又分为运输型专用汽车和作业型专用汽车;特殊用途汽车又分为娱乐汽车、竞赛汽车。

1. 汽车的基本构造

汽车通常由发动机、底盘、车身、电气设备4部分组成。典型载货汽车的基本构造如图2-1所示。

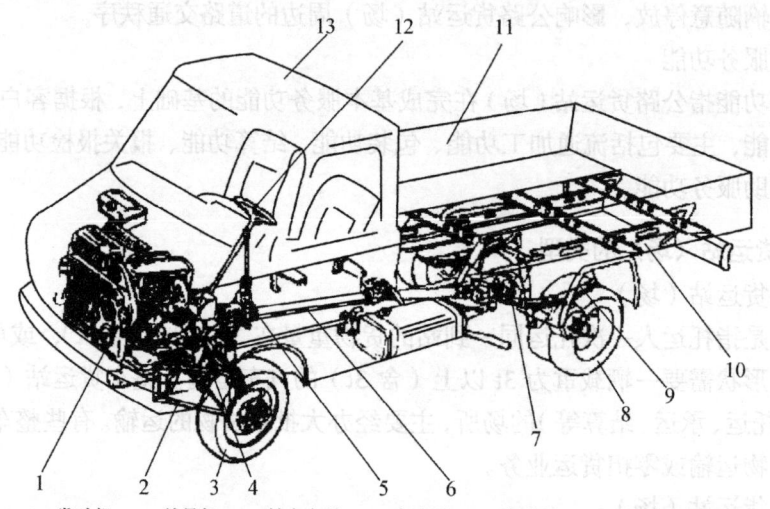

1—发动机;2—前悬架;3—转向车轮;4—离合器;5—变速器;6—万向传动装置;
7—驱动桥;8—驱动车轮;9—后悬架;10—车架;11—车厢;12—转向盘;13—驾驶室

图2-1 典型载货汽车的基本构造

① 发动机。发动机的作用是使输送到气缸的燃料燃烧产生动力,通过底盘的传动系统驱动车轮使汽车行驶。发动机主要有汽油机和柴油机两种。发动机一般由机体、曲柄连杆机构、配气机构、燃油供给系统、冷却系统、润滑系统、点火系统(汽油发动机采用)、启动系统、进排气系统等部分组成。

② 底盘。底盘接收发动机产生的动力,使汽车产生运动,并保证汽车按照驾驶员的操纵正常行驶。底盘由传动系统、行驶系统、转向系统和制动系统4部分组成。

2. 货运汽车的类型

货运汽车,简称货车,又称载货汽车或卡车,是载运货物的汽车。在我国,货运汽车是公路运输车辆的主体,是用于物流领域、完成道路运输任务的主要物流设备。

货车的种类繁多,形式各异,各国的分类标准有所不同。国家标准《汽车和挂车类型的术语和定义》(GB/T 3730.1—2001)将货车分为普通货车、多用途货车、全挂牵引车、越野货车、专用作业车、专用货车等。

① 普通货车：一种在敞开（平板式）或封闭（厢式）载货空间内装载货物的货车。例如，常见的双层结构载货汽车、运输活禽畜的多层结构载货汽车，如图 2-2 所示。

② 多用途货车：在设计和结构上主要用于载运货物，但在驾驶员座椅后带有固定或折叠式座椅，可载运 3 人以上乘客的货车，如图 2-3 所示。

③ 全挂牵引车：一种牵引牵引杆式挂车的货车。其可在附属的载运平台上装载货物，如图 2-4 所示。

图 2-2 普通货车 　　　　　图 2-3 多用途货车 　　　　　图 2-4 全挂牵引车

④ 越野货车：在其设计上，所有车轮同时驱动（包括一个驱动轴可以脱开的车辆），或者其几何特性（接近角、离去角、纵向通过角、最小离地间隙）、技术特性（驱动轴数、差速锁止机构或其他形式的机构）及性能（爬坡度）允许其在非道路上行驶的一种货车，如图 2-5 所示。

⑤ 专用作业车：在其设计和技术特性上用于特殊工作的货车。例如，消防车、救险车、垃圾车、应急车、街道清洗车、扫雪车、清洁车等，如图 2-6 所示。

⑥ 专用货车：在其设计和技术特性上用于运输特殊物品的货车。例如，罐式车、乘用车运输车、集装箱运输车等，如图 2-7 所示。

图 2-5 越野货车 　　　　　图 2-6 清洁车 　　　　　图 2-7 集装箱运输车

2.2　铁路运输设施与设备

2.2.1　铁路运输的概念

铁路运输是指利用铁路运输设施与设备运送旅客和货物的一种交通运输方式。铁路运输是现代运输的主要方式之一，也是构成陆上货物运输的两种基本运输方式之一，它在整个运输领域中占有重要的地位，并发挥着越来越重要的作用。铁路运输系统主要包括铁路线路、车站与枢纽等固定设施，以及机车、列车、信号控制设备等设备。

1. 铁路运输的特点及适用范围

① 运输能力大。在各种陆上运输方式中，铁路运输的运送能力是最大的。一般情况下，每列客车可载旅客 1800 人左右，一列货车可装载 3000～5000t 货物，重载列车可装载 20 000t 以上的货物；单线单向年最大货物运输能力达 18 000 000t，复线单向年最大货物运输能力达 55 000 000t；在运行组织较好的国家，单线单向年最大货物运输能力达 40 000 000t，复线单向年最大货物运输能力超过 100 000 000t。

② 运行速度较快。铁路旅客运输的时速一般为 80～120km/h，有时可以达到 200km/h，高速铁路运输的时速可以达到 300km/h 以上。铁路货物运输的速度虽然比铁路旅客运输慢些，但是其每昼夜的平均货物送达速度比水路运输快。

③ 运输的准确性和连续性强。一方面，由于铁路运输统一调度，并且具有专用路权，先进的列车可以通过高科技设备控制实现全自动化，能保证运输到发时间的准确性；另一方面，铁路运输具有高度的导向性，受气候因素的限制较小。

④ 运输安全性高。与其他运输方式相比，铁路运输安全可靠，风险远低于水路运输、航空运输及公路运输。

⑤ 运输成本低。由于铁路运输采用大功率机车牵引列车运行，可承担长距离、大运输量的运输任务，铁路运输的成本远低于公路运输、航空运输的运输成本，铁路运输费用仅为汽车运输费用的十几分之一到几分之一。

⑥ 能耗较低。铁路运输的车辆在轨道上行驶，同样的牵引动力所消耗的能源最少。目前，铁路运输每千吨·km 耗标准燃料仅为汽车运输的 1/15～1/11、民航运输的 1/174。

⑦ 投资高，建设周期长。铁路的投资多属于固定资产，其原始投资数额较大，且投资风险较高。一条铁路干线要建设 5～10 年，修建铁路时，不仅需要开凿隧道、修建桥梁和大量的土方工程，还需要大量的钢材、水泥、木材等材料及设备。

⑧ 运输和装卸中的货损率较高。由于铁路运输大多是大包裹运输，容易因包装不当或行驶振动而造成货物损坏。另外，铁路运输过程中有时需要多次换装、中转，这也会导致货损、货差甚至货物遗失的情况。

⑨ 运营缺乏弹性。铁路运输只有达到一定的运输量，才能保证其经济性，这样势必影响铁路运输的机动灵活性。同时，铁路运输不会随着客源和货源所在地的变化而变更营运路线。

铁路运输的上述特点，使得铁路运输适用于中长途的大宗货物运输和旅客运输。

2. 铁路运输的分类

按中国铁路的技术条件，现行的铁路运输分为整车运输、零担运输、集装箱运输 3 种。

① 整车运输系指货物的重量、体积或形状需要以一辆或一辆以上的货车装运时，应按整车托运，整车运输适用于大宗货物的运输。

② 零担运输是指一批货物的重量、体积或形状不满足整车运输条件时，按零担货物托运。零担托运的货物还需要具备另两个条件：一是单件货物的体积不得小于 0.02m³（单件货物重量在 10kg 以上的除外）；二是每批货物的件数不得超过 300 件。零担运输适用于小批量的零星货物运输。

③ 符合集装箱运输条件的货物都可按集装箱运输办理。集装箱运输适用于精密、贵重、易损的货物运输。

2.2.2 铁路线路

铁路线路是机车车辆和列车运行的基础，作用是承受机车车辆和列车的重量，以及引导它们的行驶方向。

1. 铁路线路的组成部分

铁路线路是由路基、桥隧建筑物和轨道组成的一个整体工程结构。

（1）路基

路基是承受轨道和列车载荷的基础建筑物，由路基本体、防护加固建筑物和路基排水设施组成。按照地形条件及线路平面、纵断面的设计要求，路基横断面可以修成路堤、路堑和半路堑3种基本形式。

（2）桥隧建筑物

桥隧建筑物是铁路线路的重要组成部分。铁路线路要通过江河、溪沟、谷地及山岭等天然障碍，或者跨越公路或铁路时，就需要修筑桥隧建筑物，以使铁路线路得以继续向前延伸。铁路桥隧建筑物主要包括桥梁、涵洞、隧道等。

（3）轨道

轨道是列车运行的基础。轨道引导列车的行驶方向，承受机车车辆的压力，并把压力扩散到路基或桥隧建筑物上。轨道主要由钢轨、联结零件、轨枕、道床、防爬设备及道岔等组成。道床是铺在路基面上的道碴层。在道床上铺设轨枕，在轨枕上架设钢轨。相邻两节钢轨的端部，以及钢轨和钢轨之间用联结零件互相扣连，在线路和线路的联结处铺设道岔。轨道的强度及稳定性取决于钢轨的类型、轨枕的类型和密度、道床的类型和厚度等因素。根据运量和最高行车速度等运营条件，将轨道分为特重型、重型、次重型、中型和轻型5个等级。

2. 铁路线路的分类

① 按轨距划分，铁路线路可分为准轨铁路、宽轨铁路和窄轨铁路。准轨铁路轨距为1435mm（称为标准轨距，简称准轨）；轨距大于1435mm的铁路线路称为宽轨铁路；轨距小于1435mm的铁路线路称为窄轨铁路，其中轨距为1000mm的铁路线路也称"米轨"。

② 按担负的运输任务性质划分，铁路线路可分为客运专线、货运专线和客货混跑线。其中，主要承担客运任务的铁路线路称为客运专线，按担负运输任务的性质划分，城际铁路、高速铁路均属于客运专线；主要承担货物运输的铁路线路称为货运专线，如大同至秦皇岛的大秦铁路，它只运煤炭，不跑旅客列车；我国大部分铁路线路目前还是客货运列车混跑的铁路。

③ 铁路线路按用途划分，可分为正线、站线、段管线、岔线和特别用途线。正线是指连接车站并贯穿或直接伸入车站的铁路线路；站线是在站内用于各种作业的线路，包括到发线、调车线、牵出线、货物线和站内指定用途的其他线路，如渡线、联络线、加水线、检衡线、整备线、机待线等；段管线是指机务段、车辆段、工务段、电务段等铁路基层站段专用并由其管理的铁路线路；岔线是指在铁路区间或站内与正线接轨，通向路内外单位的专用铁路线路；特别用途线是指单辟出来的安全线和避难线。

2.2.3 铁路车站及枢纽

1. 铁路车站

铁路车站是铁路运输的基本生产单位,是办理旅客运输与货物运输的基地,旅客的上下车和货物装卸车及其有关作业都是在铁路车站进行的。铁路车站按作业性质,一般可分为客运站、货运站和客货运站。

铁路车站按技术作业性质可分为中间站、区段站、编组站。中间站是为了提高铁路区段通过能力,保证行车安全和为沿线城乡及工农业生产服务而设置的车站。在客/货运量较大的个别中间站,还有始发、终到旅客列车及编组始发货物列车的作业。区段站大多设在中等城市和铁路网上牵引区段的分界线,其主要任务包括办理货物列车的中转作业、进行机车更换或乘务人员换班,以及解体、编组和摘挂列车。编组站的主要任务是解编各类货物列车;组织和取送本地区车流(小运转列车);供应列车动力,整备检修机车;货车的日常技术保养等。

2. 铁路枢纽

铁路枢纽是在铁路网的交汇点或终端地区,由各种铁路线路、专业车站及其他为运输服务的有关设备组成的总体。铁路枢纽的主要功能是使各铁路线路相互沟通,与其他运输方式顺畅衔接。

铁路枢纽内需要配备各成套的技术设备在统一指挥下协调工作。在铁路枢纽内一般具有以下设施与设备。

① 铁路线路:包括引入正线、联络线、环线、直径线、工业企业线等。
② 车站:包括客运站、货运站、编组站、工业站、港湾站等。
③ 疏解设备:包括铁路线路与铁路线路的平面和立交疏解线、铁路线路与城市公路的跨线桥和平交道口及线路所等。
④ 其他设备:包括机务段、车辆段、客车整备所等。

2.2.4 铁路信号设备

铁路信号设备是以标志物、灯具、仪表和音响等向铁路行车人员传送机车车辆运行条件、行车设备状态和行车有关指示的设备。其作用是保证列车运行和调车工作的安全,提高铁路的通过能力,改善行车人员的劳动条件及降低运输成本。

1. 铁路信号的分类

铁路信号按感官的感受方式可分为视觉信号和听觉信号两大类。视觉信号是以颜色、形状、位置、灯光数目和状态等表达某种意义的信号。例如,用信号机、信号旗、信号灯、信号牌、信号表示器、信号标志及火炬等表达的信号都是视觉信号。听觉信号是以不同器具发出音响的强度、频率、和音响的长短时间等表达某种意义的信号。例如,用号角、口笛、响墩发出的音响,以及机车、轨道车鸣笛等发出的信号都是听觉信号。

2. 铁路信号基础设备

目前的铁路信号系统将计算机通信、信号处理及先进的计算方法融合在一起,并正朝着智能化、自动化、可视化的方向发展。它的发展是整个铁路现代化运行的标志,是现代化铁路行业必不可少的设备。铁路信号基础设备包括信号继电器、信号机、轨道电路和转辙机等。

2.2.5 铁路机车与车辆

1. 铁路机车

铁路机车是牵引客、货列车和在车站上进行调车作业的基本动力设备。由于铁路车辆大多不具备动力装置，列车的运行和车辆在车站内有目的的移动均需要机车牵引或推送。

（1）铁路机车的特征

由于铁路机车的工作条件复杂、运用环境恶劣，为满足牵引要求，铁路应具有以下特征：可靠性高、牵引性能良好、数量充足、定期维护与检修、机车组织运用合理。

（2）铁路机车的类型

铁路机车按用途可分为客运机车、货运机车和调车机车；按牵引动力可分为蒸汽动车、内燃机车和电力机车，如图 2-8、图 2-9 和图 2-10 所示。

图 2-8　蒸汽机车　　　　　图 2-9　内燃机车　　　　　图 2-10　电力机车

① 蒸汽机车是以蒸汽为原动力，利用燃煤将水加热成蒸汽，再将蒸汽送入气缸，借以产生动力来推动机车车轮转动的一种牵引机车。由于蒸汽机车热效率很低、能耗高、污染严重，在现代铁路运输中，它已经逐渐被其他类型机车所代替。

② 内燃机车是以内燃机为动力装置的铁路机车，目前多使用柴油内燃机。内燃机车可分为两种：一种是将内燃机所产生的动力经变速箱以机械的方式传递至车轮的铁路机车，称为柴油机车；另一种则是利用内燃机发电后供给马达，用电带动车轮产生动力的铁路机车，称为柴电机车，这是我国铁路运输的主力车型。

③ 电力机车通过机车上部的受电弓与铁路沿线的电网接触获取电量，一方面对内部的牵引电动机进行驱动，带动车轮转动，产生牵引动力；另一方面为车内用电设备供电。电力机车功率大，因而能高速行驶，牵引较重的列车，启动、加速快，爬坡性能好，环境污染小，但电气化线路投资大。

2. 铁路车辆

铁路车辆是运送旅客和货物的工具，其本身没有动力装置，需要将车辆连挂在一起由机车牵引，才能完成客货运输任务。

1）铁路车辆的组成部分

根据用途，铁路车辆分为客车和货车两大类，但其构造基本相同，大体由以下 6 部分组成。

① 车体。车体是容纳运输对象的地方，以及安装与连接其他组成部分的基础。

② 车底架。车底架是承托车体的长方形构架，是车体的下部载体。

③ 走行部。走行部是承受车辆自重和载重并引导车辆沿轨道行驶的部分。走行部大多采用转向架结构形式，以保证车辆的运行质量。

④ 车钩缓冲装置。车钩缓冲装置由车钩及缓冲器等部件组成，装在车底架两端，其作用是将机车车辆连挂到一起，并传递纵向牵引力和冲击力，缓和机车车辆间的动力作用。车钩缓冲装置是保证列车运行的重要部分，使高速运行中的车辆能于规定距离内停车或减速。

⑤ 制动装置。制动装置一般包括空气制动机、手制动机（脚制动机）和基础制动装置部分。

⑥ 车辆内部设备。车辆内部设备主要指客车上为旅客旅行所提供的设备，如客车上的座席、卧铺、行李架、取暖、空调、通风、车电等装置。

2）铁路车辆的类型

（1）客车

按层数的不同，客车分为单层客车（见图 2-11）和双层客车。按功能和作用不同，客车又可以分为以下 3 类。

① 运送旅客的客车，常见的有硬座车（YZ）、软座车（RZ）、硬卧车（YW）、软卧车（RW）。

② 为旅客提供服务的客车，常见的有餐车（CA）、行李车（XL）。

③ 特殊用途的客车，包括邮政车、公务车、义务车、试验车和维修车等。

图 2-11　单层客车

（2）货车

铁路上用于载运货物的车辆统称为货车。在特殊情况下，个别货车也用来运送旅客或兵员。铁路货车按其用途可分为通用货车和专用货车。通用货车包括敞车、平车、棚车、保温车、罐车等。专用货车包括集装箱列车、长大货物车、毒品车、家畜车、水泥车、粮食车、特种车、矿石车等。

① 敞车。如图 2-12 所示，敞车无车厢顶，设有地板、侧墙和端墙；主要用来运送煤炭、矿石、木材、钢材等大宗货物，也可用来运送不太重的机械设备。有的敞车在地板上设底开门，散粒物料可由此卸到位于轨下的货位；有的敞车在端墙上开门，以便容纳长的货物。所以敞车是一种通用性、灵活性较大的货车。

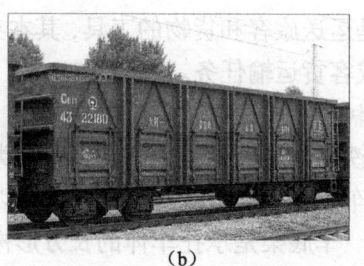

图 2-12　敞车

② 平车。如图 2-13 所示，平车没有侧墙、端墙和车顶，装卸方便，主要用于运送钢材、木材、汽车、机械设备等体积较大或较重的货物，也可借助集装箱运送其他货物，必要时可以装运超宽、超长的货物。

(a)　　　　(b)

图 2-13　平车

③ 棚车。如图 2-14 所示，棚车是有侧墙、端墙、地板和车顶，在侧墙上开着滑门和通风扇的铁路货车，是铁路上主要使用的封闭式车型。棚车主要用于运送怕日晒、雨淋、雪侵及防丢失、散失等较贵重的货物或家畜等，必要时还可运送人员。

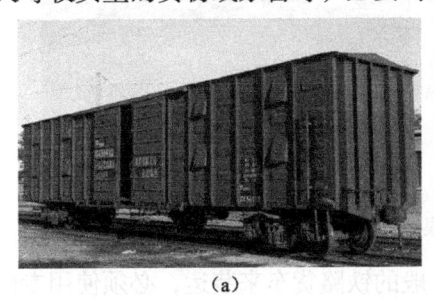

(a)　　　　(b)

图 2-14　棚车

④ 保温车。如图 2-15 所示，保温车是能保持一定温度进行温度调控及进行冷冻的车辆，外形结构类似棚车，也是整体承载结构，车体设有隔热层，加装有冷冻设备以控制温度。保温车具有车体隔热、气密性好的特点，适用于冬夏季节的生、鲜食品的运输，主要有加冰冷藏车、机械冷藏车和冷冻冷藏车等。

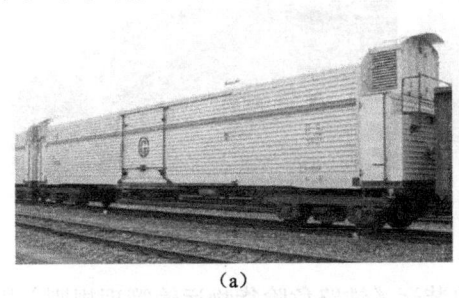

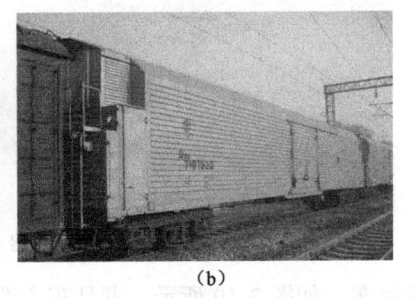

(a)　　　　(b)

图 2-15　保温车

⑤ 罐车。如图 2-16 所示，罐车是车体呈罐型的车辆，用来装运各种液体、液化气体和粉末状货物等，主要采用的是横卧圆筒形。罐车按结构可分为有底架和无底架两种；按用途可分为轻油类罐车、黏油类罐车、酸碱类罐车、液化气体类罐车和粉末状货物罐车。

图 2-16　罐车

⑥ 集装箱列车。如图 2-17 所示，集装箱列车是集装箱（异于零担、平板、固定货箱）装载形式的货运列车，集装箱占整个列车运输部分的主体或全部。集装箱列车分为单层集装箱列车和双层集装箱列车。中国铁路集装箱运输重点解决铁路零担货物运输，主要采用 1t 和 5t 通用集装箱。

图 2-17　集装箱列车

⑦ 长大货物车。特长和特重货物无法用一般的铁路货车来装运，必须使用专门的长大货物车，如图 2-18 所示。长大货物车主要包括：车辆长度一般在 19m 以上的长大平车；因纵向梁中部下凹而呈元宝型的凹底平车；底架中央部分做成空心，货物通过支承架坐落于孔内的落下孔车；将车辆制成两节，货物钳夹在两节车之间或通过专门的货物承载架装载在两节车之间的钳夹车等。

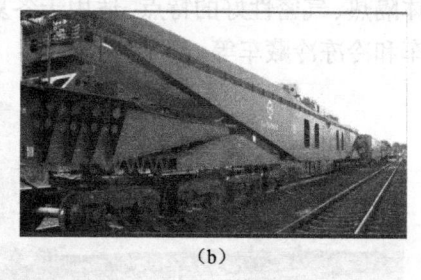

图 2-18　长大货物车

⑧ 毒品车。如图 2-19 所示，毒品车主要装运《铁路危险货物运输管理规则》规定的第八类毒害品和其他贴有 9 号包装标识毒害品标志的有毒物品，具体为农药等。

⑨ 家畜车。如图 2-20 所示，家畜车用于装运家畜或家禽的车辆，结构与普通棚车类似，但侧墙、端墙由固定和活动栅格组成，可以调节开口改变通风。车内分为 2~3 层，并设有押运人员休息和放置用具、饲料的小间，以及相互连通的水箱。

图 2-19　毒品车　　　　　　　　　　　　图 2-20　家畜车

⑩ 矿石车。如图 2-21 所示，矿石车车体有固定的侧墙、端墙和供卸货物的特殊车门，主要用于运输各种矿石、矿粉。

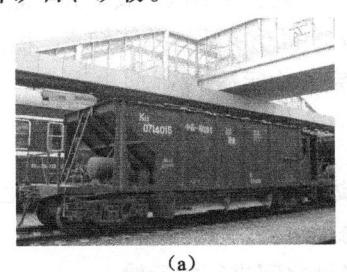

图 2-21　矿石车

⑪ 特种货车。特种货车是指运输特殊货物或特殊用途的铁路车辆，如架桥车、钢轨车、铺轨机等。

2.3　水路运输设施与设备

2.3.1　水路运输的概念

水路运输是以船舶为主要运输工具、以港口或码头为运输基地、以通航水域为运输活动范围的一种运输方式。水路运输是兴起最早、历史最长的运输方式，中国则是世界上水路运输发展较早的国家之一。水路运输系统由船舶、港口、各种基础设施与服务机构等组成。

1. 水路运输的特点及适用范围

① 水路运输可以实现大吨位、大容量、长距离的运输。我国常用的 25 000t 级的运煤船的单船载货量相当于 12 列运煤火车或上万辆运煤汽车的载货量之和。

② 能源消耗低。就运输 1t 货物至同样距离而言，水路运输所消耗的能源最少。

③ 运输成本低。水路运输工具主要在自然水道上航行，航路是天然的，只需要花少量资金对其进行整治、维护船标设施和进行管理，就可供船舶行驶。水路运输的运输成本约为铁路运输的 1/25～1/20，公路运输的 1/100。

④ 水路运输在整个综合运输系统中通常是一个中间运输环节，它在两端港口必须依赖于其他运输方式的衔接和配合，用来为其聚集及疏运货物。

⑤ 水路运输的运输速度相较于其他运输方式要慢。一方面因为船舶航行于水中时的阻力较大；另一方面是因为要实现大运量运输，货物的聚集和疏运所需时间较长。

⑥ 水路运输的外界营运条件复杂且变化无常。海上运输航线大多较长，要经过不同的地理区域和不同的气候带，内河水道的水位和水流速度随季节不同变化很大，有些河段还有暗礁险滩，因而水路运输受自然因素的影响较大。而且水路运输具有多环节性，需要港口、船舶、供应、通信导航、船舶修造和代理等企业，以及国家有关职能部门等多方面的密切配合才能顺利完成。因而，水路运输管理工作是较为复杂和严密的。

⑦ 海上运输具有国际性。一是商船有权和平航行于公海及各国领海而不受他国管辖和限制，有权进入各国对外开放的、可供安全系泊的港口，故海上运输在国际交通中极为方便；二是各国可在国际海上运输领域进行竞争。当然，海上运输是世界性的商务活动，除必须遵守各国的海上运输法规外，还要尊重国际法和国际公约。

水路运输与其他几种运输方式相比，主要有运量大、成本低、效率高、能耗少、投资省的优点，但也存在速度慢、环节多、自然条件影响大、机动灵活性差等缺点。因此，水路运输适用于数量大、距离长、对时间没有特殊要求的大宗货物运输。

2. 水路运输的分类

水路运输按其航行的区域，大体上可划分为远洋运输、沿海运输和内河运输3种形式。

① 远洋运输通常是指除沿海运输外所有的海上运输。
② 沿海运输是指利用船舶在我国沿海区域各地之间进行的运输。
③ 内河运输是指利用船舶、排筏和其他浮运工具在江、河、湖泊、水库及人工水道上进行的运输。

2.3.2 港口

港口是位于海、江、河、湖、水库沿岸，具有水陆联运设备及条件，供船舶安全进出和停泊的运输枢纽。港口既是水陆交通的集结点和枢纽处，也是工农业产品和外贸进出口物资的集散地，还是船舶停泊、装卸货物、上下旅客、补充给养的场所。

1. 港口的功能

① 物流服务功能。港口需要为船舶、汽车、火车、飞机、货物、集装箱提供中转、装卸和仓储等综合物流服务，尤其是提高多式联运和流通加工的物流服务。

② 信息服务功能。现代港口不但应该为用户提供市场决策的信息及其咨询服务，还要建成电子数据交换（Electronic Data Interchange，EDI）系统的增值服务网络，为客户提供订单管理、供应链控制等信息服务。

③ 商业功能。港口的存在既是商品交流和内外贸易存在的前提，又促进了它们的发展。现代港口为客户提供方便的运输、商贸和金融服务，如代理、保险、融资、货代、船代、通关等。

④ 产业功能。建立现代物流需要具有整合生产力要素功能的平台，港口作为国内市场与国际市场的接轨点，已经实现从传统货流到人流、货流、商流、资金流、技术流、信息流的全面整合。

2. 港口设施与设备

1）港口水域设施

① 进港航道。进港航道是海上或内河主航道和港池间供船舶进出港口的水道。进港航道

要有足够的宽度和水深、适当的方位、比较平稳的水流,以保证船舶安全、方便地进出港口。进港航道的布置同港口所在位置有密切关系。如果港口建在深水区,低水位(潮位)水深能保证船舶安全航行,则在船舶进出港口最方便的线路上设置航标即可,此为天然航道。如果港口建在浅水区或港池是人工开挖的,天然水深不能满足船舶航行的需要,则须开挖人工航道。

② 锚地。锚地是指港口中供船舶安全停泊、避风、海关边防检查、检疫、装卸货物和进行过驳编组作业的水域,又称锚泊地、泊地。其面积因锚泊方式、锚泊船舶的数量和尺度、风浪和流速大小等因素而定。作为锚地的水域要求水深适当,底质为泥质或砂质,有足够的锚位(停泊一艘船所需的位置),不妨碍其他船舶的正常航行。

③ 港池。港池一般指码头附近的水域,它需要有足够深且宽广的水域,供船舶停靠驶离时使用。对于河港或与海连通的河港,一般不需要修筑防浪堤坝,如上海黄浦江内的各港区和天津海河口的港口。对于开敞式海岸港口,为了阻挡海上风浪与泥沙的影响,以及保持港内水面的平静与水深,必须修筑防波堤。防波堤的形状与位置,可根据港口的自然环境来确定。

2)港口陆域设施

港口陆域指港口供货物装卸、堆存、转运和旅客集散之用的陆地上的区域。港口陆域包括进港陆上通道(铁路、道路、运输管道等)、码头前方装卸作业区和港口后方区。码头前方装卸作业区供分配货物,布置码头前沿铁路、道路、装卸机械设备和快速周转货物的仓库或堆场(前方库场)及候船大厅等之用。港口后方区供布置港内铁路、道路、较长时间堆存货物的仓库或堆场(后方库场)、港口附属设施(车库、停车场、机具修理车间、工具房、变电站、消防站等),以及行政、服务房屋等之用。

(1)港口铁路

由于我国海港集中在东部沿海,腹地纵深大,铁路运输是货物集、疏、运的重要手段。合理配置港口铁路,对扩大港口的通过能力具有重要意义。完整的港口铁路应包括港口车站、分区车场、码头和库场的装卸线,以及连接各部分的港口铁路区间正线、联络线和连接线等。港口车站负责港口列车到发、交接、编解;分区车场负责管辖范围内码头、库场的车组到发、编组及取送;装卸线承担货物的装卸作业;港口铁路区间正线用于连接铁路网接轨站与港口车站;联络线连接分区车场与港口车站;连接线连接分车场与装卸线。

(2)港口道路

港口道路可分为港内道路与港外道路。港内道路由于通行重载货车与流动机械,因此对路的轮压、车宽、纵坡与转弯半径等方面都有特殊要求。港内道路的行车速度较慢,一般为15km/h左右。港外道路是港区与城市道路、公路连接的通道,若通行一般的运输车辆,其功能及技术条件与普通道路相同。

(3)港口库场

港口库场是指港口用于堆存和保管待运货物的仓库及露天堆场。港口库场是水路运输货物的主要集散场所,对缩短车船停留时间、加快货物周转、提高货运质量有重要作用。仓库主要用于短期存放不宜日晒雨淋的货物和易于散失的贵重货物;露天堆场主要用于存放不怕日晒雨淋的大宗散装货物和桶装/箱装货物。在仓库不够使用时,露天堆场也可堆存有包装的货物,如粮食、化肥等,但要采取可靠的防晒防湿措施,如垫高并加盖苫布等。

3)港口设备

港口陆上设备包括间歇作业的装卸机械设备、连续作业的装卸机械设备、供电照明设备、通信设备、给水排水设备、防火设备等。港内陆上运输机械设备包括火车、载重汽车、自行式搬运车及管道输送设备等。港口水上装卸运输机械设备包括起重船、拖轮、驳船及其他港口作业船、水下输送管道等。

3. 港口的类型

（1）商港

商港是指供商船往来停靠、办理客货运输业务的港口，一般具有停靠船舶、上下旅客、装卸货物、供应燃料及修理船舶等所需要的各种设施和条件。按照装卸货物的种类，商港可分为综合性港口和专业性港口两类。综合性港口是指装卸、转运各种货物和从事客运服务的港口，如我国的上海港、大连港，以及世界大港鹿特丹、新加坡、纽约等。

（2）工业港

工业港是指为临近江、河、湖、海的大型工矿企业直接运输原材料、燃料和产成品而设置的港口，一般设在某个工业基地或加工业的中心，也称货主码头或业主码头。有的工业港只是在商港范围内划分一定的区域专门为某企业服务，港口业务也由该企业负责经营。例如，大连地区的甘井子大化码头、石油七厂码头；位于长江南岸的上海宝山钢铁总厂码头、位于杭州湾的上海金山石化总厂的陈山原油码头；日本的鹿岛、川崎、千叶等港口均属于工业港。

（3）渔港

渔港是指供渔船停泊、避风、装卸渔获物和渔需物资的港口，是渔船队的基地。舟山群岛的定海港、大连渔港等都是我国著名的渔港。渔获物易腐烂变质，一经卸港必须迅速处理，因此渔港般都设有鱼产品加工厂、鱼粉厂、网具厂、渔轮修造厂、冷藏库和收购转运站等设施。

（4）军港

军港是指专供海军舰船补给、停泊、训练使用的港口，有天然防浪屏幕或人工防浪设施，并可建造和修理舰船。军港是海军基地的组成部分，是为国家的军事和国防目的而建造的。军港常位于海湾等地势险要的战略要地，如美国的珍珠港、意大利的塔兰托港及我国的旅顺港，均为世界上有名的军港。

（5）避风港

避风港是指供船舶在航行途中或在海上作业过程中躲避风浪和取得少量补给的港口，一般是为抗风浪能力低的小型船舶、渔船和各种海上作业船而设置的。

2.3.3 船舶

船舶是各种船只的总称，是指能航行或停泊于水域进行运输或作业的交通工具，按不同的使用要求配备不同的技术性能、设备和结构。

1. 船舶的组成部分

船舶是由许多部分构成的，按各部分的作用，可综合归纳为船体、船舶动力装置、船舶舾装等三大部分。

（1）船体

船体是船舶的基本部分，可分为主体部分和上层建筑部分。主体部分一般指上甲板以下的部分，即由船壳（船底及船侧）和上甲板围成的具有特定形状的空心体，所以说它是保证船舶具有所需浮力、航海性能及船体强度的核心和关键部分，一般用于布置动力装置、装载货物、存储燃料和淡水，以及布置其他各种舱室。上层建筑位于上甲板围成、主要用于布置各种用途的舱室（如工作舱室、生活舱室、贮藏舱室、仪器设备舱室等）。另外，船体结构是由板材和型材组合而成的板架结构，可分为纵骨架式结构、横骨架式结构及混合骨架式结构。

（2）船舶动力装置

船舶动力装置是为保证船舶正常营运而设置的动力设备，为船舶提供各种能量和使用这些能量，以保证船舶正常航行、人员正常生活，从而完成各种作业。船舶动力装置是指各种能量的产生、传递、消耗的全部机械设备，是船舶的重要组成部分。船舶动力装置包括3个主要部分：主动力装置、辅助动力装置，以及其他辅助机械设备。

（3）船舶舾装

船舶舾装就是除船体和船舶动力装置外的所有船上的东西。按照舾装部位，船舶舾装分为外舾装和内舾装两部分。外舾装也称甲板舾装，是指除机舱区域和住舱区域外所有区域的舾装设备，包括舵设备、锚设备、系泊设备、救生设备、关闭设备、拖带和顶推设备，以及气动撒缆枪、梯子、栏杆、桅杆等；内舾装又称住舱舾装，包括船用家具与卫生设施、厨房冷库和空调系统、船用门窗等。

2．船舶的类型

船舶有多种分类方式，可按用途、航行区域、航行状态、推进方式、动力装置和船体材料及船体数目等分类。例如，按用途分，属于军事用途的称为舰艇或军舰；而用于交通运输、渔业、工程及研究开发的称为民用船舶。民用船舶中运输船舶的吨位（容积吨，$1t=2.83m^3$）与艘数占首位。运送货物与旅客的船舶称为运输船，它是民用船舶中的主要组成部分。

货运船舶简称货船，是运送货物的船舶总称。由于装载货物的不同，货船种类也很多，常见分类如图2-22所示。

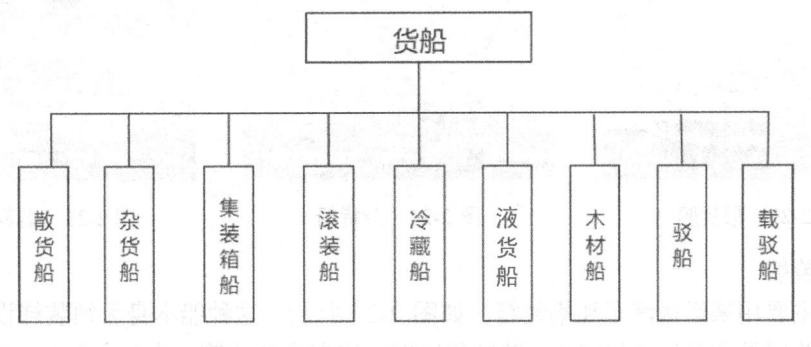

图2-22 货船种类分类

（1）散货船

散货船又称散装货船，是用以装载无包装的煤炭、矿砂、谷物、化肥、水泥、钢铁、木材等散装货物的船舶。散货船的货种单一、不怕挤压、便于装卸，如图2-23所示。

散货船各船型特征规范如表2-1所示。

表 2-1 散货船各船型特征规范

船 型	现时作为定价基准的船舶规范			
	载重吨（t）	尺寸（长×宽）	满载航速	油耗（t/天）
好望角型船舶	161 000	280m×45m	14 节	52
巴拿马型船舶	70 000	230m×32.2m	14 节	30
大灵便型船舶	40 000~59 999	185.74m×30.4m	14 节	29.5
小灵便型船舶	10 000~39 999	—	—	—

（2）杂货船

杂货船又称普通货船、通用干货船，主要用于装载一般包装、袋装、箱装和桶装的件杂货，如图 2-24 所示。由于件杂货的批量较小，杂货船的吨位也较小。典型的杂货船载重量为 10 000～20 000t，一般为双层甲板，配备完善的起货设备。货舱的数量和甲板分层较多，便于分隔货物。杂货船一般都装设有起货设备，多数以吊杆为主，部分杂货船装有液压旋转吊具。新型的杂货船一般为多用途型，既能运载普通件杂货，也能运载散装货物、大件货物、冷藏货物和集装箱等。

（3）集装箱船

集装箱船是用于载运集装箱的船舶，如图 2-25 所示。集装箱船可分为全集装箱船、部分集装箱船和可变换集装箱船 3 种类型。

① 全集装箱船，指专门用于装运集装箱的船舶。该类船舶舱内设有固定式或活动式的格栅结构，舱盖上和甲板上设置固定集装箱的系紧装置，便于集装箱作业及定位。一般情况下，舱内可堆放 3～9 层集装箱，甲板上可堆放 3～4 层集装箱。

② 部分集装箱船。这类船舶只有船的中央部位用于装运集装箱，其他舱位用于装运普通杂货。

③ 可变换集装箱船。其货舱内装载集装箱的结构是可拆装式的，既可装运集装箱，必要时也可装运普通杂货。

图 2-23 散货船 　　图 2-24 杂货船 　　图 2-25 集装箱船

（4）滚装船

滚装船主要用来运送汽车和集装箱，如图 2-26 所示。这种船本身无须装卸设备，一般在船侧或船的首尾处有斜坡连接码头。装卸货物时，汽车或集装箱（装在拖车上）直接开进或开出船舱。其优点是不依赖码头上的装卸设备，装卸速度快，可加速船舶周转。

（5）冷藏船

冷藏船是运送冷冻货物的船舶，如图 2-27 所示。冷藏船的货舱实际上是一个大型冷藏库，冷藏舱所需的冷源由设置在机舱内的大型制冷机提供。为保证一定的制冷效果，冷藏舱的四壁、舱盖和柱子内部均设有隔热材料，防止外界热量传入。冷藏舱内还装有各种远距离测量和记录装置，以便相关人员及时掌握并控制舱内的温度、湿度、二氧化碳含量等参数。

（6）液货船

液货船是指专门运载液态货物的船舶，是载运散装液态货物的运输船舶。最先出现的液货船是油船，如图 2-28 所示，用来运输原油。现在，液货船的种类越来越多。按照运载货物的不同，液货船可分为 3 类：油船、液化气船、液体化学品船。油船是载运散装原油及成品油的专用船，可以分为原油船和成品油船，一般吨位比较大，最大载重量达 700 000t。

图 2-26　滚装船 　　　　　　　图 2-27　冷藏船 　　　　　　　图 2-28　油船

（7）木材船

木材船是专门用于装载木材或原木的大型船舶。这种船舶的舱口大，舱内无梁柱及其他妨碍装卸的设备，船舱及甲板上均可装载木材。

（8）驳船

驳船是指本身没有自航能力，需要拖船或顶推船带动运行的货船，如图 2-29 所示。驳船的特点是载货大、吃水浅、设备简单，船上通常不设置装卸货物的起货设备。驳船与拖船或推船组成驳船船队，可以航行于狭窄水道和浅水航道，并可按运输货物的种类而随时编组，适应内河运输的需要。

（9）载驳船

载驳船又称母子船，由一大型机动母船（称为载驳船）运载一批相同规格的驳船（称子船）进行运输，如图 2-30 所示。驳船实际上是货运单元，在其中可装载各种货物。当母船到达港口锚地时，不必在码头停靠，驳船直接从母船上卸下，再由拖船或推船运往目的地，而母船则可以装载另一批驳船继续航行。其优点是，由于货物单元是驳船，装卸可以在港域内外任意地进行，无须使用码头，不受水深限制，可缩短母船的停泊时间，不受码头拥挤影响，装卸效率高，适用于江海联运。

图 2-29　驳船 　　　　　　　　　　图 2-30　载驳船

2.4　航空运输设施与设备

2.4.1　航空运输的概念

航空运输是指使用航空器运送人员、货物、邮件的一种运输方式。它既是现代旅客运输，

尤其是远程旅客运输的重要运输方式，也是国际贸易中的贵重物品、鲜活货物和精密仪器运输的重要运输方式。航空运输体系包括飞机、机场、空中交通管理系统和飞行航线4个基本部分。航空运输设施设备主要指机场和飞机。

1. 航空运输的特点及适用范围

航空运输之所以能在短短半个多世纪内得到快速发展，是与其自身特点分不开的。航空运输主要具有以下特点。

① 速度快。这是航空运输最大的特点和优势。现代喷气式客机的巡航速度为 800～900km/h，比汽车、火车快 5～10 倍，比轮船快 20～30 倍。距离越长，航空运输所能节约的时间越多，速度快的特点也越显著。

② 机动性大。飞机在空中飞行，受地域、地形条件限制的程度比汽车、火车、轮船小得多。航空运输可以将地面上任何距离的两个地方连接起来，实现定期或不定期通行。尤其在对灾区的救援、供应，以及边远地区的急救等紧急任务中，航空运输已成为必不可少的手段。

③ 舒适、安全。喷气式客机的巡航高度一般为 10 000m 左右，飞行不受低空气流的影响，平稳、舒适。现代民航客机的客舱宽敞、噪声小，机内有供膳、视听等设施，旅客乘坐的舒适程度较高。由于科学技术的进步和对民航客机适航性严格的要求，航空运输事故的旅客死亡率很小。

④ 基本建设周期短、投资少。要发展航空运输，只需要添置飞机和修建机场。与修建铁路和公路相比，其建设周期短、占地少、投资省、收效快。据统计分析，在相距 1000km 的两个城市间建立交通线，若载客能力相同，修筑铁路的投资是开辟航线的 1.6 倍，铁路修筑周期为 5～7 年，而开辟航线只需要 2 年。

⑤ 由于飞机的飞行受到气象条件的一定限制，航空运输的正常性、准点性会受到影响。

⑥ 航空运输速度快的优点在短途运输中难以充分发挥。

综上，航空运输的最大优点是速度快，但因其运输量小、运费高，所以航空运输适合 500km 以上的长途客运，以及价高贵重、时效性强的货物运输。

2. 航空运输的分类

航空分为军用航空和民用航空。军用航空是指用于军事目的的一切航空活动，主要包括作战、侦察、运输、警戒、训练和联络救生等方面。民用航空是指使用各类航空器从事除军事性质（包括国防、警察和海关）外的所有的航空活动，分为商业航空和通用航空两部分。商业航空运输方式主要有班机运输、包机运输、集中托运和航空快递业务等方式。

（1）班机运输

班机运输是指利用具有固定开航时间、航线和停靠航站的飞机（通常为客货混合型飞机）进行的运输。这类飞机的货舱容量较小、运价较贵，但由于航期固定，有利于客户安排鲜活商品或急需商品的运送。

（2）包机运输

包机运输是指航空公司按照约定的条件和费率，将整架飞机租给一个或若干个包机人（包机人指发货人或航空货运代理公司），从一个或几个航空站装运货物至指定目的地，适合大宗货物运输，费率低于班机运输，但运送时间比班机运输要长些。

（3）集中托运

集中托运是指航空货运代理公司将若干批单独发运的货物集中成一批向航空公司办理托

运,填写一份总运单送至同一目的地,然后由其委托当地的代理人负责分发给各个实际收货人。这种托运方式可降低运费,是航空货运代理的主要业务之一。

(4) 航空快递业务

航空快递业务是由快递公司与航空公司合作,向货主提供的快递服务。其业务包括由快递公司派专人从发货人处提取货物后以最快航班将货物出运,飞抵目的地后,由专人接机提货,办妥进关手续后直接送达收货人。航空快递是一种快捷的运输方式,特别适合各种急需物品和文件资料的运输。

航空运输作为民用航空的一个部分被划分出去之后,民用航空的其余部分统称通用航空,因而通用航空范围十分广泛,大致可以分为工业航空、农业航空、航空科研和探险活动、飞行训练、航空体育运动、公务航空、私人航空。

2.4.2 机场

机场是供飞机起飞、着陆、驻停、维护、补充给养及组织飞行保障活动所用的场地,以及旅客和货物的起点、终点或转折点。

1. 机场的功能

机场不仅是航空运输网络中的节点,还是空中运输和地面运输的转接点,机场应具有以下功能。

① 基本的营运服务,保证飞机安全、及时起飞和降落,保障机场用户的安全,如空中交通管制、飞机进近和着陆、气象服务、通信、安保、消防、急救和跑道维护等。

② 为旅客、货物及邮件的运输服务,安排旅客和货物准时、顺利地上下飞机。

③ 提供便利和便捷的地面交通,连接市区。

④ 提供其他方面的服务,如飞机的清洁、动力的提供,以及经营商店、饭店、停车场等商业活动。

2. 机场的组成部分

机场系统可简单地划分为供飞机活动的空侧部分,以及供旅客和货物转入或转出空侧的陆侧部分。空侧部分包括供飞机起飞和降落的航站区空域,以及供飞机在地面上运行的飞行区两部分。陆侧部分包括旅客和货物办理手续,以及上下飞机的航站楼、各种附属设施、进出机场的地面交通系统。因此,机场主要由飞行区、航站区和进出机场的地面交通系统3个部分构成。

① 飞行区是指飞机起飞、着陆和滑行的飞机运行区域,通常还包括用于飞机起降的空域,主要包括跑道、滑行道、登机坪、停机坪、升降带和机场净空区等。

② 航站区是航空运输业务(旅客和货物)的陆、空交换区域的统称,由旅客航站、货物航站、机坪、航站区管制中心、供应服务设施、航站交通及停车场等区域组成。

③ 进出机场的地面交通系统通常指公路,有时也包括轨道交通和水运码头等。其功能是把机场和附近城市连接起来,将旅客和货邮及时运进或运出航站楼。

3. 机场的类型

① 按航线性质,机场可划分为国际航线机场和国内航线机场。

② 按机场在民航运输网络中的作用，机场可划分为枢纽机场、干线机场和支线机场。

③ 按机场所在城市的性质、地位，机场可划分为Ⅰ类机场、Ⅱ类机场、Ⅲ类机场和Ⅳ类机场。

④ 按旅客乘机目的，机场可划分为始发/终程机场、经停（过境）机场和中转（转机）机场。

⑤ 按服务对象，机场可划分为军用机场、民用机场和军民合用机场。

2.4.3 飞机

飞机是有动力驱动的固定翼飞行器，是航空运输的主要载运工具。

1. 飞机的组成部分

常见民用运输飞机由 5 个部分组成：机翼、机身、尾翼、起落装置和动力装置，如图 2-31 所示。

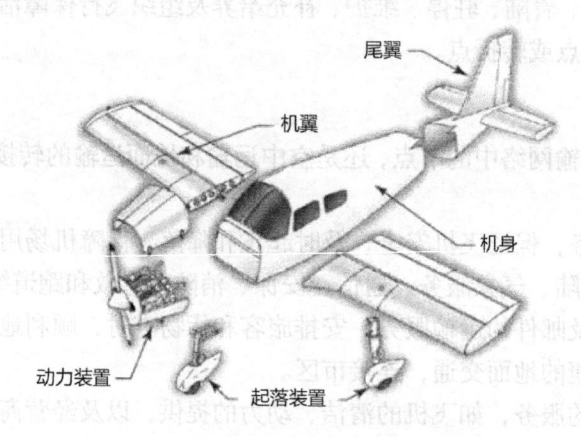

图 2-31 常见民用运输飞机的构成示意图

（1）机翼

机翼的主要功用是产生升力，以支持飞机在空中飞行，同时起到一定的稳定和操作作用。在机翼上一般安装有副翼和襟翼，操纵副翼可使飞机滚转，放下襟翼可使升力增大。机翼上还可安装发动机、起落架和油箱等。不同用途的飞机的机翼形状、大小也各有不同。

（2）机身

机身是飞机的主体，用于连接其他部件并容纳人员、货物、设备等。虽然大多数飞机都有一个机身，但它并不是飞机必不可少的部件。早期的飞机常常用金属骨架将各部件连接在一起，现代超轻型飞机和一些滑翔机也是如此。还有一种特殊的飞翼式飞机也没有机身，整个飞机看起来就是一副大机翼，人员、货物、燃油等全部装在机翼内。

（3）尾翼

尾翼包括水平尾翼和垂直尾翼。水平尾翼由固定的水平安定面和可动的升降舵组成，有的高速飞机将水平安定面和升降舵合为一体，组成全动平尾。垂直尾翼包括固定的垂直安定面和可动的方向舵。尾翼的作用是操纵飞机俯仰和偏转，保证飞机能平稳飞行。

（4）起落装置

起落装置是飞机起飞、降落和停放过程中支撑飞机的装置，一般由承力支柱、减震器、机轮和收放机构组成。

(5) 动力装置

动力装置是飞机起飞和飞行必需的推进系统,主要用来产生拉力和推力,使飞机前进,还可为飞机上的其他用电设备提供电源等。现在飞机动力装置应用较广泛的有航空活塞式发动机加螺旋桨推进器、涡轮喷气发动机、涡轮螺旋桨发动机和涡轮风扇发动机。除了发动机本身,动力装置还包括一系列保证发动机正常工作的系统。

飞机上除了这5个主要部分,还装有各种仪表、通信设备、领航设备、安全设备等其他设备。

2. 民用运输飞机的类型

① 按机身尺寸大小,民用运输飞机可以分为窄体飞机和宽体飞机。窄体飞机是指机身宽度约为3m,舱内只有一条通道,一般只能在下舱内装载包装尺寸较小的散件货。宽体飞机是指机身宽度≥4.72m,舱内有两条通道,下舱可装载集装箱的民用运输飞机。

② 按机舱装载对象,运输飞机一般分客货两用机和全货机。客货两用机,即普通客机,上舱(主舱)用于载客,下舱(腹舱)用于载货。全货机就是指机舱全都用于装载货物的飞机。全货机一般为宽体飞机,主舱可装载大型集装箱。目前世界上最大的全货机的载重达250t,通常的商用大型全货机的载重为100t左右。

③ 按航程距离,运输飞机可分为远程、中程、近程、短途飞机。远程飞机航程为8000km以上,主要用于洲际飞行;由于航程远,需耗用大量燃料,其机体尺寸和最大起飞质量都很大(最大起飞质量为150t以上,最大可达350t),所需跑道长度也很长。中程飞机航程为3000~5000km范围内,适合在洲内和主要航线上飞行,最大起飞质量为100t以上。近程飞机航程为3000km以下,适合在国内主要航线上飞行,其最大起飞质量为40t以上。短途飞机航程为1000km以下,主要用于地方支线和通勤运输的飞行,其最大起飞质量为40t以下。

④ 按发动机和所产生推力的类型,民用运输飞机可分为活塞式、涡轮螺旋桨式、涡轮喷气式、涡轮分散喷气式飞机。

3. 民用运输飞机的技术性能

民用运输飞机的主要特点是经济、舒适,要求最大限度地提高燃油效率,降低飞行成本。因此,客舱的设计要求能为旅客提供优越、舒适的旅途环境与条件。不同用途的飞机,对飞行性能的要求有所不同。对现代民用运输飞机而言,主要考虑速度、爬升、续航和起降等性能指标。

(1) 速度性能

飞机优于其他运输工具的主要特征之一是飞行速度快。标志飞机速度性能的评测指标是飞机的最大平飞速度,即当飞机做水平直线飞行,飞机的阻力与发动机的最大可用推力相等时,飞机能达到的最大飞行速度。由于飞机的阻力和发动机的推力都与高度有关,所以飞机的最大平飞速度在不同的高度是不同的。通常在11km左右的高度,飞机能获得最大的最大平飞速度。但是,飞机不能长时间地以最大平飞速度飞行。一个原因是这样会损坏发动机,另一个原因是当飞机的飞行速度增大时,飞机的阻力就会增大,克服阻力需要的发动机推力也相应增大,消耗的燃油也会相应增加。所以,对于民用运输机这类需要进行长途飞行的飞机而言,其更注重的是巡航速度,即在发动机每千米消耗燃油最少情况下的飞行速度。也就是说,飞机以巡航速度飞行时最为经济，航程最远或航时最长。

（2）爬升性能

飞机的爬升受到高度的限制，因为高度越高，发动机的推力就越小。当飞机达到某一高度，发动机的推力只能克服平飞阻力时，飞机就不能再继续爬升了，这一高度称为飞机的理论升限。而民用飞机通常使用的是实用升限，即飞机还能以 0.5m/s 的垂直速度爬升时的飞行高度，也称飞机的静升限。民用飞机是以最大爬升速率和升限来表征其主要爬升性能的。

（3）续航性能

民用飞机主要以航程和续航时间（航时）来表征其续航性能。航程是指飞机起飞后，爬升到平飞高度平飞，再由平飞高度下降落地，且中途不加燃油和滑油，所获得的水平距离的总和。飞机的航程不仅取决于飞机的载油量和飞机单位飞行距离耗油量，也与业务载重量有关。在最大载油量和飞机单位飞行距离耗油量最小的情况下，飞行所获得的航程就是飞机的最大航程。

（4）起降性能

飞机的起降性能包括飞机起飞离地速度、起飞滑跑距离，以及飞机着陆速度、着陆滑跑距离。

2.5 管道运输设施与设备

2.5.1 管道运输的概念

管道运输是利用管道设施与设备通过一定压力差驱动货物（多为液体、气体、粉粒、颗粒状货物）沿着管道流向目的地的一种现代运输方式。管道运输承担着很大比例的能源物资运输任务，包括原油、成品油、天然气等。管道既是管道运输的运输设备，又使运输通道、运输设备和通道合为一体。管道运输如图 2-32 所示。

图 2-32 管道运输

1. 管道运输的特点及适用范围

① 相对运量大。一条输油管线可以源源不断地完成输送任务。根据管径大小的不同，其每年的运输量可达数百万吨到几千万吨，甚至超过亿吨。

② 节约土地资源，占地少。运输管道通常埋于地下，其占用的土地很少。管道运输系统的建设实践证明，运输管道埋藏于地下的部分占管道总长度的 95% 以上，因而其对于土地的永久性占用很少，仅为公路的 3% 左右、铁路的 10% 左右。

③ 管道运输建设周期短、费用低。国内外交通运输系统的建设实践证明，管道运输系统

的建设周期与相同运量的铁路建设周期相比，一般要短 1/3 以上。

④ 管道运输安全可靠、连续性强。由于石油天然气易燃、易爆、易挥发、易泄露，采用管道运输方式，既安全，又可以大大减少挥发损耗，同时由于泄露导致的对空气、水和土壤的污染也可以大大减少。由于管道基本埋藏于地下，管道运输过程受恶劣多变的气候条件的影响小，可以确保管道运输系统长期稳定地运行。

⑤ 管道运输耗能少、成本低、效益好。发达国家采用管道运输石油，每吨公里的能耗不足铁路的 1/7，在大量运输时的运输成本与水路运输接近，因此在无水条件下，采用管道运输是一种较为节能的运输方式。管道运输是一种连续工程，运输系统不存在空载行程，因而管道运输系统的运输效率高。以运输石油为例，管道运输、水路运输、铁路运输的运输成本之比为 1∶1∶1.7。

⑥ 灵活性差。管道运输不如其他运输方式（如汽车运输）灵活，除承运的货物比较单一外，也不能随便扩展管线，因此无法满足"门到门"的运输服务要求。一般来说，管道运输常要与铁路运输、公路运输或水路运输联运才能完成输送任务。此外，当运输量不足时，管道运输的成本会明显增大。

⑦ 专用性强。管道运输的运输对象受到限制，其承运的货物比较单一，只适合运输石油、天然气、化学品、矿物浆等。

⑧ 专营性强。管道运输属于专用运输，其生产与运销混为一体，不提供给其他发货人使用。

2. 管道运输的分类

（1）原油管道

原油一般具有比重大、黏稠和易凝固等特性，主要由油田输送给炼油厂或输送给转运原油的港口或铁路车站，或者两者兼而有之。因此，其运输特点是数量大、运距长、收油点和交油点少，故特别适合管道输送，世界上 85% 以上的原油都是由管道输送的。

（2）成品油管道

成品油管道可以输送汽油、煤油、柴油、航空煤油和燃料油，以及从油气中分离出来的液化石油气等成品油。每种成品油在商业上有多种牌号，常采用在同一条管道中按一定顺序输送多种油品的工艺，这种工艺能保证油品的质量和准确地分批运到交油点。成品油管道的任务是将炼油厂生产地大宗成品油输送到各个城镇的加油站或用户。有的燃料油则直接用管道输送给大型电厂，或者用铁路油槽车外运。成品油管道运输的特点是批量多、交油点多，因此，成品油管道的起点段管径大、输油量大，经多处交油分输以后，输油量减少，管径亦随之变小，从而形成管径多变的特点。

（3）天然气管道

天然气管道是输送天然气和油田伴生气的管道，包括集气管道、输气管道和供配气管道。就长距离运输而言，输气管道是指高压、大口径的输气干线，这种输气管道约占全世界天然气管道总长的一半。

（4）固体料浆管道

固体料浆管道主要用于输送煤、铁矿石、磷矿石、铜矿石、铝矾石和石灰石等矿物，配置浆液主要用水，还有少数浆液以燃料油或甲醇等液体为载体。其输送方法是将固体粉碎，并与适量的液体配置成可泵送的浆液，再用泵按液体管道输送工艺进行输送；到达目的地后，将固体与液体分离后输送给用户。

2.5.2 管道运输设施与设备

管道运输设施与设备主要指运输管道及其辅助设备。运输管道按运输的物品不同分为输油管道、天然气管道和固体货物运输管道。

1. 输油管道运输设施与设备

长距离输油管道由输油站和管线两大部分组成。输送轻质油或低凝点原油的管道不需要加热,油品运输一定距离后,管内油温等于管线埋深处的地温,这种管道称为等温输油管,它不需要考虑管内油流与周围介质的热交换。对于易凝、高黏油品,不能采用这种方法运输,因为当油品黏度极高或其凝固点远高于管路周围环境温度时,每千米管道的压降将高达几个甚至几十个大气压,在这种情况下,加热输送是最有效的办法。因此,热油输送管道不仅要考虑摩阻的损失,还要考虑散热损失,输送工艺更为复杂。

输油管道的起点称为首站,输油管道沿途设有中间泵站,输油管道末站接收输油管道送来的全部油品,供给用户或以其他方式转运,故末站有较多的油罐和准确的计量装置。输油站包括首站、末站、中间泵站等。输油管道的线路(管线)部分包括管道、沿线阀室、穿越江河及山谷等的设施和管道,以及阴极防腐保护设施等。为了保证长距离输油管道的正常运营,还设有供电和通信设施。长距离输油管道运输设施与设备主要包括以下几种,如图 2-33 所示。

① 输油管。输油管分原油管和成品油管两种,提供油料输送介质的功能。

② 油罐。它设置在首站输油站、末站输油站中,用于对发、收的油品进行存储。在首站输油站中,油罐接收油田、炼油厂等地的油品并对其进行临时存储,等待用泵抽取,输往中下游输油站。在末站输油站中,油罐接收管道来油,等待用其他运输方式转运。

③ 泵机组。输油泵和带动它的原动机,以及相应的连接装置或变速装置组成泵机组,供给输油所需的压力能,是泵站的核心设备。

④ 阀门组。各种阀门的主要功能是对输送路径、压力、流量、平稳性等进行调节和控制。

⑤ 清管器收发装置。清管是指在输油前清除遗留在管内的机械杂质等堆积物,以及在输油过程中清除管内壁上的石蜡、油脂等凝聚物和盐类的沉积物等,以保证管道能长期在高输量下安全运转。清管器有刷形、皮碗刮刀形、球形等。

⑥ 计量设备。计量设备主要包括流量计、过滤器、温度及压力测量仪表、标定装置、通向污油系统的排污管。其中以流量计和标定装置最为关键。流量计是监视输油管运行的中枢,如根据流量计调整全线的最佳运行状态,校正输油压力和流速,及时发现泄漏;标定装置有单向回球型标定装置、U 形管三球式标定装置等几种。

⑦ 加热装置。在输送含蜡多、黏度大、倾点高的原油时需要通过加热装置进行加热输送。加热装置有加热炉、换热器等。利用加热炉直接加热,设备简单,费用较低,应用较普遍,但热效率只有 70%,且原油在炉管内直接加热存在结焦的可能,一旦断流,易造成事故。而换热器加热则利用不怕高温、不结焦的中间热载体进行加热,加热效率可达 80%~85%,比较适合含水、含盐较多的原油。采用加热装置虽然使投资增加了,但从根本上消除了炉管结垢带来的不安全因素。

⑧ 辅助设备。为了保证泵机组的正常运行,输油站内还要有一系列辅助设备。柴油机往复泵机组的辅助设备包括柴油供应设备、润滑油供应设备、冷却水设备、压缩空气供应设备、

废热利用设备等。电动机离心泵机组的辅助设备包括电动机和离心泵的轴润滑设备、冷却水设备等。

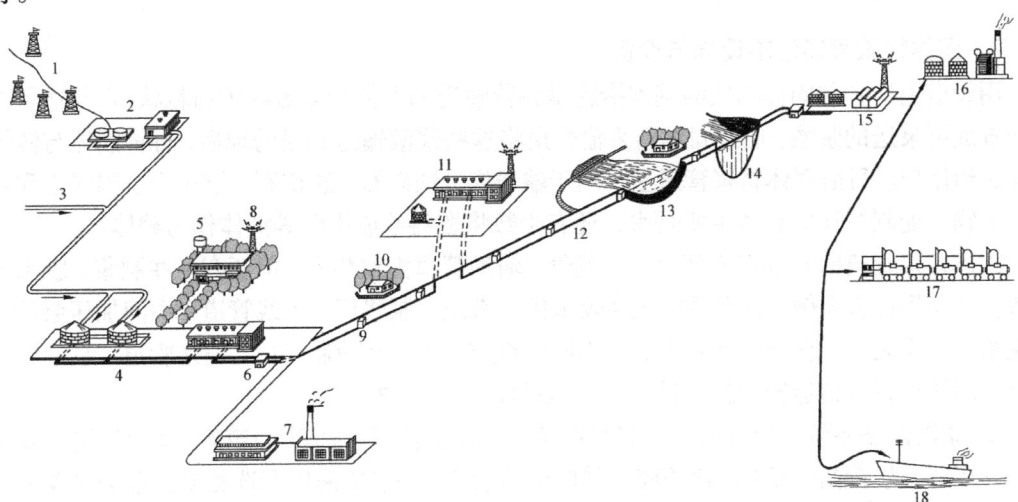

1—井场；2—转油站；3—油田输油管；4—首站罐区和泵房；5—全线调度中心；6—清管器发送室；
7—首站锅炉房、机修等辅助设施；8—微波通信等；9—线路阀室；10—管道维修人员住所；11—中间输油站；
12—穿越铁路；13—穿越河流的弯管；14—跨越工程；15—末站；16—油轮站；17—油栈桥；18—油轮装油码头

图 2-33　长距离输油管道

2. 天然气管道运输设施与设备

天然气管道的运输流程是天然气从气田的各井口装置采出后，经由矿场集气网汇集到集气站，再由各集气站输往天然气处理厂进行净化后，送入长距离输气管道，再送往城市和工矿企业的配气站，在配气站经过除尘、调压、计量和添味后，由配气管网输送给用户。长距离输气管道由首站输气站、中间输气站和终点储气库组成。输气站起着为天然气加压、气体净化、混合、计量、压力调节和清管器发送等作用。天然气管道运输设施与设备主要有以下几种。

① 输气管。输气管分为矿场输气管、干线输气管和城市输气管 3 类。矿场输气管用于将从天然气井场采集的气体送往天然气处理厂；干线输气管是长距离供气用的动力系统，大型输气管的管径有 720mm、820mm、1020mm 和 1420mm 几种规格，长度有 1000km、2000km 及 2000km 以上几种规格。干线输气管的全部管段与输气站互有联系，个别管段或个别站的工况的变化将影响全部输气管或整个输气管系统。城市输气管是构成城市配气网的输气管，分为输气干线和配气管线。

② 压缩机组。压缩机及与之配套的原动机统称压缩机组。压缩机组既是干线输气管的主要工艺设备，也是压气站的核心部分，其功能是提高进入压气站的气体的压力，从而使管道沿线各管段的流量满足相应的要求。

③ 燃气计量仪表。燃气的数量可以用它的标准体积、质量或能量值（热值）来度量，据此可将燃气计量方法分为体积流量计量、质量流量计量和能量流量计量 3 种。

④ 储气设备。储气设备包括储气罐和地下储气管束。储气罐通常为建在地面上的钢罐，根据储气压力的高低，储气罐分为低压罐和高压罐，而低压罐又分为湿式与干式两种。

⑤ 辅助设备。辅助设备通常包括压缩机组的能源设备、汽缸冷却设备、密封油设备、润

滑油设备、润滑油冷却设备，以及整个压气站的仪表监控设备、通信设备、给排水设备、通风设备、消防设备、放空设备等。

3. 固体料浆管道运输设施与设备

用管道输送各种固体物质的基本措施是将待输送的固体物质破碎为粉粒状，再与适量的液体配置成可泵送的浆液，通过固体料浆输管道将这些浆液输送到目的地后，再将固体与液体分离输送给用户。目前固体料浆管道主要用于输送煤、铁矿石、磷矿石、铜矿石、铝矾土和石灰石等矿物，配制浆液的载体主要是水，还有少数将燃料油或甲醇等液体作为载体。

固体料浆管道的基本组成部分与天然气、输油管道大致相同，但还有一些制浆、脱水干燥设备。以煤浆管道为例，整个系统包括煤水供应系统、制浆厂、干线管道、中间加压泵站、终点脱水与干燥装置。它们也可分为3个不同的组成部分：浆液制备厂、输送管道、浆液后处理系统。固体料浆管道运输设施与设备主要包括以下几种。

① 浆液制备系统。以煤为例，煤浆制备过程包括洗煤、选煤、破碎、场内运输、浆化、存储等环节。为了清除煤中所含的硫及其他矿物杂质，一般要采用淘选法或浮选法对煤进行精选，也可采用化学法或细菌生物法。煤浆管道首站一般与制浆厂合在一起，首站的增压泵从外输罐中抽出浆液，经加压后送入干线管道。

② 中间泵站。中间泵站的任务是为煤浆补充压力能，停运时则提供清水冲洗管道。输送煤浆的泵也可分为容积式与离心式两种，其特性差异与输油泵大致相同。泵的选用要结合管径、壁厚、输量、泵站数等因素综合考虑。为了减少浆液对活塞泵缸体、活塞杆、密封圈的磨蚀，国外研制了一种油隔离泵，可避免浆液进入活塞缸内，活塞只对隔离油加压并通过它将压力传给浆液。

③ 后处理系统。煤浆的后处理系统包括脱水、存储等部分。管输煤浆既可脱水存储，也可直接存储。脱水的关键是控制煤表面的水含量，一般应保证为 7%～11%。影响脱水的因素主要有浆液温度与细颗粒含量。浆液先进入存储池，然后用泵输送到振动筛中区分为粗、细浆液。粗浆液进入离心脱水机，脱水后的煤粒可直接输送给用户，排出的废液输入浓缩池与细粒浆液一起，经浓缩后再经压滤机压滤脱水，最后输送给用户。

关键术语

公路运输设施与设备	铁路运输设施与设备
水路运输设施与设备	航空运输设施与设备
管道运输设施与设备	货运汽车
挂车	汽车列车

本章小结

运输是指人或物体通过运输方式在空间中的移动，是基本的社会活动之一，货物运输在物流中起着举足轻重的作用。运输包括铁路、公路、水路、航空和管道运输等5种运输方式。本章分析了公路运输设施与设备的特点，重点介绍了货运车辆的组成部分、功能和应用领域；对铁路运输设施与设备进行了介绍,分析了其主要优势和缺点,就铁路机车、铁路车辆的主要用途和功能特点进行了介绍;对水路运输设施与设备进行了简要介绍,阐述了其主要性能和特点;概述了航空运输设施与设备的分类与特点,并对飞机的组成部分和功能等进行了说明;阐述了管道运输的发展状况和运行特点,对管道运输设施与设备的组成部分及其作用进行了详细介绍。

复习思考题

1. 填空题

（1）公路运输按货运营运方式的不同,可分为_____、_____、_____、_____和_____。

（2）汽车通常由_____、_____、_____和_____4个部分组成。

（3）按中国铁路技术条件,现行的铁路货物运输分为_____、_____、_____3种。

（4）铁路线路是由_____、_____和_____组成的一个整体工程结构。

（5）港口水域主要包括_____、_____和_____。

（6）船舶由_____、_____和_____三大部分组成。

（7）集装箱船可分为_____、_____和_____3种类型。

（8）航空运输方式主要有_____、_____、_____和_____。

（9）机场主要由_____、_____和_____3个部分组成。

（10）管道按输送物品的不同可分为_____、_____、_____和_____。

2. 简答题

（1）简述公路运输的特点及适用范围。

（2）简述铁路货车的种类。

（3）什么是铁路枢纽？论述未来铁路枢纽的发展趋势。

（4）分析港口的功能。

（5）简述航空运输的地位和作用。

（6）管道运输的主要优点是什么？适合运输哪些物资？

（7）讨论运输设施与设备的发展趋势。

第 3 章

仓储设施与设备

本章学习目标

- 理解仓储设施与设备的构成、作用及特点;
- 了解仓库的功能、分类及基本结构;
- 了解货架的分类,掌握典型货架的结构及应用;
- 熟悉自动化立体仓库的概念与基本构成;
- 掌握仓库出入库装卸设备的功能及基本类型。

案例导入

国内某生产企业准备建设立体仓库,满足每天短暂存储成品的周转,库区占地面积为 2000m² 左右,空间高 4m,包括成品物流仓储立体仓库、分发处理区两大作业区。要在这样的空间里实现自动仓储的最大化,根据其产品的特点,唯一的方法就是构建高密度的自动化立体仓库。对多种技术方案进行研究、比较之后,该企业选择了叉式激光导引运输车作为自动化仓储工具来满足自动仓储的需要。其所建立的高密度的自动化立体仓库有 34 条巷道,上下两层,具有 808 个有效仓储货位,由高 4.5 m 的双层高密度货架组成。立体仓库的支架立柱、牛腿均采用方钢,为了协调各个巷道的直线度和一致性,还采用较长的方钢固定在牛腿上作为支架。这种货架的刚性强、承载能力大、制作和安装较为方便,而且不容易变形、防火性能好、抗腐蚀能力强、维护保养简单。

思考题:建立自动化立体仓库有何好处?

案例解读

自动化立体仓库的主要优点包括:1. 采用高层货架存储、巷道式堆垛机作业,可大幅度增加仓库的有效高度,充分利用仓库的有效面积和存储空间,使货物存储集中化、立体化,减少占地面积,降低土地购置费用;2. 可实现仓库作业的机械化、自动化,能大大提高工作效率;3. 由于物资在有限空间内集中存储,便于进行温湿度控制;4. 利用计算机进行控制和管理，作业过程及信息处理迅速、准确、及时，可加速物资周转，降低存储费用；5. 由于货物的集中存储和计算机控制，有利于采用现代科学技术和现代化管理方法。

3.1 仓储设施与设备概述

仓储既是物流的基础，也是发展现代物流的基地，还是发展现代物流的硬件。仓储活动在物流领域中起着"物流支柱"的作用，它的基本功能包括物资的保管、调节物资的供需、调节物资的运输、实现物资的配送和节约物资。

3.1.1 仓储的功能

仓储是利用仓库及相关设施与设备进行物品的入库、存储和出库的物流活动。仓储系统的高效率运行，对整个物流系统的运作效率、运作成本及物流的服务水平都起着重要的作用。仓储活动一般包括进货入库、存储保管和出库发货等基本作业过程，其基本作业内容包括对物品实施的出入库整理作业、在库维护作业及装卸搬运作业。仓储的功能主要体现在以下几方面。

1. 为货物的存储和保管提供可靠的环境及条件

仓库作为仓储系统的基础设施，可以使货物得到可靠的存储、保管；各种货架可以使货物得到完善的管理，减少损失，提高货物存储质量。

2. 改善仓储作业条件，减轻劳动强度

仓储过程中的各种作业活动都包含着对货物的直接搬动作业，重复作业多，作业量大，使用人工作业的劳动强度高，作业效率低。利用仓储设施与设备可以彻底改变落后的作业方式，减轻人工劳动强度。

3. 可以实现仓储作业的机械化和自动化，提高仓储作业的速度及效率

在现代仓储系统中，货物流通量大，出入库频率高，库存周转速度快，只有采用机械化和自动化作业手段，才能够全面提高仓储作业的速度及效率，从而满足现代社会经济对仓储物流运行速度的要求。

4. 可以提高仓库存储能力，降低货物存储成本

现代仓储系统采用高层货架存储货物，并通过高举堆垛作业设备充分利用仓库高层空间，提高仓库面积利用率，可以极大地提高仓库存储能力、节约仓库占地面积、降低货物存储费用。

5. 可以提高仓储管理能力，扩展仓储系统服务功能

现代化仓储设施与设备利用自动控制技术、计算机信息管理技术，可以使库存管理和仓储作业实现统一的自动化管理，不仅能进行货物存储保管业务，还能为产品生产企业及用户提供可靠的供应链管理服务，全面提高供应链物流的速度和效益。

3.1.2 仓储设施与设备的构成

一般仓储系统的基本作业流程可以概括为货车到达—卸车—验收—入库—存货—存储保

管—取货—出库—装车—发运。从仓储活动的基本作业内容和作业流程可以看出，仓储系统功能的实现必须依靠完善的仓储设施与设备，其在仓储物流活动中发挥着至关重要的作用，是现代仓储系统必须具备的重要条件。仓储设施与设备的构成如下。

1. 仓库

仓库是仓储系统的基础设施，主要由库房建筑或存储场地等构成，既是存储保管货物的场所，也是整个仓储系统组织运营和生产作业的地方。仓库的种类有很多，既可以是建筑结构型，也可以是露天堆场型。

2. 存储设备

存储设备主要是指各种类型的货架、橱柜等设备，是仓储系统主要的设备之一。货架是仓库存放货物的基本设备，可以有效地保护货物，方便进行货物管理。而且，在现代仓储系统中，特别是在自动化立体仓库中，货架不仅用于存储货物，还对货物的定位管理、自动化出入库作业和管理等具有至关重要的作用。既方便货物的进出，又能提高仓库的存储能力，是实现仓储系统自动化的重要条件。

3. 装卸搬运设备

装卸搬运设备是用于物品的出入库、库内堆码、货架存取的各种作业设备。装卸搬运设备对改进仓储作业方式、提高仓库管理水平、减轻劳动强度、提高作业速度和效率具有重要的作用。一般仓库中常用的装卸搬运设备包括叉车和托盘搬运车等，在大型自动化立体仓库中，还配有巷道式堆垛机和出入库搬运设备。

4. 物品保管辅助设备

物品保管辅助设备是指仓储过程中所用到的各种辅助作业设备，种类很多。常用的物品保管辅助设备包括各种计量设备、通风除湿的空气调节设备、商品质量检验设备、露天货物的苫垫设备和消防安全设备等。这些设备的功能不同，但都对物品的可靠存储和保管具有不可忽视的作用。

3.1.3 仓储设施与设备的特点

尽管仓储设施与设备从外形到功能差别很大，但由于它们都是为特定的作业环境、完成特定的物流作业而设计的，因此具有一定的共性，如下所述。

1. 搬运作业功能要求高，作业区域相对固定

仓储设施与设备主要用于完成货物的出入库、上下货架、装卸车，在较小范围内进行货物的移动和起升，因此仓储设施与设备对货物的搬运作业功能要求较高。另外，由于作业场所的限制，仓储设施与设备的作业区域和路线相对固定。

2. 安全性能高

仓库内部存放了大量的货物，并且有许多设备同时作业，在这样复杂的环境和有限的空间内完成仓储作业，要求仓储设施与设备必须具有很高的安全性能，能可靠地保证人员、设备和货物的安全。

3. 专业化程度高

仓储作业由一系列作业环节或工序组成，如装卸、搬运和堆垛等。单个工序的功能较单一，而工序之间的功能差别一般较大，为了提高工作效率，人们对仓储设施与设备的专业化程度要求越来越高。

4. 自动化程度高

由于具有较高的专业化程度，因此仓储设施和设备能较好地应用现代信息技术和自动控制技术，实现自动化控制和操作，提高工作效率。

5. 节能和环保要求高

为了控制仓储物流成本，在设计和选用仓储设施与设备时，必须考虑其节能和经济性。而且，仓储设施与设备通常在较小的空间内工作，因此必须严格控制其噪声、废气排放等。

3.2 仓库

3.2.1 仓库的功能

仓库是存储、保管货物的建筑和场所的总称，是仓储环节最主要的设施。仓库由存储设备（指货架、集装箱等对货物进行存放支持的装置）、装卸搬运设备（指传送带、有轨制导车辆、AGV 等对货物进行场地转移、搬运的设备）、保管辅助设备（指对货物进行保管养护和管理的设备，如计算机管理设备、消防设施等）组成。仓库在生活中很常见，如快递中转中心仓库、冷链的冷冻库、露天堆场、简易货棚等。从物流系统观点来看，仓库应当具备以下功能。

1. 存储和保管功能

专门建造或设立一定范围的建筑空间或场地，用于存放货物，根据存储物品的特性配备相应的设备，以保持存储物品的完好性，使仓库真正实现对货物的存储和管理。例如，存储挥发性溶剂的仓库必须设有通风设备，以防空气中挥发性物质含量过高引起爆炸；存储冷链物资的仓库必须设置风冷制冷机组及隔热层，保证库区内低温、恒温并除湿。

2. 供需调节功能

对于市场中某些产品伴随时间不断的供需变化，通过仓库的供需调节功能，协调存储货物的供需关系。例如，常年生产的化肥，在春、秋季节集中供应只有通过仓储来解决，季节性生产的粮食只有通过仓储才能保证常年的持续供应。此时，仓库在供应和消费之间起到缓冲和平衡的作用。

3. 调节运输载体的运输能力的功能

物流系统中各种交通工具的运输能力差异较大，海上运输中各种船舶的运输能力较强，可达数十万吨；陆运中火车的运输能力可达上千吨，而汽车的运输能力最多只有几十吨。货物在不同运输载体间转运、衔接比较困难，不同运输载体间的运输能力差异可通过仓库进行调节。

4. 流通配送加工的功能

现代仓库功能已由传统的保管型向流通性进行转变，而仓库也从单纯的存储中心向流通、销售中心转变，因此现代仓库不仅具备货物存储的基础功能，还增加了流通生产、配套、拣选等功能。

5. 信息传递功能

在处理与仓库活动有关的各事项时，需要依靠计算机与互联网。通过仓储管理设备，仓库中所有的货物信息通过电子数据交换均可上传至服务器，管理人员可以及时且准确地了解这些信息，如仓库利用水平、进出库的频率、仓库的运输情况、顾客需求及仓库人员的配置等，便于进行产品生命周期管理和产品成本控制。

3.2.2 仓库的分类

仓库的物流系统的基础设施需要应对不同类型货物的存储，下面按照仓库的运营状态、货物的保管形态、仓库的建筑结构及仓库的基本功能对仓库进行分类。

1. 按仓库的运营状态分类

（1）自用仓库

自用仓库是指为本企业的运营服务而建立的仓库，目的是满足企业本身的运营需求。通常此类仓库不对外开放，工厂、企业、商店自用的货物仓库多属于此类仓库。

（2）营业仓库

营业仓库是指专门为了经营储运业务而设立的仓库。这类仓库面向社会服务或以一个部门的物流业务为主，兼营其他部门的物流业务。常见的营业仓库有商业、物资、外贸等系统的储运仓库等。此类仓库由仓库所有人独立经营，或者由分工的仓库管理部门独立核算经营。其使用效率通常要高于自用仓库。

（3）公用仓库

公用仓库是指国家或一个主管部门或公共团体为了公共利益而建立的仓库。它属于公共服务的配套设施，为社会物流服务。比如，火车站和公共汽车站的货栈仓库、港口码头仓库、交通枢纽站的大部分货物仓库都属于此类仓库。

2. 按存储物品的保管形态分类

（1）原料仓库

原料仓库是用于保管生产原材料的仓库。通常此类仓库的规模较大，并设有大型货场。

（2）产品仓库

产品仓库是指保管完成生产但尚未进入流通的产品的仓库。一般此类仓库附属于产品制造企业。

（3）冷藏仓库

冷藏仓库是指拥有冷藏装置，保管需要冷藏的货物的仓库。此类仓库一般用于存储农副产品、药品等。

（4）恒温仓库

恒温仓库也称暖库，是指为了保持货物存储质量，将库内温度控制在某一范围的仓库。一般此类仓库的规模不大，设有保温装置，主要用于存放精密仪器等物品。

（5）危险品仓库

危险品仓库是指专门用于保管易燃、易爆和有毒的货物（如高压气体、有毒化学物品等）

的仓库。由于危险品可能对人体及环境存在危险，因此在存储此类物品时一般会有特定的要求。

（6）水上仓库

水上仓库是指漂浮在水上的存储货物的建筑或泵船、囤船、浮驳等，或者在划定水面保管木材的特定水域、沉浸在水下保管物资的水域。近年来，由于国际运输油轮的大型化，许多港口由于水深不足不能让超大型船舶进港卸油，往往采取在深水区设立大型中转仓库的方法来解决问题。

3．按仓库的建筑结构分类

（1）平房仓库

平方仓库是常见的一类使用广泛的仓库。此类仓库没有上层，不设楼梯。其主要特点如下。

① 仓库只有一层，构造简单，在建造和维修上投资较少。

② 全部仓储作业都在一个层面上进行，货物装卸和搬运方便。

③ 各种设备（如通风、供水、供电等）的安装、使用及维护比较方便。

④ 由于只有一层，仓库全部的地面承压能力都比较强。

⑤ 单层仓库的建筑面积利用率较低，在城市土地使用价格不断上涨的情况下，单位货物的存储成本较高，一般建在城市的边缘地区。

（2）多层仓库

多层仓库指两层以上的仓库，也称楼房仓库。多层仓库可以减少仓库占地面积，一般建在土地使用价格较高的市区。进出库作业可采用机械化或半机械化方式（如电梯或倾斜的带式输送机等）实现货物上楼作业。多层仓库可以适应不同的使用要求，分层的仓库结构将库区自然分隔，有助于提高安全和防火等级，适合存放城市日常使用的高附加值、小型商品，如家用电器、生活用品、办公用品等。但是，多层仓库的建造和维护投资较大，且堆存费用较高。

（3）立体仓库

立体仓库又称高层货架仓库，利用高层货架堆放货物，实际上是一种特殊的单层仓库。但与一般的单层仓库不同的是，立体仓库利用高层货架来存储货物，而不是将货物堆积在地面上。在立体仓库中，货物的存取一般使用自动化程度较高的搬运设备、堆垛设备、拣选设备，形成自动化立体仓库。随着现代物流技术的发展，当前在国内多个行业中，自动化立体仓库均有较广泛的应用。

（4）柱式仓库

柱式仓库也称罐式仓库，通常是存储粒状和粉状松散物体（如谷物、面粉、水泥、碎煤、精矿粉等）的立式容器，既可作为生产企业调节和短期存储、生产用的附属设施，也可作为长期存储粮食的仓库。

（5）露天仓库

露天仓库即露天料场，以露天存储为主。露天仓库一般堆放的货物是大宗原材料或其他不怕潮的货物。

4．按仓库的基本功能分类

（1）存储仓库

该类仓库以存储、保管为重点，以解决生产和消费的不均衡问题。仓库管理的中心环节是提供适宜的保管场所及保管设施与设备，保存商品的实用价值。

（2）流通仓库

流通仓库也称流通中心，这种仓库除提供保管功能外，还能提供流通加工、装配、简单加工、包装理货及配送功能，具有周转快、高附加值、时间性强等特点，从而减少在流通过程中商品因停滞而产生的费用。

（3）配送中心

配送中心是向市场或直接向消费者配送商品的仓库，提供分拣、流通加工、配装、发货、配送功能。这种仓库具有存货种类众多、存货量较少、出入库频繁等特点。

（4）保税仓库

保税仓库是经海关核准的专门存放保税货物的专用仓库。根据国际上通行的保税制度要求，进境存放在保税仓库的货物可暂时免纳进口税款，免领进口许可证件（能制造化学武器和易制毒化学品除外），在海关规定的存储期内复运出境或办理正式进口手续。

（5）海关监管仓库

海关监管仓库是海关为便于对进出口贸易货物进行有效监管而设置的专用仓库。进口货物自入境申报起到放行前，出口货物自运到检验场所向海关申报起到出境前，必须置于海关的监管之下。在此期间，未经海关许可不得装卸、提取、交付、续运、调换、开拆取样、改装和更换标志。

3.2.3 仓库的基本结构

1. 仓库的基本结构

通常仓库为建筑形式，其基本结构如下。

① 基础和骨架：影响仓库实体的强度，其立柱位置和数量还影响货物的堆放设计。
② 屋面、墙面和窗户：起到仓库内外隔离的作用，主要影响货物的存储环境。
③ 地面：主要考虑其平整程度和承重能力。
④ 出入口：其规格和数量将影响出入库货流量大小。

但也有一些仓库的结构比较特殊，如露天仓库、水上仓库等。但它们通常都离不开3个要素：一定的支持区域、边界和出入口。

2. 仓库的主要参数

① 库容量，可以描述仓库容纳货物的多少，常用单位为 t、m^3、货物单元等。
② 平均库存量，是指一定时期内仓库日常经营过程中实际库存量的平均值，可以用 t、m^3、"托盘"等单位表示，可以反映仓库的日常工作量大小。
③ 库容量利用系数，是平均库存量与最大库存量之比，可以反映仓库的实际利用效率。
④ 单位面积库容量，是仓库总容量与仓库占地面积之比，可以反映仓库设计的占地利用效率。
⑤ 仓库面积利用率，是某时刻仓库的实际货物占地面积与仓库可利用面积之比，可以反映仓库此时的利用效率。
⑥ 仓库空间利用率，是某时刻仓库的实际货物占用仓库空间与仓库可利用空间之比，也可以反映仓库此时的利用效率。

⑦ 出入库频率，指单位时间货物出入库的频繁程度，常用单位有 t/h、m³/h、托盘/h 等。

⑧ 装卸搬运作业机械化程度，是指仓库内使用装卸搬运设备进行货物装卸搬运的作业量与总的装卸搬运作业量之比，可以在一定程度上反映仓库的先进水平。

⑨ 机械设备利用系数，是指仓库内机械设备的全年平均小时搬运量与仓库额定小时搬运量之比，可以反映仓库内机械设备的利用效率。

3.3 货架技术

3.3.1 货架的概念和作用

货架是用立柱、隔板或横梁等组成的专门用于存放成件物品的保管设备。货架在仓储物流中必不可少，几乎无处不在。随着人们对物流的重视程度的不断提高，以及物流量的大幅增加，物流设备的市场需求不断上升，带动了货架行业的发展。仓库功能的改善及管理水平的提高，不仅要求仓库提供求数量众多、功能完善的货架，而且要求货架与仓库的机械化、自动化水平相适应。

货架是使用最多的仓储设备，它有着诸多功能。在仓储系统中，货架的作用主要体现在以下几个方面。

① 利用货架，可以充分利用仓库空间，提高库容利用率和仓库的存储能力。

② 货架可以将各个货物单元分隔开，使其互不挤压，降低货物损耗，可完整地保证货物本身的功能，减少货物的损失。

③ 存放于货架中的货物，存取方便，便于清点及计量，可做到先进先出。

④ 对货架实施功能化措施，如采取防潮、防尘、防盗、防破坏等措施，可以提高物资存储质量。

⑤ 新型货架的结构和功能有利于实现仓库的机械化及自动化管理。

3.3.2 货架的分类

货架的类型多种多样，分类方法不同，结果也不同。

① 按照货架的发展历程，货架可分为传统货架和新型货架。传统货架包括：层架橱柜式货架、U 型架、悬臂式货架、栅型架、鞍架、气罐钢筒架、轮胎专用货架等。新型货架包括：旋转式货架、移动式货架、装配式货架、调节式货架、托盘货架、进车式货架、高层货架、阁楼式货架、重力式货架、屏挂式货架等。

② 按照货架适用性，货架可分为通用货架和专用货架。

③ 按照货架的封闭程度，货架可分为敞开式货架、半封闭式货架和全封闭式货架。

④ 按照结构特点，货架可分为层架、橱柜式货架、悬臂式货架、三脚架、栅型架等。

⑤ 按照货架的可动性，货架可分为固定式货架、移动式货架、旋转式货架、组合式货架、可调式货架、流动存储货架等。

⑥ 按照货架的结构，货架可分为整体结构式货架（货架直接支撑仓库屋顶和围墙）、分体结构式货架（货架和建筑是两个独立系统）。

⑦ 按照货架载货方式，货架可分为悬臂式货架、橱柜式货架、棚板式货架。

⑧ 按照货架构造，货架可分为组合可拆卸式货架、一体式货架。
⑨ 按照货架高度，货架可分为低层货架、中层货架、高层货架。
⑩ 按照货架载重，货架可分为重型货架、中型货架、轻型货架。

3.3.3 典型货架的结构及应用

1. 层架

层架是最为常见的一种货架形式之一。其结构简单、成本低廉、通用性强，在各个行业中应用广泛。层架因为其应用场景不同，结构也有许多差别，但都离不开这 3 个基础构件：立柱、横梁、隔板。常见层架形式如图 3-1 所示。

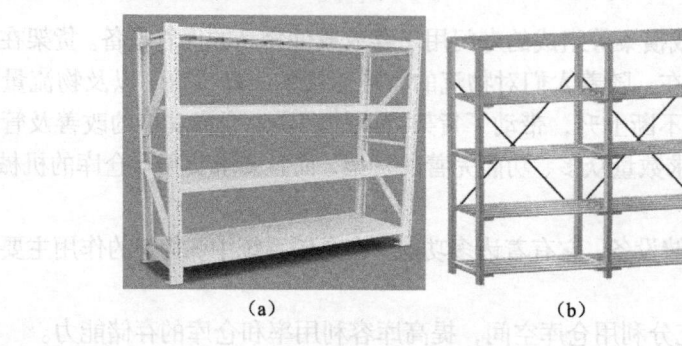

图 3-1　常见层架形式

① 根据承载能力的不同，层架可以分为重型层架、中型层架和轻型层架。中重型层架由于需要支撑重型货物，一般采用固定式结构。中型层架坚固、结实、承载能力强，可存储大件或中重型物资，配合叉车等机械设备使用，其所能存放的物资要比轻型层架多。而轻型层架一般是装配式的，较为灵活，结构简单，因此也牺牲了其承载能力，只能存放一些轻型货物，适用于人工存取轻型小件货物，是人工作业仓库的主要存储设备。

② 根据层架的结构特点，层架还可以分为层格式货架和抽屉式货架。层格式货架的货物单元界线分明，层格式货架在常规层架的隔板上增加了货物单元分隔结构，一般每格只存放一种货物，货物之间不易混淆，但货架空间利用效率也会因此降低，主要用于存放种类复杂多样、必须相互间隔、分开的货物，如图 3-2 所示。抽屉式货架通常用于存放模具或怕尘、怕湿的档案文件等，如图 3-3 所示。

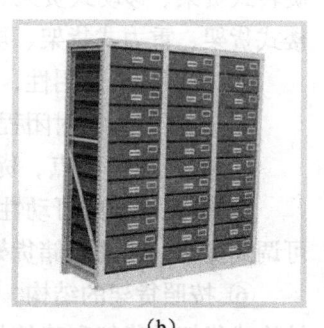

图 3-2　层格式货架　　　　图 3-3　抽屉式货架

2. 托盘货架

托盘货架也是一种较为常见的货架，如图 3-4 所示。它和层架结构类似，但不需要隔板，存储货物需要借助托盘。它拥有层架的诸多优点，并且实现了机械化存取作业。其结构主要有立柱和横梁，而牛腿式托盘货架可以由"牛腿"代替横梁。

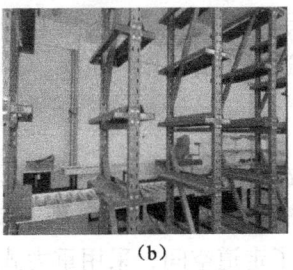

(a)　　(b)

图 3-4　托盘货架

3. 阁楼式货架

阁楼式货架是指将存储空间做上下层规划，将货架与简单框架建筑相结合，在有限的空间内进行仓库立体规划，适用于种类繁多但不需要机械化搬运的货物存储的货架。阁楼式货架结构通常包括楼板、楼梯、立柱、货架、提升机、滑梯等，如图 3-5 所示。

4. 移动式货架

移动式货架一般由货架、轨道、驱动及控制装置组成。移动式货架因为减少了大量通道，其地面使用率可达 80%，单位面积存储货物数量是普通货架的两倍左右。但其建造成本较高，维护也较为困难，常用于机关、事业单位、企业的图书馆、资料室、档案馆存储重要资料或样品，如图 3-6 所示。

图 3-5　阁楼式货架

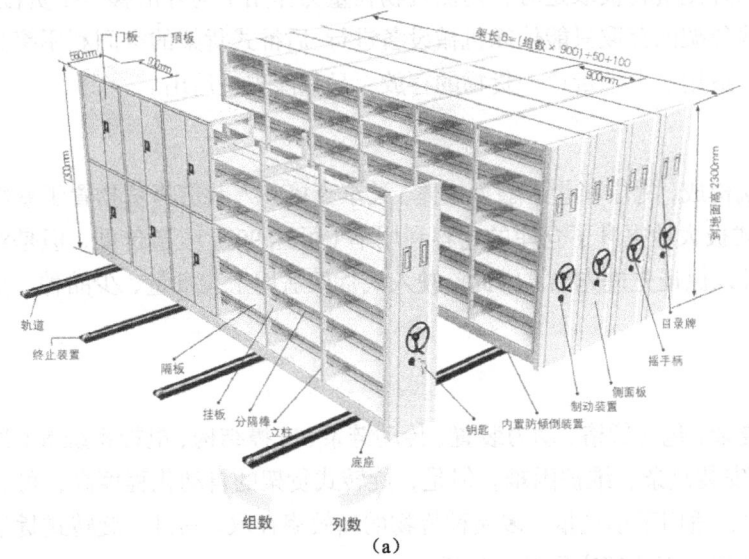

(a)　　(b)

图 3-6　移动式货架

5. 悬臂式货架

悬臂式货架是直接在立柱上安装悬臂的一种货架，结构简单。悬臂式货架的悬臂通常为金属材料，尺寸根据其所存放货物的大小来定。在特殊情况下，悬臂式货架还会在悬臂上加垫木质衬垫或橡胶以起到保护货物的作用。悬臂式货架适用于长条形不规则货物的存放，如型材、钢管、板材，便于人工存取，但不便于机械操作，如图 3-7 所示。使用悬臂式货架的仓库的空间利用率不高，通常只有 30%~50%。

6. 重力式货架

重力式货架又称流动式货架，利用货物自重和滑道的坡度来控制货物，如图 3-8 所示。其结构主要包括立柱、横梁、重力式滑道、阻尼装置、倾斜隔板。由于货物可以直接在货位上运动，因此极大地节省了走道空间，采用重力式货架的仓库可节省近 50%的仓库面积。另外，重力式货架有固定的出入库位置，节省了出入库搬运工具的距离；主要用于大批量、少品种货物的存放。

图 3-7　悬臂式货架　　　　图 3-8　重力式货架

7. 后推式货架

后推式货架也称压入式货架，与重力式货架的结构和原理类似，只是出入货口合为一个，因此只能做到先入后出，如图 3-9 所示。其结构包括立柱、横梁、重力式滑道、台车。后推式货架前后梁之间以多层台车重叠相连，存储货物时从外侧将货物放入台车内推入，后存储的货物会将原来的货物往里推。当外侧货物被取走时，内侧货物在重力作用下向外滑移一个货位。这样的操作方式决定了后推式货架的存取只能依靠机械设备进行。后推式货架的空间利用率高、存取快捷，但造价相对较高，适用于大批量单一货物的存放，且只能先进后出。

8. 驶入式货架

驶入式货架由立柱和悬轨构成，货位和巷道融为一体，叉车直接驶入巷道将货物置于悬轨上，如图 3-10 所示。这种方式极大地提升了仓库的仓容利用率（可达 90%）、造价低，但是对托盘质量和规格要求高，且难以保证先进先出。因此，驶入式货架适用于大批量、少品种、空间预算低的货物的存放。

9. 旋转式货架

旋转式货架的结构较为复杂，包含货格、动力装置、传动链条、支撑结构、电控系统等（见图 3-11），因此其造价昂贵、安装复杂、维护困难。但是，旋转式货架的自动化程度高，可利用计算机快速检索、制定货位，适用于小批量、多品种货物的高效率存取。另外，旋转式货架外观优美、拣取速度快、人性化，因此其应用较为广泛。

10. 高层货架

高层货架密度高、高度和长度较大、排列较多、巷道窄，通常由钢框架和横梁构成，如图 3-12 所示。高层货架虽然结构简单，但是强度和精度要求高。高层货架的优势在于"高"，有较高的空间利用率，适用于自动化仓库，通常配合巷道式堆垛机使用。

图 3-9　后推式货架

图 3-10　驶入式货架

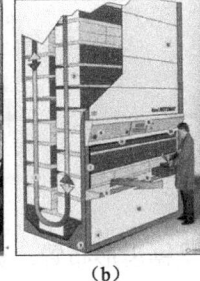

（a）　　（b）

图 3-11　旋转式货架

图 3-12　高层货架

3.4　仓库月台及出入库装卸设备

仓库月台及出入库装卸设备是仓库衔接各种运输车辆的固定设备。仓库衔接运输车辆是实现仓库收发货作业高效运转的一个重要环节，仓库收发货及装卸车效率直接影响仓库及车辆的周转速度。如果没有仓库月台，则仓储货物的发运和接收都需要对货物进行垂直装卸，从而增加装卸作业的难度、降低装卸速度。通过仓库月台，可实现货物的水平装卸和搬运，货物无须提升就可直接装入车厢，方便省力，可以使装卸速度大大提高。

3.4.1　仓库月台

仓库月台也称仓库站台，是仓库的线路之间或线路与仓库的连接点，是仓库存取货物的必经之路。仓库月台用以进行车辆停靠、装卸货物和货物暂存，从而实现物流网络中线与节点的衔接和转换。仓库月台的高度通常与装卸车辆高度有关，平板车和冷藏车的月台高度通常为 1.32m，长途挂车的月台高度通常为 1.22m，作业拖车的月台高度通常为 0.91m，市区卡车和载重车的月台高度通常为 1.17m，而标准集装箱拖车的月台高度通常为 1.40m。

1. 仓库月台的车辆停靠形式

（1）正面停靠型

正面停靠型月台沿仓库出入口直线布置，货车以尾部正面靠向月台，通过货车尾部箱门装卸货物，如图 3-13 所示。这是应用最广泛的车辆停靠形式，其优点是车辆占用月台面积小，且可以同时停靠多辆货车进行作业；其缺点是车辆旋转纵深较深，需要较大的外部场地，且只能组织一个装卸工位对车辆进行装卸，装卸速度相对较慢。

（2）侧面停靠型

侧面停靠型月台与正面停靠型月台一样，也是沿仓库出入口直线布置的，但货车以侧面靠向月台，通过货车侧面箱门装卸货物，如图 3-14 所示。这种形式的优点是车辆装卸工位较长，装卸速度相对较快；其缺点是车辆占用月台面积较大，能停靠的车辆较少。这种形式一般适用于侧面开门的货车，或者考虑仓库出入大门和停车场地的布局，只适合顺向停车的场合，以及铁路货运仓库。

图 3-13　正面停靠型月台

图 3-14　侧面停靠型月台

（3）锯齿形停靠型

锯齿形停靠型月台与仓库出入口方向呈锯齿形布置，货车以其尾部和侧面同时靠向月台。这种形式的优点在于车辆调转纵深较浅，并且装卸货可以从两面或 3 面（锯齿深的形成港池型）同时进行；但缺点是车辆占用月台面积较大，停靠车辆较少，而且建筑结构较复杂。锯齿形停靠型月台一般适用于外部场地较小的场合。

2. 仓库月台的设计形式

考虑到仓库装卸作业效率、空间布局和作业安全，仓库月台的设计形式有内围式、齐平式和开放式 3 种，如图 3-15 所示。

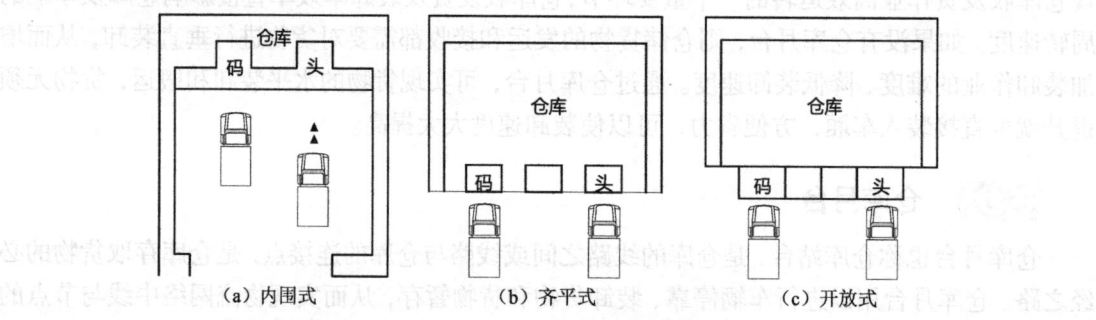

(a) 内围式　　(b) 齐平式　　(c) 开放式

图 3-15　仓库月台的设计形式

（1）内围式

内围式月台布置在库房内，进出货车辆可直接通过仓库大门驶入库房进行装卸货。其优点在于对货物的保护性好，装卸作业不怕风吹雨打及冷暖气泄漏，但车辆进出作业不方便。

（2）齐平式

齐平式月台布置在仓库出入口里面，其外侧与仓库出入口外墙齐平，整个月台与库房成为一体。齐平式月台的货物装卸作业处在仓库里面，受外部环境的影响较小，对货物的保护性较好（但不如内围式月台），车辆进出和装卸作业方便、安全。保温仓库常采用这种月台设计形式，保温效果较好。

（3）开放式

开放式月台全部突出在仓库之外，与仓库出入口联通。开放式月台作业时，货物不受遮掩、保护，为此通常需要搭建防雨檐遮挡，但车辆进出和装卸作业较为方便、安全，所以其应用较为广泛。

3．仓库月台的布局形式

仓库月台的布局形式要考虑多种因素，如仓库物流量、出入库设备使用效率、仓库成本等。当出入库共用一个月台时，可以提高空间和设备的使用率，但较难管理，容易造成进出货物相互牵绊和混乱，适合出入库时间段错开的仓库。如果出入库月台相互独立，出入库作业将是相互独立的系统，入库和出库将会迅速、顺畅，但设备和空间利用效率低。如果仓库规模较大，则可设置多个出入库码头，并进行实时规划和调整，以实现对存货的及时需求管理。一般仓库的月台数量至少可以保证车辆在任何时刻进出仓库都可以畅通无阻、不用等待即可装卸货物。

仓库月台的主要布局形式有 U 形布局、L 形布局、I 形布局，如图 3-16 所示。U 形布局是指收货月台与发货月台位于仓库同一区域，L 形布局与 I 形布局是指收货与发货不在同一区域。一个仓库月台的布局不局限于上述 3 种形式，根据具体的场地与业务流程要求，各种形式可以交叉、混合使用，或者多种情况并行。

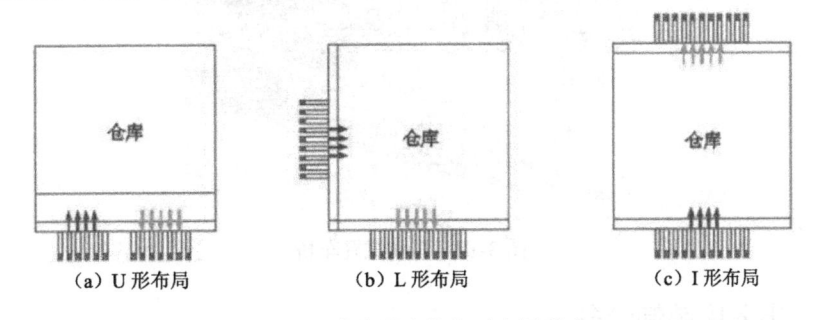

（a）U 形布局　　（b）L 形布局　　（c）I 形布局

图 3-16　仓库月台的主要布局形式

4．仓库月台的高度调节设备

仓库月台的作用是使叉车和托盘搬运车等装卸设备能够方便地进入车厢进行装卸作业，所以理想的仓库月台的高度应当与货车装载平面的高度一致，即使货车车厢底板与仓库月台处于同一平面。但是，仓库月台的高度通常是固定的，而货车车厢底板的高度不统一和装载质量不同导致两者间存在差异。因此，为了车辆在仓库月台上能够顺利进行装卸作业，需要配置相应的仓库月台高度调节设备，用以协调仓库月台与货车装载平面的高度差，从而使装卸设备能够顺利进入车厢进行装卸作业。

（1）仓库月台登车桥

仓库月台登车桥也称仓库月台升降平台或仓库月台高度调节板，如图 3-17 所示。它安装在月台上仓库出入门口处，当货车车厢底板与仓库月台平面有高度差时，可以通过其顶面平板的仰俯升降调整仓库月台的高度，使仓库月台的高度与货车车厢底板的高度一致，便于叉车和托盘搬运车等设备无障碍地进入车厢内装卸货物。

（2）货车升降平台

货车升降平台是用于调整货车后轮或整车的高度，使货车车厢底板的高度与仓库月台的高度一致，以便于货物装卸的一种举升装置。这种升降平台多用于齐平式月台。

（3）车尾附升降台

车尾附升降台装置是安装在货车尾部的专用卸货平台。在货物装卸作业时，可利用此平台将货物装上货车或卸至仓库月台。该升降台可延伸至仓库月台上，用于协调货车车厢底板与仓库月台的高度差，也可以直接倾斜放至地面，适用于无月台设施的场所装卸货物。

图 3-17　仓库月台登车桥

5. 移动式登车桥

移动式登车桥实际上是一种移动式出入库装卸货站台，其桥板后端着地，前端下方有可升降的支腿和行走滚轮，可以方便地在地面上移动，并且前端的高度可以调整，如图 3-18 所示。进行装卸作业时，将其前端搭接在货车车厢底板上，叉车和搬运小车即可沿桥板进入车厢内装卸货物。它作为移动式装卸货平台，适用于没有固定仓库月台的场合进行装车卸车作业，并且可以根据作业需要方便地更换作业场地。

图 3-18　移动式登车桥

3.4.2　出入库装卸设备

仓库货物大多利用叉车和托盘搬运车等装卸搬运设备，通过仓库月台直接进车装卸。这种装卸作业方式属于间歇式作业方式，货物通常需要经过多个作业环节、多次起落搬运，而且人员和设备都需要进行反复往返运动，作业效率较低，劳动消耗较大。如果采用连续输送设备进行出入库装卸作业，通过连续输送机将仓库出入口与车辆连接起来，则可以利用输送机连续运动的优势减少货物的搬动作业环节和作业次数，从而提高出入库装卸作业速度和效率。特别是对于采用自动化分拣和出入库输送系统的现代仓库，仓库中分拣输送设备的出口端可以与仓库出入库月台合二为一，货车停靠在月台端部，分拣输送设备分选的货物可以通过输送设备直接输送到货车上，完成无缝化连续装卸作业，使出入库装卸作业速度和效率大大提高。

1. 伸缩式皮带输送机出入库装卸系统

伸缩式皮带输送机出入库装卸系统是指采用伸缩式皮带输送机进行装卸作业的系统，如

图 3-19 所示。它既可以在长度方向上自由伸缩，任意调整输送机的长度，也可以双向运转输送物料，还可以与其他输送设备和物料分拣系统配合使用，实现物料出入库或车辆装卸的自动化作业。进行作业时，伸缩式皮带输送机伸进货车车厢内，由人工在车内作业，将货物从伸缩式皮带输送机上取下并在车内堆码，或者将需要卸车的货物装到伸缩式皮带输送机上。伸缩式皮带输送机可由车内人员进行操作控制。

图 3-19 伸缩式皮带输送机出入库装卸系统

伸缩式皮带输送机出入库装卸系统一般用来装卸普通包装货物或小件包裹。其优点是操作简单、使用方便，不工作时输送机可以缩回，占地面积较小，其在各物流各细分领域中均得到了广泛的应用。

2. 移动式输送机出入库装卸系统

移动式输送机出入库装卸系统采用移动式输送机进行装卸作业，它可以方便地更换作业场地，以适应不同仓库出入库位置的需要，如图 3-20 所示。

图 3-20 移动式输送机出入库装卸系统

该装卸系统既可以用于普通仓库出入库装卸，也可以与仓库自动分拣线输出系统进行衔接，仓库内分拣完的货物可以通过其内部的输送装置输出，然后通过移动式输送机将货物直接输送到货车上；卸车的过程与此相反。移动式输送机出入库装卸系统可以采用带式输送机、辊子输送机或链板式输送机。

3. 悬挂式输送机出入库装卸系统

悬挂式输送机出入库装卸系统一般用于服装、冷鲜肉食品等货物的装载，也可用于其他非托盘货物（如环状货物等）的装载。其进行装卸作业时，将一根可伸缩的轨道伸入货车车厢内，将货物直接送入车厢内。

3.4.3 其他辅助设备

仓库门封和门罩是仓库出入口的附属装置,用来封闭货车与仓库出入口之间的间隙,如图 3-21 所示。利用仓库门封和门罩可以有效地控制装卸环境,保护货物;对于保温和冷藏作业环境(如冷库和冷藏车装卸),还能够减少能量消耗,提高仓库连续作业的安全性。

(a)　　　　(b)

图 3-21　仓库门封和门罩

3.5　自动化立体仓库

3.5.1　自动化立体仓库的概念

自动化立体仓库,又称立库、高层货架仓库、AS/RS(Automatic Storage & Retrieval System),是一种用高层立体货架存储货物,用电子计算机控制管理和用自动控制堆垛运输车进行存取作业的仓库。仓库的功能从单纯地进行货物存储、保管,发展到担负货物的接收、分类、计量、包装、分拣、配送、存档等多种功能。这有助于实现高效率物流和大容量存储,适应现代化生产和商品流通的需要。

1. 自动化立体仓库的优点

与传统仓库相比,自动化立体仓库有着诸多优点,如下所述。

(1)科学储备,提高物料调节水平

在自动化系统的管理和控制下,自动化立体仓库能对物料进行科学的管理,合理利用各种资源,提高货料的处理效率,适应各种处理要求。

(2)有效衔接生产与库存,加快生产,降低成本

作为生产过程的中间环节,自动化立体仓库具有原材料、在制品和成品的缓冲、存储功能。在自动化和机械化设备的支持下,自动化立体仓库的自动化程度提高,各种原材料的库存周期缩短,从而降低了总成本。

(3)适当加工,合理利用资源,提高效率

许多仓库还承担了一部分的加工任务,如产品组装和包装。自动化立体仓库可以提高原材料的利用率,方便用户,提高工作效率和设备利用率,充分发挥各种输送手段的最高效率;通过存储环节,将生产和需要有机地结合起来,减少生产的盲目性,充分利用已有资源,从而提高企业对市场变化的反应能力、减少损失、增强市场竞争力。

（4）提供货物实时信息，为企业的生产指挥和决策提供有效的依据

自动化立体仓库往往也是企业信息系统的重要环节，它提供的信息及时、准确，企业的领导者根据库存信息制定相应的战略和计划，指挥、检测和调整企业的行动。

2．自动化立体仓库的分类

（1）按货架结构分类

① 整体式自动化立体仓库：这种仓库的货架及其主要结构均与房屋的屋顶和墙壁固连在一起［见图3-22（a）］。

② 分离式自动化立体仓库：这种仓库是独立建在屋内的［见图3-22（b）］。

（a）整体式自动化立体仓库　　（b）分离式自动化立体仓库

图3-22　整体式自动化立体仓库和分离式自动化立体仓库

（2）按存储方式分类

① 单装载单元自动化立体仓库：每个货格存储1个装载单元［见图3-23（a）］。

② 双装载单元自动化立体仓库：每个货格存储2个装载单元。

③ 多装载单元自动化立体仓库：每个货格存储多个装载单元［见图3-23（b）］。

（a）单装载单元自动化立体仓库　　（b）多装载单元自动化立体仓库

图3-23　单装载单元自动化立体仓库和多装载单元自动化立体仓库

（3）按使用环境分类

① 一般自动化立体仓库：在常温、常湿度下保管装载单元。

② 低温（冷藏/冷冻）自动化立体仓库：在低温环境下保管装载单元。

③ 高温自动化立体仓库：在40℃以上环境中保管装载单元。

④ 防爆自动化立体仓库：在防爆环境中保管装载单元。

⑤ 其他环境下的自动化立体仓库：在其他环境中保管装载单元。

（4）按用途分类

① 原材料仓库：用于保管制造业所需原材料的自动化立体仓库。

② 零部件仓库：用于保管加工和装配所需零部件的自动化立体仓库。
③ 工序间仓库：用于保管和调节工序间所需零部件和原材料的自动化立体仓库。
④ 成品仓库：用于保管成品的自动化立体仓库。
⑤ 流通仓库：用于保管和分类流通过程中的商品的自动化立体仓库。

（5）按设计分类
① 直线导轨自动化立体仓库：堆垛机的行走路径完全为直线［见图 3-24（a）］。
② U 形导轨自动化立体仓库：堆垛机的行走路径为 U 形［见图 3-24（b）］。
③ 横移式导轨自动化立体仓库：通过横移接轨方式将若干条平行轨道连接起来，可以减少堆垛机的数量。

（a）直线导轨自动化立体仓库　　　（b）U 形导轨自动化立体仓库

图 3-24　直线导轨自动化立体仓库和 U 形导轨自动化立体仓库

3．常见自动化立体仓库

（1）托盘式自动化立体仓库

托盘式自动化立体仓库通过标准化和规范化的托盘承载货物，便于堆垛机等运载设备对货物的装卸运载。其托盘承载能力较大，最高可达 1000kg。大件箱可以直接置于托盘上，小件箱既可以先在托盘上进行码垛，再进行缠绕固定，也可以使用穿梭车代替堆垛机。

在设计托盘式自动化立体仓库之前必须进行调查研究，最主要的是确定所存货物的托盘数，在此基础上增加 20%的发展空间。这个总托盘数就是总的储位数，也是自动化立体仓库的出入库量。然后计算托盘式自动化立体仓库的尺寸和巷道的排布。设计步骤如下所述。

① 初步确定托盘式自动化立体仓库的外形尺寸，确定托盘装载单元的外形尺寸及质量。
② 确定托盘式自动化立体仓库托盘装载单元的最大库存量（考虑年增长率）。
③ 计算托盘式自动化立体仓库每小时最大出入库量。因为这决定了进出库的托盘数和堆垛机的数量，直接影响托盘式自动化立体仓库的投资大小。为了减少投资费用，可以将峰值进出库货量平均到仓库作业时间内。
④ 确定堆垛机的数量和货架的行数。首先知道堆垛机的标准出入库能力，即每小时出入库次数。
⑤ 决定货格的高度和货架的总高度。
⑥ 确定托盘式自动化立体仓库的高度。
⑦ 确定一排货架的长度。
⑧ 确定托盘式自动化立体仓库的总长度。
⑨ 确定托盘式自动化立体仓库的宽度。
⑩ 检查托盘式自动化立体仓库是否合适。一般托盘式自动化立体仓库的经济高度为

16.2m，货架高度与长度之比为 1/6～1/4。

（2）料箱式自动化立体仓库

料箱式自动化立体仓库主要用于可以采用箱式外包装或放入统一规格的料箱的货物的存储，如图 3-25 所示。一般情况下，每件料箱的载重低于 50kg，很少超过 100kg。

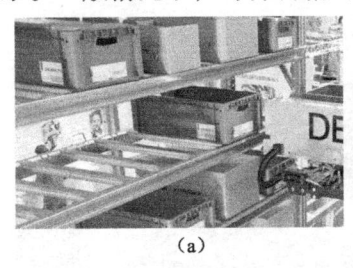

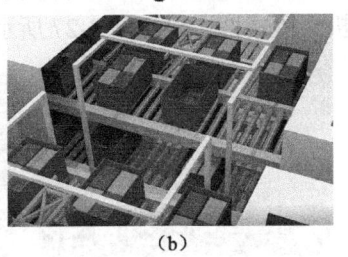

图 3-25　料箱式自动化立体仓库

3.5.2　自动化立体仓库的构成

自动化立体仓库是机械、电气、强电控制和弱电控制相结合的产品。它主要由货物存储系统、货物存取和传送系统、控制和管理这三大系统，以及与之配套的供电系统、空调系统、消防报警系统、承重计量系统、信息通信系统等组成，如图 3-26 所示。

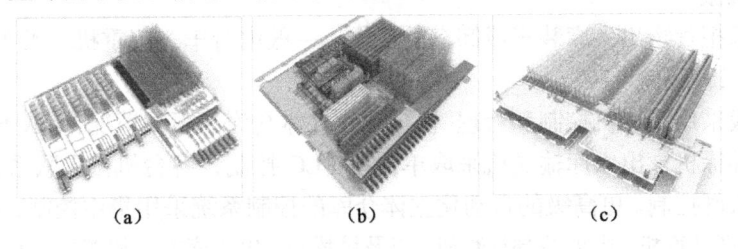

图 3-26　自动化立体仓库的结构

1）货物存储系统

本系统由立体货架和货位组成。立体货架按机械结构可分为分离式、整体式和柜式 3 种；按其高度可分为高层货架（12m 以上）、中层货架（5～12m）、低层货架（5m 以下）；按货架形式可分为单元货架、重力货架、活动货架和拣选货架。货架按照排、列、层组合成自动化立体仓库存储系统。

2）货物存取和传送系统

本系统由堆垛机、出入库输送机、装卸机械等组成，可用于货物存取、出入库运输。

（1）堆垛机

堆垛机又称搬运车，其结构形式多种多样。堆垛机通常可按单柱、双柱结构；有轨、无轨结构；有人操作、无人操作；人控、PC 控制、遥控等方式划分。其行走动力有电力、电瓶、内燃动力等；运行方式有直线运动和回转运动等。

巷道式堆垛机是自动化立体仓库中的主要起重运输设备。使用堆垛机的自动化立体仓库通常较大，高度可达 40 多米。堆垛机在自动化立体仓库的巷道中来回穿梭行驶，将巷道口的货物存放到货格中，或者将货格中的货物取出送回巷道口。这种设备只能用于仓库中特定情境，必须搭配其他设备才能完成货物的搬运、出入库。由于轨道跨度较大、运作定位精度高，巷道式堆垛机的强度和精度要求都比较高。其额定载重量一般在几十千克到几吨之间。

桥式堆垛机类似于起重机，由能运行的桥架和设置在桥架上能运行的回转小车构成。桥架在仓库上方的轨道上纵向运行，回转小车在桥架上横向运行，竖直方向上有可以伸缩的立柱，立柱上装有货叉。因此，桥式堆垛机可以在三维空间内取货，同时服务于多条巷道。但桥架跨度过大将要求更强的结构强度，因此桥式堆垛机一般用于12m以下中等跨度的仓库。

巷道式堆垛机、桥式堆垛机如图3-27所示。

(a) 巷道式堆垛机　　(b) 桥式堆垛机

图3-27　巷道式堆垛机、桥式堆垛机

（2）出入库输送机

出入库输送机可根据货物的特点采用带输送机、机动辊道、链传动输送机等，主要将货物输送到堆垛机上下料位置和货物出入库位置。

（3）装卸机械

装卸机械承担货物出入库装车或卸车的工作，一般由行车、起重机、叉车等组成。

3）控制和管理系统

本系统一般采用计算机控制和管理，视自动化立体仓库的不同情况，采取不同的控制方式。有的仓库只对堆垛机、出入库输送机采取单设备PLC控制，各台机械无联系；有的仓库对各单台机械进行联网控制。更高级的自动化立体仓库的控制系统采用集中控制、分离式控制和分布式控制，由管理计算机、中央控制计算机，以及堆垛机、出入库输送机等的直接控制系统组成。

① 管理计算机是自动化立体仓库的管理中心，具有入库管理、出库管理、盘库管理、查询、打印及显示，以及对仓库经济技术指标进行计算、分析、管理等功能，包括在线管理和离线管理。

② 中央控制计算机是自动化立体仓库的控制中心，负责沟通并协调管理计算机、堆垛机、出入库输送机等的联系，控制和监视整个自动化立体仓库的运行，根据管理计算机或自动键盘的命令组织流程，监视现场设备的状态及运行情况、货物流向及收发货显示，与管理计算机、堆垛机和现场设备通信联系，对设备进行故障检测及查询显示等。

③ 直接控制系统是由计算机操作的单机自动控制器，直接应用于堆垛机和出入库输送机的控制系统，实现堆垛机入库取货并送到指定的货位，或者从指定的货位取出货物并置于出库取货台的功能。

除了上述必需设施，自动化立体仓库还需要配备相关的辅助配套设施，如土木建筑及相关工程设施。

（1）厂房

一般来讲，自动化仓库中的货物和所有设备都安放在厂房规定的范围内，库内容量和货架规格是厂房设计的主要依据。在我国的南方和北方，不同的地质地貌情况、不同的载荷情况对厂房设计提出了不同的要求。土木建筑要根据实际情况因地制宜，合理投放人力、财力，并且要符合国家的有关规定。

（2）消防系统

通常自动化立体仓库的空间较大，货物和设备较密集，并且仓库现场管理和操作人员较少，因此大多采用自动化消防系统。自动化消防系统可以依靠各种传感器监测现场温度、湿度等信息，当出现危险时，自动化消防系统发出报警信号，并控制现场消防机构喷出水或二氧化碳泡沫等，从而达到灭火的目的。当然，在特殊情况下可以手动强制喷淋。该系统与消防站可以通过网络通信，使安防人员实时监控仓库各种状态。

消防系统的设计以《建筑设计防火规范》（GB 50016—2014）为主要设计依据，再根据具体环境和存放货物性质来制定具体的消防方案及措施。

（3）照明、风暖、给排水及防雷接地系统

根据现场操作需要和货物避光需求设计具体的日常照明、维修照明和应急照明系统，通常与常规厂区的区别不大。

根据不同的存储需求，自动化立体仓库的通风和采暖系统有着特殊的设计要求。对于设备而言，内部温度通常为-5℃～45℃；冷库温度通常为-23℃～-18℃；超低温冷库可达-45℃以下，因此需要特殊的制冷系统。对散发有害气体的货物，仓库还可设置离心通风机将气体排出仓库。常规的风暖设备主要有风机、通风窗、中央空调、暖气等。

给水系统主要指消防和工作用水系统，排水系统指工作废水、清洁废水及雨水系统。其设计通常参考《建筑给排水设计标准》（GB 50015—2019）。自动化立体仓库属于高层建筑，应设置避雷网防止雷击，其引下线不少于2根、间距不应大于30m，各较大设备区域设置接地连接点。其设计参考国家现行标准《建筑物防雷设计规范》（GB 50057—2010）。

（4）动力配电系统

车间常设置气源和动力电源来提供动力，一般自动化立体仓库不需要气源，只需要动力电源。动力配电系统多采用三相四线供电，中性点可直接接地，电源为380/220V、50Hz，根据仓库设备总用电量来确定用电容量。动力配电系统中的主要设备有动力配电箱、电力电缆、控制电缆、电缆桥架、电源稳压和隔离设备等。

关键术语

仓储设施与设备　　　　　堆垛机
高层货架　　　　　　　　装卸设备
输送机　　　　　　　　　自动化立体仓库

本章小结

仓储设施与设备处于物流系统的枢纽中心，极大地便利了生产和运输。仓储设施与设备主要包含仓库、存储设备、装卸搬运设备、物品保管辅助设备。仓库按照建筑结构分为平房仓库、多层仓库、立体仓库、柱式仓库和露天仓库等。立体仓库使用高层货架，极大地提升了仓库空间利用率和机械化、自动化程度。仓库中的堆垛机、穿梭车、连续输送设备、叉车及起重设备等不仅提升了工作效率，还减轻了工作人员的劳动强度。仓储设施与设备不断向自动化、智能化方向发展，物流系统的动作也将越来越高效。

复习思考题

1. 填空题

（1）仓储设施主要包含_____、_____、装卸搬运设备、保管辅助设备。

（2）仓库按基本功能分可分为_____、_____、_____、保税仓库、海关监管仓库等。

（3）自动化立体仓库中通常使用的堆垛设备有_____、_____。

2. 简答题

（1）请简述仓储设施与设备的特点。

（2）请简述自动化立体仓库的概念和优点。

（3）请简述典型货架的结构及应用。

第 4 章

装卸搬运设备

本章学习目标

- 了解装卸搬运的概念和装卸搬运设备的特点及分类；
- 熟悉起重机械设备和输送机械设备的分类、组成及作用；
- 掌握起重机械设备、输送机械设备和叉车的主要技术参数及特征；
- 掌握叉车的特点、分类和作用。

案例导入

从事家庭房屋装修改建业务的 HomeDepot 公司位于美国佐治亚州塞温纳市，其进口产品分拨中心逐渐发展为一个具有 3650 亿美元资产的商业体系。该分拨中心储备了 5 万种不同种类的建筑材料、家庭改善供给物和家庭花园用品。进口产品从吊扇、百叶窗，到锯、公园的长凳等，应有尽有。欧洲和远东地区的许多国家的集装箱化货物通过海运来到美国的查尔斯顿港或塞温纳港，还有一些货物则是通过空运的方式送到这里的。

思考题：集装箱化货物通过海运或空运到达港口后需要应用到哪些装卸搬运设备？对于不同参数规格的货物而言，应从哪些角度选择装卸搬运设备，来保证装卸搬运效率最大化？

案例解读

利用集装箱装卸桥将集装箱从船上吊下，由集卡将集装箱运到堆场，再利用集装箱式叉车码垛。应从下列 5 个角度选择装卸搬运机械：依据作业性质选择；依据作业运动方式选择；依据作业速度选择；依据作业对象的重量和体积选择；依据搬运距离选择。

4.1 装卸搬运概述

在物流过程中，装卸搬运活动是需要反复进行的，其出现的频率明显高于其他物流活动，而且每次装卸搬运活动都要花费较长的时间，所以其往往成为决定物流速度的关键。同时，装卸搬运活动所消耗的人力也较多，所以装卸搬运费用在物流成本中所占的比重也较高。由此可见，装卸搬运活动是影响物流效率、决定物流技术经济效果的重要环节。

4.1.1 装卸搬运的概念

装卸搬运指在同一区域范围内，以改变物资的存放状态和空间位置为主要内容和目的的活动。习惯上的"装卸"是指以垂直位移为主的实物运动形式，"装卸"作业的结果是物资从一种支撑状态转变为另一种支撑状态。前后两种支撑状态无论是否存在垂直距离差别，都是以一定的空间垂直位移的变化实现的。习惯上的"搬运"是指物资在区域范围内（通常指在某一个物流节点，如仓库、车站或码头等）所发生的短距离、以水平方向为主的位移。在流通领域，人们常把装卸搬运活动称为"物资装卸"，而在生产领域，人们则把这种活动称为"物料搬运"。

装卸搬运是随物品运输和保管而附带发生的作业，装卸是物流系统的一个重要构成要素。运输能产生空间上的效用，保管能产生时间上的效用，而装卸本身并不产生新的效用或价值。虽然装卸本身不能创造出新的效用，但是在供应物流、生产物流、销售物流等整个供应链物流过程中，装卸作业所占的比重较大。装卸作业质量的好坏和效率的高低不仅影响物流成本，还与物品在装卸过程中的损坏、污染等造成的损失成本及保护物品的包装成本相关，并与是否能及时满足顾客的服务要求相关。因而，装卸作业的合理化是实现物流活动效率化、顾客服务高度化的重要手段之一。

物流各环节的前后和同一环节的不同活动之间，都需要进行装卸搬运作业。美国产业界人士明确指出，当前美国全部生产过程中只有 5%的时间用于加工制造，95%的时间则用于装卸搬运、存储等物流过程。根据相关资料，在运输的全过程中（包括运输前后的装卸搬运），装卸搬运所占的时间为全部运输时间的 50%。正是装卸搬运活动把物流活动的各个阶段连接起来，形成连续的流动过程。在生产企业物流中，装卸搬运成为各生产工序之间连接的纽带，它是以原材料、设备等装卸搬运为始，以产品装卸搬运为终的连续作业过程。从宏观物流考察，物资离开生产企业到进入再生产消费和生活消费，装卸搬运像影子一样伴随流通活动的始终。

4.1.2 装卸搬运设备的特点

为了顺利完成装卸搬运任务，装卸搬运设备必须适应装卸搬运作业的要求。装卸搬运作业要求装卸搬运设备结构简单牢固、作业稳定、造价低廉、易于维修保养、操作灵活方便、生产率高、安全可靠，并且能最大限度地发挥其工作能力。装卸搬运设备的性能和作业效率对整个物流的作业效率影响很大，其特点主要有以下几方面。

1. 适应性强

由于装卸搬运作业受货物品类、作业时间、作业环境等影响较大，装卸搬运活动各具特点。因此，要求装卸搬运设备具有较强的适应性，能在各种环境下正常工作。

2. 工作能力强

装卸搬运设备起重能力大、起重量范围大、生产作业效率高、具有很强的装卸搬运作业能力。

3. 机动性较差

大部分装卸搬运设备都在设施内完成装卸搬运任务，只有个别设备可在设施外作业。

4. 安全性要求高

安全性是指装卸搬运设备在预定使用条件下执行其预定功能时不产生损伤或危害健康的能力。装卸搬运设备在带来高效、快捷、方便的同时，也带来了不安全因素，如起重机常会发生事故。因此，安全性已成为选用装卸搬运设备时应重点考虑的因素。机械设备的安全性越来越受到企业管理者的重视。

5. 作业不均衡

在流水作业过程中存在有些装卸搬运设备工作繁忙，而有些装卸搬运设备相对空闲的情况。无论出现哪一种情况，都要求加强检查和维护，保证装卸搬运设备始终处于良好的技术状态。

4.1.3 装卸搬运设备的分类

装卸搬运设备所装卸搬运的货物来源广、种类繁多、外形和特点也各不相同，如箱装货物、袋装货物、桶装货物、散装货物、易燃易爆货物及有毒物品等。为了适应各类货物的装卸搬运和满足装卸搬运过程中各个环节的不同要求，装卸搬运设备的种类也是多种多样的。装卸搬运设备通常有以下分类方法。

1. 按主要用途或结构特征不同分类

按主要用途或结构特征不同，装卸搬运设备可分为起重机械设备、输送机械设备、装卸搬运车辆、专用装卸搬运设备。其中，专用装卸搬运设备指带专用取物装置的装卸搬运设备，如托盘专用装卸搬运设备、集装箱专用装卸搬运设备、船舶专用装卸搬运设备、分拣专用设备等。

2. 按照作业方向不同分类

按作业方向不同，装卸搬运设备可分为以下 3 类。

（1）水平方向作业的装卸搬运设备

这种装卸搬运设备的主要特点是沿地面平行方向实现物资的空间转移，如各种机动、手动搬运车辆，以及各种皮带式、平板式输送机等。

（2）垂直方向作业的装卸搬运设备

这种装卸搬运设备所完成的是物资沿着与地面垂直方向的上下运动，如各种升降机、堆垛机等。

（3）混合方向作业的装卸搬运设备

这种装卸搬运设备综合了水平方向和垂直方向两类装卸搬运设备的特长，在完成一定范围的垂直作业的同时，还要完成水平方向的移动，如门式起重机、桥式起重机、叉车、轮胎起重机等。

3. 按照装卸搬运货物的种类不同分类

（1）长大、笨重货物的装卸搬运设备

长大、笨重货物通常指大型机电设备、各种钢材、大型钢梁、原木、混凝土构件等。这类货物的装卸搬运作业通常采用轨行式起重机和自行式起重机。轨行式起重机有门式起重机、桥式起重机、轨道式起重机；自行式起重机有汽车起重机、轮胎起重机和履带式起重机等。

（2）散装货物的装卸搬运设备

散装货物通常是指成堆搬运的、不计件的货物，如煤、焦炭、沙子、白灰、矿石等。散装货物一般采用抓斗起重机、装卸机和输送车等进行机械装车,机械卸车主要采用链斗式卸车机、螺旋式卸车机和抓斗起重机等,采用输送机搬运。

（3）成件包装货物的装卸搬运设备

成件包装货物一般是怕湿、怕晒,需要在仓库内存放并且多用棚车装运的货物,如日用百货、五金器材等。该类货物一般采用叉车,并配以托盘进行装卸搬运作业,还可以使用牵引车和挂车、带式输送机等解决成件包装货物的搬运问题。

（4）集装箱货物装卸搬运设备

集装箱一般采用专用装卸搬运设备进行作业。例如,集装箱船的装卸采用岸边集装箱装卸桥;集装箱堆场一般采用轮胎式集装箱门式起重机或集装箱正面吊运起重机进行装卸搬运作业,还可以采用专用集装箱式叉车和集装箱式跨运车等进行装卸搬运作业。

随着物流现代化的不断发展,装卸搬运设备将会得到更为广泛的应用。发展多类型、专用的装卸搬运设备,以适应货物的装卸搬运作业要求,是未来装卸搬运设备的发展方向。通过采用新技术、新材料和新设备,逐步实现装卸搬运设备的系列化、标准化、通用化和集成化,扩大装卸搬运设备的作业范围,提高装卸搬运作业的机械化和自动化程度。

4.2 起重机械设备

起重机械设备是一种以间歇作业方式对物料进行起升、下降和水平运动的机械设备的总称。起重机械设备在国民经济的各个部门都得到了广泛的应用,如现代化的港口、公路铁路枢纽和物流仓库等。

4.2.1 起重机械设备的概念、作用及分类

1. 起重机械设备的概念

起重机械设备是用来从事起重、搬运作业的机械设备,起重机械设备的工作流程是先通过取物装置从取物点把货物提起、运行、旋转或通过变幅机构将货物移位,在指定位置放下,再接着进行反向运动,使取物装置回升至原位。起重机械设备工作时各机构经常处于起动、制动及正向、反向等交替的运动状态之中,并且在两个工作循环之间一般有短暂的停歇。

2. 起重机械设备的作用

起重机械设备以间歇、循环的作业方式对货物进行起升、下降和水平移动的装卸搬运,用于满足货物的装卸、转载等作业要求。

起重机械设备是现代企业实现生产过程、物流作业机械化和自动化,改善物流搬运条件,减轻劳动程度,提高生产率必不可少的重要机械设备。起重机械设备在港口、仓库、车站、工厂、建筑工地等领域和部门中都得到了广泛的应用。

3. 起重机械设备的分类

起重机械设备的分类方法目前尚无统一的标准。起重机械设备的类型多种多样,通常按照其功能和结构特点不同分类,可以分为以下4类。

（1）轻小型起重设备

轻小型起重设备一般只有一个升降机构,使货物作升降运动,在某些场合也可进行水平运

输。轻小型起重设备主要有手拉葫芦、电动葫芦和卷扬机等。它们具有轻小简练、使用方便的特点，适用于流动性和临时性的作业，手动的轻小型起重设备尤其适宜在无电源的场合使用。

（2）桥式起重设备

桥式起重设备配有起升机构、大车运行机构和小车运行机构。依靠这些机构配合动作，桥式起重设备可在整个长方形场地及其上空作业，适用于车间、仓库和露天堆场等场所。桥式起重设备包括通用桥式起重机、门式起重机、桥式堆垛起重机、装卸桥和冶金专用起重机等多种类型。

（3）臂架式起重设备

臂架式起重设备配有起升机构、旋转机构、变幅机构和运行机构。有的臂架式起重设备还配有伸缩臂机构。依靠这些机构的配合运作，臂架式起重设备可以在圆柱形场地及上空作业。臂架式起重设备可装在车辆上或其他运输工具上，构成运行臂架式起重设备。这种起重设备具有良好的机动性，可适用于码头、货场和矿场等场所。臂架式起重设备主要包括汽车起重机、轮胎起重机、履带式起重机、塔式起重机、门座式起重机、浮式起重机和铁路起重机等。

（4）升降式起重设备

常见的升降式起重设备有电梯、货物升降机等。

除此以外，起重机械设备还有多种分类方法。例如，按照取物装置和用途不同分类，可分为吊钩起重机、抓斗起重机、电磁起重机、堆垛起重机、集装箱起重机和救援起重机等；按照运移方式不同分类，可分为固定式起重机、运行式起重机、爬升式起重机、随车起重机等；按照驱动方式不同分类，有支撑起重机、悬挂起重机等；按照使用场合不同分类，可分为车间起重机、仓库起重机、建筑起重机、港口起重机、船上起重机等。

4.2.2 轻小型起重设备

轻小型起重设备一般只有一个升降机构，其特点是结构紧凑、自重轻、操作方便。

1. 千斤顶

千斤顶是利用高压油或机械传动使刚性承重件在小行程内顶举或提升重物的起重工具。千斤顶按其构造和工作原理不同，可分为齿条式、螺旋式和液压式3种，如图4-1所示。

(a) 齿条式　　(b) 螺旋式　　(c) 液压式

图4-1　千斤顶

2. 手扳葫芦、手拉葫芦和电动葫芦

手扳葫芦是由人力通过手柄扳动钢丝绳或链条，来带动取物位置移动的起重葫芦，如图4-2（a）所示；手拉葫芦是以焊接环链为挠性承载件的起重工具，如图4-2（b）所示；电动葫芦有钢丝绳式、环链式和板链式3种，如图4-3所示。钢丝绳式电动葫芦因工作平稳，安全可靠，且起重量大、起升高度及起升速度均较快，故应用普遍。

(a) 手扳葫芦　　　　　　　　　(b) 手拉葫芦

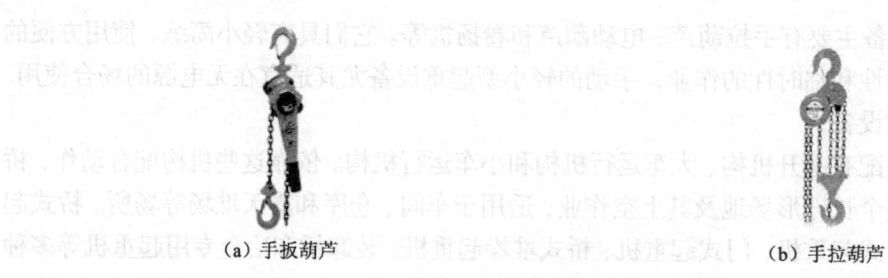

图 4-2 手扳葫芦和手拉葫芦

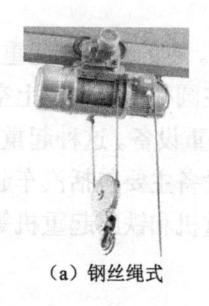

(a) 钢丝绳式　　　　　(b) 环链式　　　　　(c) 板链式

图 4-3 电动葫芦

3. 卷扬机

卷扬机也称绞车，是由动力驱动的卷筒通过挠性件（钢丝绳、链条）起升、运移重物的起重设备。绞车是起重运输作业的主要基础设备，广泛用于设备安装、矿山、建筑工地、车站码头等地进行物料提升和牵引作业。

卷扬机按照动力分为手动、电动、液压 3 类。手动卷扬机如图 4-4（a）所示，一般用在起重量小、设施条件较差或无电源的场所。电动卷扬机如图 4-4（b）所示，广泛用于工作繁重和所需牵引力较大的场所。一般额定载荷低于 10t 的卷扬机可以设计成电动卷扬机。液压卷扬机主要是额定载荷较大的卷扬机，一般情况下，载荷为 10~5000t 的卷扬机适合设计成液压卷扬机。

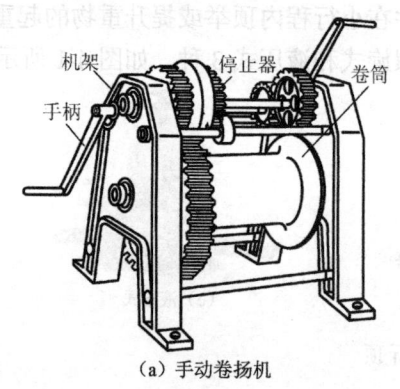

(a) 手动卷扬机　　　　　　　　　(b) 电动卷扬机

图 4-4 卷扬机示意图

4.2.3 桥式起重设备

桥式起重设备的基本结构特点是都具有一个横跨于厂房两边墙壁立柱或露天货场两端运行轨道之上的桥架式金属结构，故称为桥式起重设备。常用的桥式起重设备包括通用桥式起重机、门式起重机和装卸桥等类型，主要用于厂房车间、仓库和露天货场等固定作业场所进行物料装卸和吊运作业。桥式起重设备的基本结构包括金属桥架、起重小车、大车运行机构和电气控制设备等部分。

桥式起重设备的基本运动包括起升机构垂直升降运动、起重小车沿主梁横向水平运动和大车沿两侧轨道纵向水平运动，故这类起重设备的工作范围是一个矩形立体空间，这3个运动的相互配合，可以保证吊起的货物在矩形立体作业空间内任意移动。

1. 通用桥式起重机

通用桥式起重机也称"天车""行车"，通常安装在仓库、生产车间等作业场所的两侧墙壁立柱的上方。

通用桥式起重机由四大部分组成：金属桥架、起重小车（包括起升机构和小车运行机构）、大车运行机构、电气控制设备。

（1）金属桥架

通用桥式起重机的金属桥架由两根主梁、两根端梁、走台、护栏等零部件组成，其结构形式有箱型桥架和桁架桥架两种。它主要用于安装其他各部分工作装置，承受吊重、自重和大车、小车制动停止时产生的惯性力等各种负荷。

通用桥式起重机的金属桥架由水平主梁及其两端的端梁构成。主梁横跨于厂房两边墙壁立柱的上方，两端的端梁底部装有滚轮，通过滚轮支承在两端的大车运行轨道上。通用桥式起重机的主梁有单梁式和双梁式两种，如图4-5所示。

单梁式通用桥式起重机结构简单，承载能力较低，适用于货件重量较小的场合；双梁式通用桥式起重机结构较复杂，承载能力较强，适用于起吊重型货件。

(a) 单梁式通用桥式起重机 　　　　　(b) 双梁式通用桥式起重机

图4-5 通用桥式起重机

（2）起重小车

起重小车安装在起重机的主梁上，能够沿着主梁上的小车运行轨道横向往返移动搬运货物。起重小车由起升机构、小车运行机构和小车架等部分组成。起升机构由吊具、钢丝绳、卷筒及电动机和减速器组成。起升机构是起重机最基本、最主要的工作机构，担负货物起吊上升和下降的工作。

小车运行机构由小车滚轮、电动机、减速器和制动器，以及主梁上的小车运行轨道等组成，能驱动起重小车沿着主梁水平横向往返移动。单梁式通用桥式起重机一般以主梁底部翼板构成小车运行轨道，起重小车吊挂安装在起重机的主梁上；双梁式通用桥式起重机都以两条主梁顶平面构成小车运行轨道，起重小车横跨安装在两条主梁上方。所以，双梁式通用桥式起重机的起重小车本身的承载能力高于单梁式通用桥式起重机。

（3）大车运行机构

起重机大车就是指起重机整机。大车运行机构由安装于桥架两端的端梁底部的车轮、电动机、减速器、传动器和制动器，以及大车运行轨道等组成，能够驱动起重机整机沿着大车运行轨道水平纵向往返移动吊运货物。通用桥式起重机的大车运行轨道布置在仓库、车间两边墙壁或立柱的顶部。

（4）电气控制设备

通用桥式起重机的电气控制设备包括大车和小车集电器、保护盘、控制器、电阻器、电动机、照明设备、电气线路及各种安全保护装置。

2. 门式起重机

门式起重机是桥架通过两侧支腿支撑在地面轨道或地基上的桥式起重设备，又称龙门起重机或龙门吊。如果桥架一侧直接支撑在高架或高建筑物的轨道上，另一侧通过支腿支撑在地面轨道或地基上，则为半门式起重机。

门式起重机的大车运行机构的行走方式大多数是轨道式的，也有部分门式起重机采用轮胎式行走方式，其支腿下方装有充气轮胎式车轮，可以在坚硬地面上行走，不需要铺设轨道。为了增加作业面积，有的门式起重机的主梁两端在支腿以外向外延伸，形成悬臂式外伸端。门式起重机具有场地利用率高、作业范围大、适用性广及通过性好等特点，在港口、车站、货场和码头等物流场所，其使用数量仅次于通用桥式起重机。

门式起重机按照主梁结构形式的不同可分为单梁门式起重机和双梁门式起重机，如图4-6所示。单梁门式起重机结构简单、制造和安装方便、自重轻，但整体刚度较弱、承载能力较小；双梁门式起重机承载能力强、跨度大、整体稳定性好，但结构较复杂、自重较大、造价较高。

(a) 单梁门式起重机

(b) 双梁门式起重机

图4-6 门式起重机

一般情况下，起重量在50t以下，跨度在35m以内，无特殊使用要求，宜选用单梁门式起重机；如果要求门腿宽度大，工作速度较快，或者经常用于吊运重型货件、长大型货件，则宜选用双梁门式起重机。同时，企业在选用门式起重机时还应注意，由于跨度是影响门式起重机自身重量的重要因素，因此，在满足设备使用条件和符合跨度系列标准的前提下，应尽量减小门式起重机的跨度。

与通用桥式起重机相比，门式起重机的走行轨道直接铺设在作业场地，并且走行轨道的高度可与作业场地在同一平面上。因此，门式起重机下的货位面积和通道等能得到充分利用。门式起重机没有固定的永久性建筑物（只有走行轨道的基础埋置于地表面以下），可适应货场改建、迁移。大多数门式起重机两端带有一定长度的悬臂，不仅作业面积增大，货位得到充分利用，还可以对汽车与铁路车辆直接进行装卸和换装，提高了装卸效率，加速了车辆和货位的周转。轮胎式门式起重机不受轨道限制，具有一定的机动性。

3. 装卸桥

装卸桥是一种特殊的大型门式起重机，具有高大的桥架、较大的跨度和较长的悬臂，其跨度一般大于 35m，起重量在 40t 以上。装卸桥主要用在港口码头、铁路车站、电厂和林区货场等场合，用于装卸煤炭、矿石、钢材和木材等大批量的散状物料，故其取物装置以双绳抓斗或其他专用吊具为主。装卸桥通常用于车辆和船舶的装卸作业，所以要求其具有较快的工作速度和较高的生产效率。装卸桥的起升机构和小车运行机构是工作性机构，速度较快，起升速度大于 60m/min，小车运行速度为 120m/min 以上，最高可达 360m/min。为减小冲击力，常在小车上设置减振器。大车运行机构是非工作性机构，为调整装卸桥工作位置而运行，速度相对较慢，一般为 25m/min 左右。

装卸桥的桥架结构形式有桁架式和箱型门架式两种，如图 4-7 所示。采用桁架式结构可减小整机自身重量；而采用箱型门架式结构便于制造，结构强度更高。

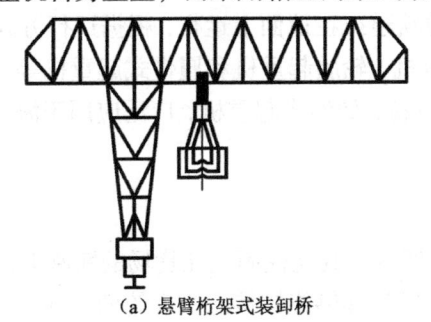

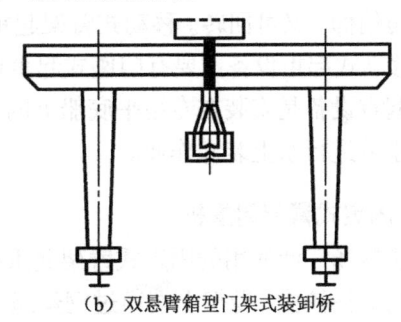

（a）悬臂桁架式装卸桥　　　　　　　（b）双悬臂箱型门架式装卸桥

图 4-7　装卸桥

专门用于港口散货码头装卸船舶的岸边装卸桥，又称桥式抓斗卸船机，如图 4-8 所示。它是一种专门桥式起重机，其特点是在高大的门架上装设有轨桥架，使载重小车沿桥架运行。作业时，抓斗自船舱抓取散装货物并提升出舱后，载重小车（抓斗小车）向岸方运行，将散装货物卸入前门框内侧的漏斗内，经胶带输送系统送到货场。

另外，还有一种专门用于港口集装箱码头装卸船舶的岸边装卸桥，通常称为岸边集装箱桥式起重机，俗称桥吊，是集装箱码头船舶装卸的专用设备，在集装箱码头得到广泛应用（见图 4-9）。

图 4-8　岸边装卸桥　　　　　　　图 4-9　岸边集装箱桥式起重机

4.2.4 臂架式起重设备

臂架式起重设备的基本结构特点是均具有一个金属结构的臂架，起升机构吊起货物之后，通过臂架的伸幅变化和绕着垂直轴线旋转运动而实现货物的升降及水平运移，完成装卸搬运作业。臂架式起重设备的基本组成一般包括金属构架、起升机构、变幅机构、旋转机构、运行机构和电气控制设备等部分。其中，起升机构用以吊取货物并进行提升或降落；变幅机构可以改变起重机的作业半径，主要通过改变臂架的仰俯角度或通过起重小车在臂架上的移动来实现；旋转机构可以使臂架绕着垂直轴线进行旋转，通常由臂架相对底座或门座进行转动，实现货物水平运移；运行机构属于非工作性机构，对于移动式臂架起重机，其主要用来变换移动式臂架起重机在作业场地中的位置。运行机构的类型有轨道式、轮式和履带式。

臂架式起重设备的基本运动包括起升机构的垂直升降运动、变幅机构的仰俯或伸缩运动和旋转机构的水平旋转运动。所以，臂架式起重设备的工作范围是一个圆柱形的立体空间。这些运动的相互配合，可以灵活地使货物在圆柱形立体作业空间范围内任意移动。

臂架式起重设备的基本结构可分为固定式、移动式和浮式3种类型。固定式臂架起重设备直接安装在码头或库场的墩座上，只能原地工作。其中，有的臂架只能俯仰、不能回转；有的臂架既可俯仰、又可回转。移动式臂架起重设备可沿着轨道或在地面上运行，根据运行方式的不同，移动式起重设备主要有门座式起重机、汽车起重机、轮胎起重机和履带式起重机等。浮式臂架起重设备是安装在专用平底船上的臂架式起重设备，如浮式起重机，广泛应用于海、河港口的水域进行水上装卸作业。

1. 固定式臂架起重机

散货料场广泛使用的固定式臂架起重机如图 4-10 所示。其立柱固定在货场的墩座上，臂架下端与立柱铰接，臂架上端通过钢丝绳与立柱相连。臂架能够绕铰接点实现俯仰运动，整机也可以绕着立柱进行回转运动。

图 4-11 所示为立柱式臂架起重机，这是一种轻型的固定式臂架起重机。其立柱固定在作业场地，臂架与转轴固定为一体，通过轴承的支撑可以绕着立柱做整周或扇面转动，但臂架不能做仰俯运动，起吊装置的作业半径可以通过起重小车在臂架轨道上的移动予以改变。这种起重机主要适用于起重量不大、作业范围较小的场合。

图 4-10　固定式臂架起重机　　　　图 4-11　立柱式臂架起重机

2. 门座式起重机

门座式起重机是装在沿地面轨道行走的门形底座上的全回转臂架式起重机。根据不同的方法，可以将其分成不同的种类，如港口和货场使用的门座式起重机按照用途不同分为通用式和专用式两种。专用门座式起重机通常只能用于某一种货物的装卸，而通用门座式起重机是用吊钩或抓斗装卸货物的，货物种类较杂。例如，带斗门座式起重机专用于煤炭装卸，通常它的生产率比通用门座式起重机高。又如，按补偿方式不同，门座式起重机可分为象鼻梁式门座起重机、连杆式门座起重机和臂架式门座起重机等。

门座式起重机主要包括金属结构、四大机构和电气系统等组成部分，其结构示意图如图 4-12 所示。其中，起重臂系统、平衡系统、转盘、人字架（转柱或立柱）、机房、司机室、门架、运行机构等是它的金属结构，起升机构、变幅机构、回转机构、运行机构就是它的四大机构，通过起升、变幅和旋转 3 种运动的组合，并通过运行机构调整整机的工作位置，可以在较大作业范围内满足货物装卸和运移的需要。在电气系统中，其供电一般是通过电缆卷筒将电输送到中心受电器上的，通常港口门座式起重机多为低压供电上机，但在大起重量的机型上也有使用高压供电上机的，此时机上需要设有变电装置和高压控制柜。港口门座式起重机均采用电力驱动，电气控制部分集中在操纵室和电气房内，电阻箱布置在机器房内，安全保护装置设置在适当的位置上。

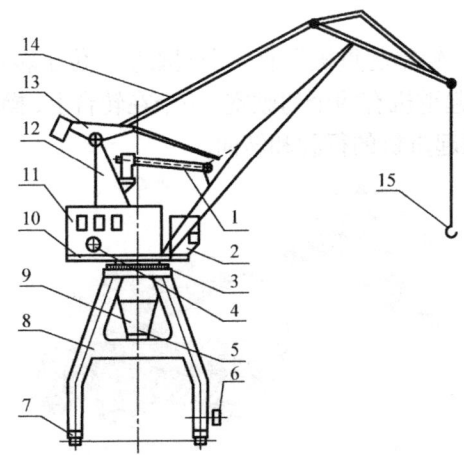

1—变幅机构；2—司机室；3—旋转机构；4—起升机构；5—电器系统；6—卷筒；7—行走机构；
8—门架；9—转柱；10—转盘；11—机房；12—人字架；13—平衡系统；14—起重臂系统；15—吊钩

图 4-12　门座式起重机的结构示意图

3. 汽车起重机

汽车起重机是在普通载重汽车底盘或专用汽车底盘上装设全回转臂架式起重工作装置及设备所构成的起重机，俗称为汽车吊，如图 4-13 所示。汽车起重机的臂架一般为多节伸缩式，作业时伸长臂架可以提高举升高度，并且配合臂架的仰俯运动来改变其工作半径，臂架可以通过转台做整周旋转运动。

图 4-13　汽车起重机

汽车起重机和普通汽车一样，在其前面设有汽车驾驶室，驾驶员操纵其在不同的作业场地之间运行。一般汽车起重机在转台上设有起重机的操纵控制室，操作人员操纵、控制起重机工作装置进行起吊作业。

由于汽车起重机采用了汽车底盘，因而它具有汽车的行驶速度快、通过性好、机动灵活、可快速转移作业地点，以及到达目的地能快速投入工作等优点，所以，汽车起重机特别符合作业场所不固定的流动性装卸搬运作业条件。由于汽车底盘采用弹性悬架，稳定性较差，因此汽车起重机在进行起吊作业时必须放下支腿将汽车支撑稳固，而且不允许吊着货物行驶。

4. 轮胎起重机

轮胎起重机是将起重工作装置和设备装设在专门设计的自行轮胎底盘上的起重机，如图 4-14 所示。轮胎起重机与汽车起重机相比，两者的区别主要体现在以下两方面。

① 底盘不同。汽车起重机使用的是标准的或专用的汽车底盘，轮胎起重机使用专用底盘，其轮距和轴距配合适当，从而稳定性好，能在平坦的地面上吊货行驶，但行走速度低，所以适合在一个货场内作业。

② 驾驶室的数目不同。轮胎起重机只有一个驾驶室，位于转台上，起重机的各个机构都从这个驾驶室操纵；而汽车起重机有两个驾驶室，一个在转台上，操纵起升、回转和变幅机构，另一个在起重机前方，操纵起重机的行驶和转向。

图 4-14 轮胎起重机

5. 浮式起重机

浮式起重机是指在专用浮船上安装的臂架式起重机，它以浮船作为支承和运行装置，浮在水上进行装卸作业，如图 4-15 所示。浮式起重机广泛应用于海河港口，可单独完成船岸之间或船船之间的装卸作业。浮式起重机按照航行方式的不同可以分为自航浮式起重机和非自航浮式起重机；按其工作装置、工作特性的不同，可分为全回转浮式起重机（起重装置可绕回转中心线相对浮船做 360°以上连续转动）、非全回转浮式起重机（起重装置只能绕回转中心线相对于浮船做小于 360°的回转）和非回转浮式起重机 3 种类型。

自航浮式起重机是可独立航行的浮式起重机。它具有独立的内燃机发电机组，供自航、起重作业，以及辅机、生活用电。自航浮式起重机的机动性好，但增加了对动力装置的投资和营运管理工作。非自航浮式起重机依靠拖船拖航，起重动力靠船上发电或岸上供电，作业中的移位需要借助装在浮船甲板上的绞缆机牵引。

图 4-15 浮式起重机

浮式起重机的主要优点是能在水上进行装卸，自重不受码头地面承载能力的限制；可以从一个码头移到另一个码头进行装卸作业，设备利用率较高，配合浮码头工作可不受水位差影响，因而适用于码头布置比较分散、货物吞吐量不大及重大货件的装卸作业，对水位变化大的内河港口则更为适宜。其缺点是造价较高，需要的管理人员较多。

6. 履带式起重机

这是一种将起重工作装置和设备设在履带式底盘上，靠行走支撑轮在自身封闭的履带上滚动运行的起重机，如图4-16所示。与轮胎起重机相比，履带对地面的平均压力小，可在松软、泥泞的地面上进行作业。此外，它的爬坡能力强，牵引性能好。

图4-16 履带式起重机

4.2.5 起重机的主要属具

起重机的属具包括索具和取物装置两大类，常用的索具有钢丝绳、麻绳、化学纤维绳等；常用的取物装置有吊钩、抓斗、电磁吸盘等。

1. 钢丝绳

钢丝绳是起重设备中最常用的挠性件，在起重作业中被广泛用作起重绳、变幅绳、小车牵引绳，在装卸过程中还可用于货物的捆扎。钢丝绳具有承载能力大、过载能力强、挠性好、自重轻和传动平稳、无噪声等优点，适用于高速运动。由于绳股中钢丝断裂是逐渐产生的，一般不会发生整根钢丝绳突然断裂的现象，所以工作时较可靠。

钢丝绳比链条在起重机上有更为广泛的应用，原因如下：①链条的强度、承载能力，以及弹性均不如钢丝绳好；②一旦发生重物过重难以起吊时，链条通常是骤然断折；③链条的成本较高；④链条高速运转时噪声大；⑤链条的自重较重。

2. 麻绳

麻绳具有质地柔韧、轻便、易于捆绑、结扣和解脱方便等优点，但其强度较低，一般麻绳的强度只有相同直径钢丝绳的10%左右，而且易磨损、腐烂、霉变。因此，麻绳在起重作业中主要用于重量较小的重物的捆绑，吊运500kg以下的较轻物体。当吊起重物时，麻绳拉紧物体，以保持被吊物体的稳定和在规定的位置上就位。

3. 化学纤维绳

化学纤维绳俗称尼龙绳或合成纤维绳，目前多用锦纶、维尼纶、乙纶、丙纶等合成纤维搓制而成。它有质轻、柔软、耐腐蚀、强度及弹性比麻绳好等优点；其缺点是不耐热，使用中忌火、忌高温。

在吊运表面光洁、不允许擦伤的物件和设备时，使用化学纤维绳比使用钢丝绳更有利于防止擦伤吊物表面；而且化学纤维绳耐酸、耐碱、耐油和耐水，在特殊条件下使用可充分发挥它的优点。

4. 吊钩

吊钩是起重机中应用最广泛的取物装置，由吊钩、吊钩螺母、推力轴承、吊钩横梁、护板等组成。吊钩分单钩和双钩，如图4-17所示。通常吊运80t以下货物用单钩，吊运80t以上（含80t）货物用双钩。成批生产的吊钩宜用模锻，大吨位、单件生产的吊钩采用自由锻或板钩（片式吊钩）。

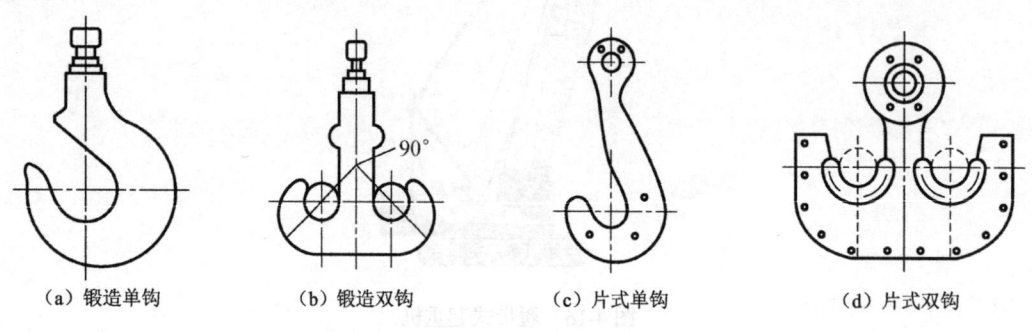

(a) 锻造单钩　　(b) 锻造双钩　　(c) 片式单钩　　(d) 片式双钩

图4-17　吊钩的种类

5. 抓斗

抓斗是一种由机械或电动控制的自动取物装置，主要用于装卸散装货物，有时还用于抓取长材。抓斗的种类很多，根据抓取的货物不同可分为散粮抓斗、煤炭抓斗、矿石抓斗和木材抓斗等。

根据所抓取货物的堆积密度不同，抓斗可分为5种类型，如表4-1所示。

表4-1　按照所抓货物的堆积密度不同划分抓斗

货物堆积密度（t·m⁻³）	<0.8	0.8～1.2	1.2～2.0	2.0～2.8	>2.8
抓斗类型	特轻型	轻型	中型	重型	特重型
主要货种	散粮	焦炭、煤	磷矿、石灰石	小块铁矿	大矿石、废钢

根据操纵原理的不同，抓斗可分为单绳、双绳和电动抓斗3种，双绳抓斗使用得较广泛。

双绳抓斗如图4-18所示，由颚板、撑杆、上承梁（抓斗头部）和支撑杆这4个基本部分组成。抓斗悬架在支持绳（起升绳）和开闭绳上，两根钢丝绳分别缠绕到驱动卷筒上。双绳抓斗的动作完全由支持绳和开闭绳的运动速度来操纵，其工作过程可分为以下4步。

① 降斗：卸载后张开的抓斗依靠自重下降到散装货堆上，这时开闭绳和支撑绳以相同的速度下降，但开闭绳较松，以免下降过程中抓斗自动关闭。

② 闭斗：抓斗插入物料后，支撑绳保持不动，而开闭绳开始收紧使颚板闭合，将散装物料抓到斗中。

③ 升斗：抓好散装物料后，开闭绳和支撑绳以同样的速度起升，直到所需高度。

④ 开斗：支撑绳不动，开闭绳放松，这时颚板在自重和下横梁的共同作用下张开，并卸出抓斗中的物料，然后进入下一个工作循环。

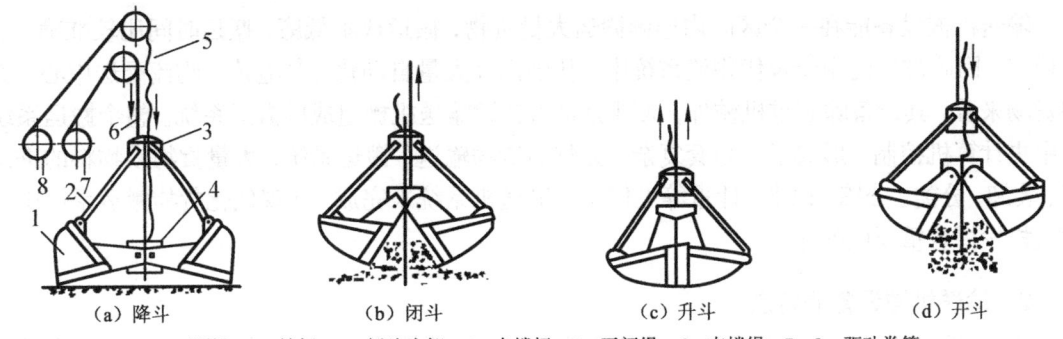

（a）降斗　　（b）闭斗　　（c）升斗　　（d）开斗

1—颚板；2—撑杆；3—抓斗头部；4—支撑杆；5—开闭绳；6—支撑绳；7、8—驱动卷筒

图 4-18　双绳抓斗工作原理图

6. 电磁吸盘

电磁吸盘是靠电磁力自行吸取导磁物品的取物装置，通常靠线圈通电激磁吸料，断电去磁卸料。图 4-19 所示的电磁吸盘由铸钢外壳和装在其内的线圈组成。电流通过挠性电缆输入线圈通电后即产生磁力线，磁力线在外壳与磁性物料之间形成闭合回路，于是物料被电磁吸盘吸住。线圈断电后，物料自行脱落。电磁吸盘使用直流电为宜，因为直流电工作可靠，磁力损失及旋涡损失小，电感影响也较小。利用电磁吸盘来装卸钢锭、生铁、废钢等铁磁性货物，可避免繁重的体力劳动，提高生产效率。

图 4-19　电磁吸盘

4.3　输送机械设备

物料输送是"装卸搬运"的主要组成部分，在物流各阶段前后和同一阶段的不同活动之间，都必须进行输送作业。在现代物流活动中，输送机械设备承担货物的输送任务，具有把各物流阶段连接起来的作用。输送机械设备是指以连续方式沿着一定的线路从装货点到卸货点均匀输送散料或成件包装货物的机械。输送机械与起重机械相比，其输送货物时是沿着一定的线路不

停地输送的；工作构件的装卸和卸载都是在运动过程中进行的，无须停车，启动制动少；被输送的散装货物以连续形式分布于承载件上，输送的成件货物也同样按一定的次序以连续的方式移动。

4.3.1 输送机械设备的概念、特点及分类

1. 输送机械设备的概念

输送机械设备能在一个区间内连续搬运大量货物，搬运成本低廉，搬运时间比较准确，货流稳定，因此被广泛用于现代物流系统中。从国内外大量自动化立体仓库、物流配送中心、大型货场来看，其设备除起重机械外，大部分是由连续输送机械组成的搬运系统。整个搬运系统由中央计算机控制，形成了一整套复杂、完整的货物输送、搬运系统，大量货物或物料的进出库、装卸、分类、分拣、识别、计量等工作均由输送机系统来完成。在现代化货物搬运系统中，输送机发挥着重要的作用。

2. 输送机械设备的特点

① 输送机械设备的装料和卸料是在输送过程不停顿的情况下进行的。输送机一经启动，就以稳定的输送速度沿着一定路线输送物料，可以采取很高的输送速度，连续而高速的物料流使输送机可以获得很高的生产率。

② 沿固定的路线输送货物，动作单一，结构简单，便于实现自动控制。在相同生产率的条件下，输送机械设备载荷均匀、速度稳定、连续输送机功率较小。

③ 重量较轻，结构紧凑，造价较低，输送距离长。但当输送路线复杂时，会造成结构复杂；当输送路线变化时，需要重新布置输送机。

④ 通用性较差，每种机型只适用一定类型的货种，一般不适合运输重量很大的单件物品或集装容器。

⑤ 大多数连续输送机不能自行取货，因而需要采用一定的供料设备。

3. 输送机械设备的分类

输送机械设备的形式、构造和工作原理都是多种多样的。由于生产发展的要求，新的机型正在不断增加。按照不同的分类方式，输送机械设备可以分为以下几种。

① 按照它所运货物的种类，可分为输送件货的机械设备和输送散货的机械设备两种。

② 按照安装方式的不同，输送机械设备可分为固定式输送机和移动式输送机两大类。固定式输送机主要用于固定输送场合，如专用码头、仓库中货物移动、工厂生产工序之间的输送、原料的接收和成品的发放等，具有输送量大、单位电耗低、效率高等特点。移动式输送机具有机动性强、利用率高、能及时布置输送作业达到装卸要求的特点，这类输送机的输送量不太高、输送距离不长，适用于中小型仓库。

③ 按照传动特点的不同，输送机械设备可分为有挠性构件牵引的输送机和无挠性构件牵引的输送机两类。有挠性构件牵引的输送机是利用挠性构件传递运动和力，并且依靠挠性牵引构件把物料运到各工序的部位上。牵引构件是往复循环的一个封闭系统，通常一部分牵引构件输送货物，另一部分牵引构件返回。常见的有挠性构件牵引的输送机有带式输送机、链式输送机、斗式提升机、悬挂式输送机等。无挠性构件牵引的输送机的工作特点是利用工作构件的旋转运动或振动，使货物向一定方向运送，它的输送构件不具有往复循环形式。常见的无挠性构件牵引的输送机有气力输送机、螺旋输送机、振动输送机等。

④ 按照输送货物力的形式不同，输送机械设备可分为机械式、惯性式、气力式、液力式等几大类。

⑤ 按照货物性质的不同，输送机械设备可分为连续性输送机和间歇性输送机。连续性输送机主要用于散装货物的输送装卸。间歇性输送机主要用于集装单元货物（成件包装货物）的输送，所以又称单元负载式输送机。

4.3.2 带式输送机

1．带式输送机的概念

带式输送机是连续运输机中效率最高、使用最普遍的一种机型，广泛应用于采矿、冶金、水电站建设工地、港口及工业企业内部流水生产线。

带式输送机的结构特征和工作原理：输送带既是承载货物的构件，又是传递牵引力的牵引构件，依靠输送带与滚筒之间的摩擦力平稳地进行驱动。输送带按种类不同分为橡胶带、帆布带、塑料带和钢芯带四大类，其中以橡胶输送带应用最广。带式输送机如图4-20所示。

图4-20 带式输送机

带式输送机主要用于在水平方向或坡度不大的倾斜方向连续输送散粒物料，也可用于输送重量较轻的大宗成件货物。其特点如下：输送距离大；输送能力大、生产率高；结构简单、基建投资少、营运费用低；输送线路可以呈倾斜布置或在水平方向、垂直方向弯曲布置，受地形条件限制较小；工作平衡可靠；操作简单、安全可靠、易实现自动控制。正是由于这些特点，带式输送机的应用场合遍及仓库、港口、车站、工厂、煤矿、矿山、建筑工地。但带式输送机不能自动取货，当货流变化时，需要重新布置输送线路，输送角度不大。

2．带式输送机的主要结构部件

典型的带式输送机如图4-21所示，主要由输送带、支承托辊、驱动装置、制动装置、张紧装置、改向装置、装载装置、卸载装置和清扫装置组成。

（1）输送带

输送带用来传递牵引力和承载被运货物，因此要求强度高、抗磨耐用、挠性好、伸长率小和便于安装修理。

（2）支承托辊

支承托辊的作用是支承输送带及输送带上的物料，减少输送带的垂度，使其能够稳定运行。支承托辊的维修或更换费用是带式输送机营运费用的重要组成部分。为了减少支承托辊对输送带的运动阻力，必须注意支承托辊两端滚动轴承的密封和润滑状况，以保证支承托辊转动灵活和延长其使用寿命。

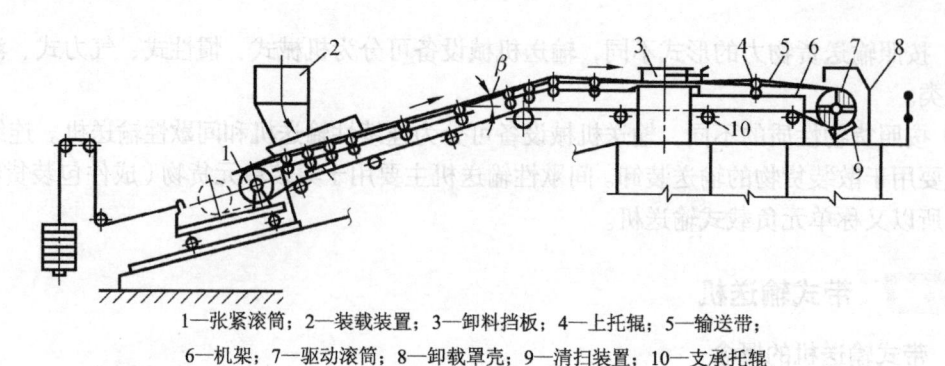

1—张紧滚筒；2—装载装置；3—卸料挡板；4—上托辊；5—输送带；
6—机架；7—驱动滚筒；8—卸载罩壳；9—清扫装置；10—支承托辊

图 4-21 带式输送机的结构示意图

（3）驱动装置

驱动装置的作用是驱动输送带运动，实现货物运送。通用固定式和功率较小的带式输送机都采用单滚筒驱动，即电动机通过减速器和联轴器带动一个驱动滚筒运转；一般采用封闭式鼠笼电动机，当功率较大时，可配以液力耦合器或粉末联轴器，使启动平稳。长距离、生产率高的带式输送机可采用多滚筒驱动，并采用大功率的绕线式电动机，这样便于调控，使长距离带式输送机平稳启动。此外，还可采用摆线针轮减速器传动或采用电动滚筒。

（4）制动装置

对于倾斜布置的带式输送机，为了防止满载停机时输送带在货重的作用下发生反向运动，引起物料逆流，应在驱动装置处设制动装置。制动装置有滚柱逆止器、带式逆止器、电磁瓦块式或液压电磁制动器。

（5）张紧装置

张紧装置的作用是使输送带保持必要的初张力，以免在驱动滚筒上打滑，并保证两托辊之间输送带的垂度在规定的范围内。张紧装置的主要结构形式有螺旋式、小车重锤式、垂直重锤式 3 种。

（6）改向装置

改向装置有改向滚筒和改向托辊组两种，用来改变输送带的运动方向。改向滚筒适用于带式输送机的平行托辊区段，如尾部或垂直重锤张紧装置处的改向滚筒等。改向托辊组是若干沿所需半径弧线布置的支承托辊，它用在输送带弯曲的曲率半径较大处，或者用在槽形托辊区段，使输送带在改向处仍能保持槽形的横断面。

（7）装载装置

装载装置的作用是对输送带均匀装载，防止物料在装载时洒落在输送机外面，并尽量减少物料对输送带的冲击和磨损。物料在下滑到输送带上时，应保持尽可能小的法向分速度（相对于带面）和尽量接近带速的切向分速度。

（8）卸载装置

带式输送机既可在输送机端部卸料，也可在中间卸料。前者直接将物料从滚筒处抛卸，后者可采用卸载挡板或卸载小车将物料卸下。

（9）清扫装置

为了提高输送带的使用寿命和保证输送机的正常运行，必须对其进行清扫。常用的清扫装置是弹簧清扫器和犁形刮板。

4.3.3 链式输送机

链式输送机是一种广泛使用的连续输送机械，如图 4-22 所示。链式输送机用环绕若干链轮的无端链条作为牵引构件，由驱动链轮通过轮齿和链节的啮合将圆周牵引力传递给链条，在链条上固定着一定的工作物件以输送货物。货物放在运动着的链条上移动是最简单的链式输送机。链条是用特殊形状的链片制成的，可以用来安装各种附件，如托板等，用链条和托板组成链板。

与带式输送机相比，链式输送机的优点是板片上能承放较重的件货，链条挠性好、强度高，可采用较小直径的链轮和传递较大的牵引力；缺点是自重、磨损、消耗功率都比带式输送机大，而且链条与链轮啮合时，链条随链轮多边形的各个边运动，链条中会产生动载荷，使工作速度受到限制。

（a）转弯型 　　　　　　　　　　　（b）多排差速型

图 4-22　链式输送机

还有一类特殊的链式输送机称为悬挂式输送机，如图 4-23 所示。在车间或物流场所上空架设运行轨道，在轨道上装有若干承载滑架，承载滑架的下端装有吊具，可以把货物悬挂吊起，其上端装有滚轮，可以沿着轨道滚动，所有承载滑架都通过链条的传动在整个轨道上周转运行并输送货物。悬挂式输送机的常见类型有普通悬挂式输送机和推式悬挂式输送机两种。

图 4-23　悬挂式输送机

4.3.4 辊道输送机

辊道输送机是以一系列按一定间距排列的刚性辊子作为传动构件和承载构件的连续输送机械。它利用辊子连续不断地旋转运动，使货件从装货端移动到卸货端，可用于沿水平方向或小角倾斜方向输送成件货物。为了能顺利输送货物，货物的底部必须有沿输送方向的连续支承面，而且该支承面至少应能同时接触 4 个辊子。所以，辊道输送机适宜输送具有较坚硬的平直底面的货物，如托盘、箱类容器、板材和规则型材等，以及具有平底的各种工件。

辊道输送机在连续生产流水线和自动分拣线中被大量采用，它不仅可以连接生产工艺过程，而且可以直接参与生产工艺过程，因而在机械制造、电子、化工、轻工、家电、食品、纺织及邮电等行业和部门的物流系统中，尤其在各种加工、装配、包装、储运和配送等流水生产线中得到了广泛的应用。辊道输送机可以进行直线输送，也可以改变输送方向进行曲线方向或直线交叉方向的货物输送。用于曲线传动时，通常将圆锥形辊子布置成扇形，在某些场合也使用滚轮形辊子，如图4-24所示。

(a) 圆柱形辊子　　　　　　　(b) 圆锥形辊子　　　　　　　(c) 滚轮形辊子

图4-24　辊道输送机

按照运动方式的不同，辊道输送机可分为无动力式辊道输送机和动力式辊道输送机两大类。

(1) 无动力式辊道输送机

无动力式辊道输送机自身无驱动装置，辊子转动呈被动状态，物品依靠人力、重力或外部推拉装置的作用进行移动。它有水平和倾斜两种布置形式。水平布置的无动力式辊道输送机依靠人力或外部推拉装置移动货物。其中，人力推动的无动力式辊道输送机用于货件重量较轻、输送距离短、工作不频繁的场合；外部推拉可采用链条牵引、胶带牵引、液压动力装置推拉等方式，可以按要求的速度移动货物，便于控制运行状态，用于货件重量较大、输送距离较长、作业比较频繁的场合。倾斜布置的无动力式辊道输送机依靠货物自身重力沿斜面下滑进行输送，这种形式的无动力式辊道输送机结构简单、经济实用，但不易控制物品运行状态；货物之间易发生撞击，不宜输送易碎物品；适用于重力式高架仓库及工序间的短距离输送。

(2) 动力式辊道输送机

动力式辊道输送机以电动机为动力，并通过一定的传动方式使所有的辊子都进行旋转，货物在辊子的圆周力推动下向前移动，辊子的转动呈主动状态。动力式辊道输送机可以严格控制货物运行状态，按规定的速度精确、平稳、可靠地输送货物，便于实现输送过程的自动控制。链传动辊道输送机是最常用的动力式辊道输送机，其承载能力大、通用性好、布置方便、对环境适应性强，可在经常接触油、水及湿度较高的条件下工作。但在多尘环境中工作时，其链条容易磨损，高速运行时噪声较大。

一般动力式辊道输送机所有的辊子以同样的转速旋转，为了适应辊道输送机线路中货物暂时停留和积存的需要，在货物积存的区段可以采用积放式辊道输送机（也称限力式辊道输送机）。积放式辊道输送机在辊子的周向或径向装有摩擦环，当货物受阻停滞或积存时，可使摩擦环打滑，允许在驱动装置照常运行的情况下，物品在辊道输送机上暂时停留和积存，而运行阻力无明显的增加。

4.3.5　螺旋输送机

螺旋输送机是利用带有螺旋叶片的螺旋轴的旋转使物料产生沿螺旋面的相对运动，物料受到料槽或输送管臂的摩擦力作用与螺旋轴一起旋转,从而将物料推移向前来实现物料输送的机械。普通螺旋输送机由一个头节、一个尾节和若干个中间节,以及具有螺旋叶片的螺旋构成,如图 4-25 和图 4-26 所示。

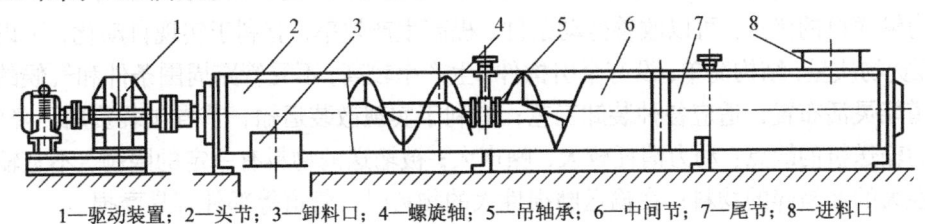

1—驱动装置;2—头节;3—卸料口;4—螺旋轴;5—吊轴承;6—中间节;7—尾节;8—进料口

图 4-25 螺旋输送机结构

图 4-26 螺旋输送机

螺旋输送机的优点是结构简单、紧凑,没有空返分支,因而横断面积小,可在多点装货和卸货;装、卸料点选取灵活,随处可取;工作可靠,易于维修,价格低;输送散货时能在料槽内实现密闭输送,对环境污染小。它的缺点是在运送过程中的阻力大,导致单位功率消耗较大;螺旋轴和料槽容易磨损,物料也可能破碎;螺旋输送机对超载较敏感,易产生堵塞现象。因此,一般来说,螺旋输送机的输送距离不长,生产率低,适于输送摩擦性较小的物料,不宜输送黏性大、易结块及大块的物料。

螺旋输送机按料槽的走向可分为直线螺旋输送机和曲线螺旋输送机两种。前者可在水平方向、倾斜方向(不超过 20°)、垂直方向对散粒物料和成件、包装件进行输送,分为水平螺旋输送机和垂直螺旋输送机;后者可对这些货物进行空间多维可弯曲输送。在水平螺旋输送机中,料槽的摩擦力是由物料自重引起的;而在垂直螺旋输送机中,输送管壁的摩擦力主要是由物料旋转引起的。

按所运货物的性质不同,螺旋输送机可分为散粒物料螺旋输送机和成件、包装件螺旋输送机两种。根据结构不同,螺旋输送机还可分为双螺旋输送机和单螺旋输送机,后者使用较多。螺旋输送机的安装方式有固定式和移动式两种,大部分螺旋输送机采用固定式。

4.3.6 气力输送机

气力输送机是采用风机使管道内形成气流来输送散粒物料的设备。它的输送原理是将物料加到具有一定速度的空气气流中,构成悬浮的混合物,通过管道输送到目的地,然后将物料从气流中分离出来卸出。气力输送机主要用于输送粉状、粒状及块度不大于 30mm 的小块物料。选择不同的风速,既要保证物料在管道内呈悬浮状态,不堵塞管道,又要尽可能多地输送物料,做到既经济又合理。

气力输送机主要由送风装置（抽风机、鼓风机或气压机）、输送管道及管件、供料器、除尘器等组成。物料和空气的混合物能在管路中运动而被输送的必要条件是在管路两端形成一定的压力差。按压力差的不同，气力输送机可分为吸送式、压送式和混合式3种。

气力输送机的优点：可以改善劳动条件、提高生产效率，有利于实现自动化；可以减少货损，保证货物质量；结构简单，没有牵引构件；生产率较高，不受管路周围条件和气候的影响；输送管道能灵活布置，适应各种装卸工艺；有利于实现散装运输，节省包装费用，降低成本。

气力输送机的缺点：动力消耗较大，噪声大；被输送的物料有一定的限制，不宜输送潮湿的、黏性大的和易碎的物料；在输送磨损性大的物料时，管道等部件容易磨损。

4.3.7 斗式提升机

斗式提升机是一种在垂直方向或大于70°倾角方向上输送粉粒状物料的输送设备。根据牵引构件的不同，斗式提升机可分为带斗式提升机和链斗式提升机。带斗式提升机适合输送粉末或块状磨损性较小的物料，可以有很高的工作速度，但其强度较低，不能用于承载力很大、工作繁忙的场合；链斗式提升机工作速度较低，但其有很高的强度，可用于提升中等或大块度的物料，大型货场采用的卸煤机、卸矿石机等都采用链斗式提升机。

斗式提升机通常由牵引构件、料斗、机头、机座、机筒、驱动装置等组成，如图4-27所示。它由牵引构件环绕并张紧于斗轮与底轮之间。在牵引构件上每隔一定的间距固定着承载物料的料斗。全部构件都密封在密闭的外壳中，防止灰尘的飞扬和物料的洒漏。外壳上端称为机头，下端称为机座，中间称为机筒。机筒的长短可根据提升高度调整。

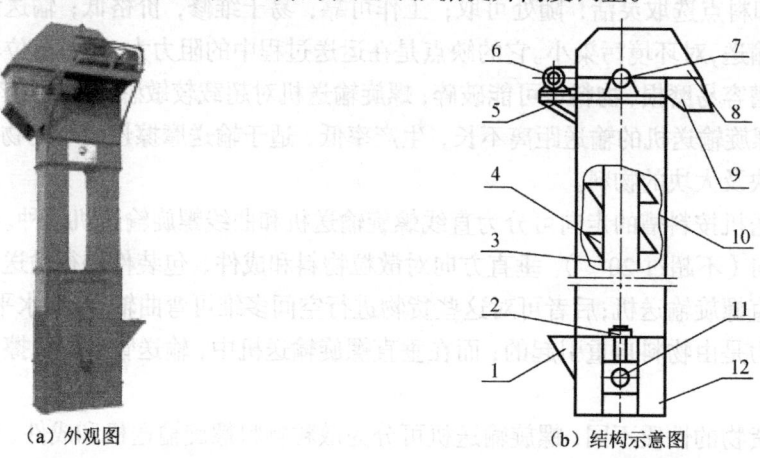

(a) 外观图　　　　　　　　(b) 结构示意图

1—进料口；2—拉紧装置；3—牵引构件；4—料斗；5—驱动平台；6—驱动装置；
7—传动轮；8—头部罩壳；9—卸料口；10—中间罩壳；11—拉紧轮；12—底座

图4-27 斗式提升机

斗式提升机的工作过程分为3个阶段：装料、提升、卸料，其中装料与卸料尤为重要，对提升机的生产率具有决定性的作用。提升较为简单，只要胶带或链条强度有保证，输送过程无打滑或抖动现象，基本上就可保证提升平衡，不洒料。斗式提升机的装料方式有注入式和挖取式两种。注入式装料由前方的加料料斗加料，物料迎着向上运动的料斗注入，适合输送较重、大块货物，如砾石、矿石等。挖取式装料是指从料堆中取料。物料从料斗中卸出，根据物料受力情况的不同，可分为离心式、重力式和混合式3种。斗式提升机在港口、仓库、粮食加工厂、油厂、食品厂等部门中得到了广泛的应用。

4.4 叉车

叉车又称铲车，是物流领域中应用最广泛的装卸搬运设备之一。它以货叉作为主要的取货装置。叉车的前部装有标准货叉，可以自由地插入托盘取货和放货，依靠液压起升机构升降货物，由轮胎式行驶系统实现货物的水平搬运。

叉车以货叉为主要工作属具，随着叉车的广泛应用，叉车属具的类型也越来越多。当叉车换装其他属具后，可以对散堆货物、非包装货物及长大件货物等进行装卸作业和短距离搬运作业。叉车作业时，仅仅依靠驾驶员的操作就能够完成货物的装卸、堆垛、拆垛和搬运等各种作业活动，而无须装卸工人的辅助劳动。

4.4.1 叉车的使用特点及总体结构

1. 叉车的使用特点

叉车主要具有以下使用特点。

（1）具有通用性

叉车在物流的各个领域都有所应用，如仓库、车站、码头和港口都要应用叉车进行作业，并且可以与不同结构类型的叉车属具配合使用，适应不同货物的装卸搬运要求，具有"一机多用"的特点。

（2）机械化程度高

叉车是装卸和搬运一体化的设备，它将装卸和搬运两种作业合二为一，作业的效率高。

（3）机动灵活性好

叉车外形尺寸小，轮距较小，这样叉车的转弯半径很小，能在作业区域内任意调动；机动灵活性好，在许多机械难以使用的领域都可以采用叉车。

（4）经济效果比较好

与大型起重机械比较，叉车成本低，投资少，能获得较好的经济效益。

（5）装卸效率高和装卸安全性强

叉车作业可缩短装卸、搬运、堆码的作业时间，加速车船周转，有利于开展托盘成组运输和集装箱运输。另外，叉车作业可减少货物破损，提高作业的安全程度。

（6）提高仓库容积利用率

叉车作业可使货物的堆垛高度大大增加，仓库和货舱的空间位置得到了充分利用。

2. 叉车的总体结构

叉车是一种复杂的机器，尽管叉车的吨位大小、型号、式样不同，但都必须具备以下装置和系统，才能在使用中发挥作用。叉车从总体结构上可分为动力系统、传动系统、转向系统、制动系统、起重系统、液压系统、电器设备和行驶系统八大部分。

（1）动力系统

动力系统是叉车行驶和工作的动力来源。目前叉车动力系统主要有电动和内燃机两种形式。在叉车上采用的内燃机 80% 为往复式，按燃料不同分为汽油机、柴油机。动力分为两端输出，后端通过飞轮与离合器连接，将动力传递给传动系统，前端经分动箱将动力传递给液压齿轮油泵。

（2）传动系统

传动系统的作用是将发动机传来的动力有效地传递到车轮，满足叉车实际工作状况的需要。传动系统由离合器、变速器、驱动桥等组成。其传动方式有机械式传动、液力式传动和静压传动。

（3）转向系统

转向系统的作用是改变叉车的行驶方向或保持叉车直线行驶。转向系统由转向机、转向联动机构两部分组成。其转向方式有机械转向器、具有液力助力器的机械转向器和全液压转向器。

（4）制动系统

制动系统使叉车能迅速地减速或停车，并使叉车能稳妥地停放，以保证安全。制动系统通常由手制动和脚制动两个独立部分组成，它们又由制动器和制动驱动机构组成。制动系统的驱动方式有机械驱动机构和液压驱动机构两种。

（5）起重系统

起重系统的作用是通过起重装置实现对货物的装卸、堆垛。起重系统由内外门架、货叉架、货叉、链条和导向轮等组成。

（6）液压系统

液压系统是利用工作油传递能量的机构，通过液压油把能量传给各执行元件，以达到装卸货物的目的。液压系统的工作过程通常称为液压传动。

（7）电器设备

电器设备包括发电机、启动机、电动机、照明、蓄电池、喇叭和仪表等。

（8）行驶系统

行驶系统承受叉车的全部重量，传递牵引力及其他力和力矩，并缓冲对叉车的冲击，以保证叉车平稳地行驶。它由车架、悬挂装置、车轮等组成。

4.4.2 叉车的类型

按动力装置的不同，叉车可分为电动式叉车和内燃式叉车。按照结构和用途的不同，叉车可分为平衡重式叉车、插腿式叉车、前移式叉车、侧面式叉车、集装箱式叉车、伸缩臂式叉车、低位拣选叉车、高位拣选叉车、托盘式叉车等。

1. 平衡重式叉车

平衡重式叉车是叉车中应用最广泛的一种形式，占叉车总数的 80% 以上。平衡重式叉车（见图 4-28）的结构特点如下：具有前后两排车轮，前轮为驱动轮，后轮为转向轮；货叉处在前轮之外，伸向车身的正前方，货叉叉取货物之后，货物重心处于前轮支点以外。因此，货物重力将会以前轮为支点产生倾翻力矩。为了平衡货物重量产生的倾翻力矩，保持叉车的纵向稳定性，车体后部配有一定重量的平衡重块，故称平衡重式叉车。

图 4-28 平衡重式叉车

所有重型叉车都属于平衡重式叉车，平衡重式叉车的主要优点是承载能力大、运载能力和稳定性能好，作业适应能力强、能够搬运各种类型的货件，广泛运用于港口、车站、货场、仓库、车间等各种室内外作业场所。其起重能力范围非常宽，轻型平衡重式叉式的起重量为 1~2t，重型平衡重式叉车的起重量可以达到 45t。平衡重式叉车的缺点是自身重量和体积较大，需要较大的作业空间，机动性和操作性能相对较差。

2. 插腿式叉车

插腿式叉车前方沿货叉的方向有两个带有小轮子的支腿，叉货作业时支腿与货叉一起插入货物的底部，由货叉将货物叉起提升一定高度，支腿依靠滚轮在地面行走，如图 4-29 所示。由于货叉处于支腿的上方，货物重心位于前、后车轮所确定的支承平面范围之内，因此叉车不会形成倾翻力矩，不需要配置平衡重，具有良好的稳定性。这类叉车一般利用蓄电池提供动力，起重量在 2t 以下。

插腿式叉车比平衡重式叉车结构简单、自重轻、外形尺寸小、机动性能好、便于操作，适合在狭窄的通道和室内进行堆垛和搬运作业，特别适合单面型托盘货物的搬运作业。插腿式叉车的明显缺点是由于有支腿的阻挡，货叉不能直接插入平底货物的底部，需要使用单面型托盘或用垫板将货物垫起，以便支腿插入货物底部；另外，插腿式叉车承载能力较小，运行速度较低，而且由于行走车轮直径较小，对地面的平整度要求较高。

3. 前移式叉车

前移式叉车的货叉可沿叉车纵向前后移动。它有两条前伸的支腿，与插腿式叉车相比，前轮较大，支腿较高，作业时支腿不能插入货物的底部。前移式叉车与插腿式叉车一样，都是货物的重心落到车辆的支撑平面上，稳定性很好，如图 4-30 所示。

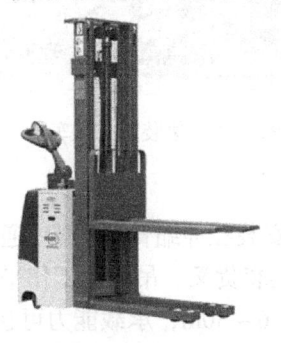

图 4-29 插腿式叉车　　　　　　　　图 4-30 前移式叉车

前移式叉车又可分为门架前移式叉车和叉架前移式叉车两种。门架前移式叉车的货叉和门架一起移动，叉车驶近货垛时，门架可能前伸的距离要受外界空间对门架高度的限制，因此，其只能对货垛的前排货物进行作业。叉架前移式叉车的门架则不动，货叉借助伸缩机构单独前伸。如果地面上具有一定的空间允许插腿插入，叉架前移式叉车能够超越前排货架对后一排货物进行作业。

前移式叉车一般由蓄电池提供动力，起重量在 3t 以下。其优点是车身小、重量轻、转弯半径小、机动性好，适合通道较窄的室内仓库作业。

4. 侧面式叉车

侧面式叉车的门架和货叉位于车体中部的侧面，货叉的伸出方向垂直于车体的纵向轴线方向，而且车体同侧还设有一个载货平台，如图 4-31 所示。货叉不仅可上下升降，还可前后伸缩。叉货作业时，门架前移将货叉向外伸出，叉取货物后，货叉起升，门架后退到原位，然后货叉下降，将货物置于叉车侧面的载货平台上，叉车即可承载着货物行驶。其货物沿叉车纵向放置，可降低长大货物对道路宽度的要求，同时，货物重心位于车轮支承平面上，使叉车的行驶稳定性较好，运行速度较高，驾驶员视野性也比平衡重式叉车好得多。但是，由于门架和货叉只能向一侧伸出，当需要在载货平台对侧卸货时，叉车必须掉头以后才能卸货，这是该类叉车的不足之处。侧面式叉车主要适用于搬运长大件货物，特别是搬运长大件货物通过仓库大门和较狭窄的作业通道。

由于侧面式叉车的作业对象多是长大笨重货物，且这类货物一般情况下都在露天货场堆放，因此要求这种叉车具备较强的动力性和承载能力。因此，此类叉车多以柴油机为动力装置，起重量一般在 2.5t 以上。

5．集装箱式叉车

集装箱式叉车是指装有集装箱吊具，专门用于吊运集装箱的叉车。它是集装箱码头和堆场上常用的一种集装箱专用装卸机械，主要用作堆垛空集装箱等辅助性作业，也可在集装箱吞吐量不大的综合性码头和堆场进行装卸与短距离搬运，如图 4-32 所示。

图 4-31　侧面式叉车　　　　　　　图 4-32　集装箱式叉车

6．伸缩臂式叉车

伸缩臂式叉车是一种带伸缩臂的多用途叉车，叉具安装在伸缩臂的顶端，通过伸缩臂的仰俯运动来实现货物的升降运动，如图 4-33 所示。通过换装货叉、吊具、工作平台、铲斗等多种工作属具，可以实现一机多用。这种叉车起升高度为 6~30m，承载能力可达 20t，而且具有良好的越野行驶性能，适合在钢材木材货场、建筑工地、林场、矿区等场所进行多用途物料装卸搬运。

7．低位拣选叉车

拣选是按订单或出库单的要求，从存储场所拣选出物品，并放置在指定地点的作业。拣选作业是物流配送中心最繁忙的业务之一。拣选叉车就是用于配送中心进行货物拣选作业的叉车，主要工作是对非整盘货物（单件或少量货物）进行人工拣取或存放。

低位拣选叉车进行操作时，操作者可站立在上下车便利的平台上，如图 4-34 所示。低位拣选叉车适用于车间内各个工序间加工部件的运输，以及配送中心不同货位间的拣选，减轻操作者搬运、拣选作业的强度。一般低位拣选叉车的乘立平台离地高度为 200mm 左右，支撑脚轮直径较小，仅适用于在车间平坦路面上行驶。按承载平台（货叉）的起升高度，低位拣选叉车可分为微起升和低起升两种，使用者可根据拣选物料的需要选择。

图 4-33　伸缩臂式叉车　　　　　　　　图 4-34　低位拣选叉车

8. 高位拣选叉车

高位拣选叉车的主要作用是高位拣货，这类叉车主要在物流中心或配送中心的高架仓库内完成货物的存取作业。其特点是货叉可以向前、向左、向右 3 个方向旋转，通常在高层货架区的窄通道内进行货物的存取作业。起升高度一般为 4~6m，最高可达 13m，大大提高了仓库的空间利用率。为了保证安全，操作台起升时，只能微动运行。这类叉车所需的作业空间小，使得仓库的空间能够高效利用，大大提高了存储面积的利用率，如图 4-35 所示。

9. 托盘式叉车

托盘式叉车又称托盘搬运车，是专门用来搬运托盘单元货件的叉车（见图 4-36），广泛应用于各种配送中心、仓库等物流场所。托盘搬运叉车的类型非常多，一般按照其驱动形式的不同可分为电动式和人力推动式两大类。托盘式叉车货叉一般与行走滚轮是一体的，滚轮支腿可以在液压作用下起升和降落来改变货叉的高度，以便货叉插入托盘和拖带托盘行走。工作时，货叉插入托盘的叉孔内，通过电动或手动手柄上下摇动，液压装置即可使货叉升高，使托盘随之离地，然后由电力驱动或人力推动使之行走；待托盘运到目的地后，踩动踏板，货叉落下，即可放下托盘货物。

图 4-35　高位拣选叉车　　　　　　　　图 4-36　托盘式叉车

电动式托盘式叉车通过蓄电池提供电力驱动，操作人员可以站立在机上操作，叉取货物和拖带托盘运行，其运行速度较快，操作比较灵活方便，是一般仓库货物出入库搬运作业的主要设备。手动托盘式叉车是利用人力推拉运行的简易轻巧型搬运设备，是物料搬运中不可缺少的辅助工具，在各种物流作业场所都得到了广泛应用。一般手动托盘式叉车的额定起重量可达 1~3t，货叉最大起升高度为 120mm，货叉最低离地高度为 100mm。

4.4.3　叉车属具

叉车属具是一种安装在叉车上以满足各种物料搬运和装卸作业特殊要求的辅助机构，它使叉车成为具有叉、夹、升、旋转、侧移、推拉、倾翻等多用途和高效能的物料搬运工具。由于货物形状和尺寸的差异，需要配备多种叉车属具以提高叉车的通用性。叉车属具可以扩大叉车的使用范围，保证作业安全，减少工人的劳动强度，提高叉车的作业效率。常用的叉车属具有货叉、吊架、侧夹器、推货器和集装箱吊具等。

1. 叉车属具的分类

（1）按照操作方式的不同分类

按操作方式的不同，叉车属具的分类如图 4-37 所示。

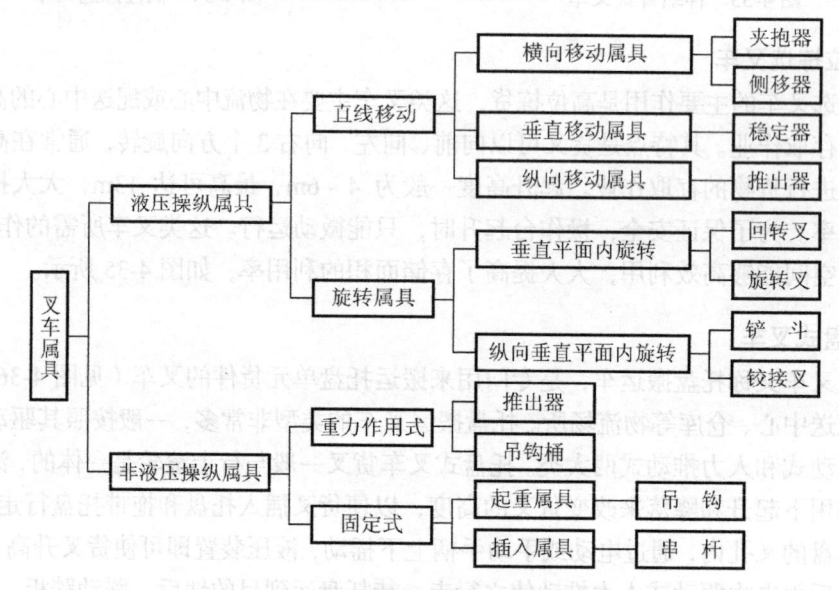

图 4-37 叉车属具按照操作方式不同分类

（2）按照工作部分形状的不同分类

按工作部分形状的不同，叉车属具的分类如图 4-38 所示。

2. 常用的叉车属具

（1）货叉

货叉是叉车最常用的属具，是叉车重要的承载构件，如图 4-39（a）所示。它呈 L 形，水平段用来叉取并承载货物。水平段的上表面平直、光滑，下表面前端略有斜度，叉尖较薄较窄，两侧带有圆弧。货叉水平段的长度一般是载荷中心距的两倍左右。如果需要搬运体积大、质量轻的大件货物，需换用加长货叉或在货叉上套装加长套。货叉的垂直段与滑架连接。根据连接方式的不同，货叉有挂钩型和铰接型两种。中、小型叉车一般采用挂钩型货叉，大型叉车一般采用铰接型货叉。

（2）侧移叉

侧移叉是一种横向移动属具，其结构和在车上的工作状况如图 4-39（b）所示。带侧移叉的叉车与标准叉叉车相比，其结构中主要增加了侧移叉架导轨与油缸。工作时，驾驶员操纵侧移叉阀杆的控制手柄，使油缸产生收缩运动，带动装有货叉的侧移叉左右移动，以使货叉对准或叉取侧面紧靠障碍物的货物。侧移叉取货物时，能使货叉处于最有利的位置，按照指定地点正确卸放，以减少叉车的倒车次数，提高叉车的作业效率。侧移叉的侧向行程一般为 250mm 左右。

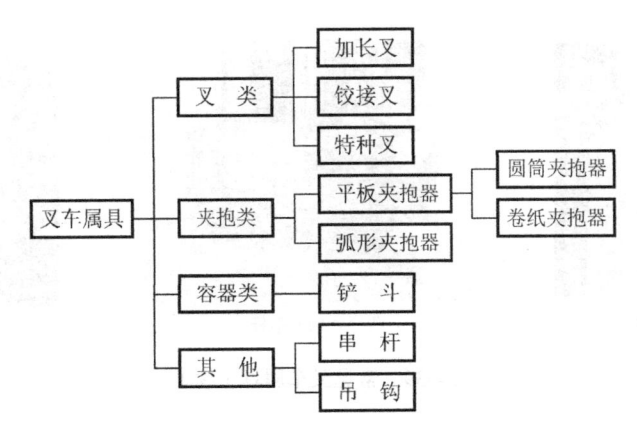

图 4-38　叉车属具按工作部分形状不同分类

（3）夹抱器

夹抱器是一种以夹持、夹抱方式搬运货物的属具，搬运装卸比重较小，外形规则（圆柱体、立方体、长方体），不怕挤压的货物常使用这种属具，如图 4-39（c）所示。夹抱器形式很多，平板夹抱器主要用于纸箱、塑料箱等方形货物的搬运，特别是对于成组箱形货物的夹抱搬运，可以大幅度提高作业速度和效率；弧形夹抱器主要用于筒形或成卷货物的夹抱搬运；木材夹抱器主要用于木材、大型管件等的搬运作业。

（4）悬臂吊

叉车上使用的臂吊的结构形式很多，常见的为单臂式，吊钩可根据需要在臂上移动，从而调节卸载距离，主要用于集装袋、集装网等特殊包装货物的吊装和搬运作业，如图 4-39（d）所示。但是为了保证叉车的纵向稳定性，使用时必须根据制造厂提供的载荷特性曲线，使吊运货重不超过吊钩所在位置的额定起重量。

（5）串杆

串杆是专门用于各类带有中心孔的货物搬运的属具，常用于钢板卷、钢丝卷、纸卷、电线卷等卷装和环状货件的装卸搬运作业，可以根据货物大小和重量的不同选择不同长度及直径的串杆，如图 4-39（e）所示。

（6）推拉器

推拉器是专门配合滑板托盘搬运叉车使用的一种专用属具，它通过下方的钳夹装置夹持滑板托盘的翼边，通过伸缩机构的推拉运动可以将滑板托盘货件整体拉上货叉和推出卸下，如图 4-39（f）所示。

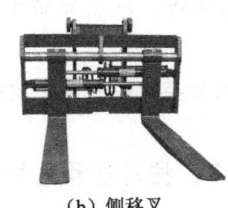

(a) 普通货叉　　　　　　　　(b) 侧移叉　　　　　　　　(b) 夹抱器

图 4-39　常见叉车属具

(d) 悬臂吊 　　　　　　　　(e) 串杆 　　　　　　　　(f) 推拉器

图 4-39　常见叉车属具（续）

关键术语

装卸搬运设备　　　　　　　　　　　　起重机械设备
输送机械设备　　　　　　　　　　　　叉车

本章小结

装卸搬运是在同一区域范围内，以改变物资的存放状态和空间位置为主要内容和目的的活动，将物流活动的各个阶段连接起来，成为连续的流动过程。起重机械设备是一种以间歇、循环的作业方式对货物进行起升、下降和水平移动的装卸设备。起重机械设备是实现物流作业机械化和自动化、改善物料搬运条件、减轻劳动强度、提高生产率必不可少的重要机械设备，在港口、仓库、车站、工厂、建筑工地等领域和部门得到了广泛的运用。输送机械设备是以连续方式沿着一定的线路均匀输送货物的机械。由于输送机械设备能在一个区间内连续搬运大量货物、搬运成本低廉、搬运时间比较准确，在自动化立体仓库、物流配送中心、大型货场等场所得到广泛应用。叉车是物流领域装卸搬运设备中应用最广泛的一种设备，叉车除使用货叉外，通过配备其他取物装置，能对散装货物和多种规格、品种货物进行装卸作业。先进装卸搬运设备的广泛应用，必然促使我国的物流行业进一步蓬勃发展。

复习思考题

1. 填空题

（1）装卸搬运指在同一区域范围内，以改变物资的＿＿＿＿＿＿＿和＿＿＿＿＿＿＿为主要内容和目的的活动。

（2）按主要用途或结构特征不同分类，装卸搬运设备可分为＿＿＿＿＿＿＿、＿＿＿＿＿＿＿、＿＿＿＿＿＿＿、＿＿＿＿＿＿＿。

（3）起重机械设备的种类较多，按功能和结构特点不同可分为＿＿＿＿＿＿＿、＿＿＿＿＿＿＿、＿＿＿＿＿＿＿、＿＿＿＿＿＿＿。

（4）起重机械设备的基本工作参数包括＿＿＿＿＿＿＿、＿＿＿＿＿＿＿、＿＿＿＿＿＿＿、＿＿＿＿＿＿＿等。

（5）带式输送机的结构特征和工作原理：＿＿＿＿＿＿＿＿＿＿＿＿＿＿＿＿＿＿＿＿。

（6）叉车按动力装置不同，可分为＿＿＿＿和＿＿＿＿；按照结构和用途不同，可分为＿＿＿＿、＿＿＿＿、＿＿＿＿、＿＿＿＿、＿＿＿＿、＿＿＿＿、＿＿＿＿、＿＿＿＿。

2. 简答题

（1）什么是装卸搬运？装卸搬运主要有哪些方法？

（2）简述起重机械设备的类型、特点及应用场合。

（3）如何选用门式、桥式起重机？其主要的性能参数有哪些？

（4）汽车起重机和轮胎起重机的主要区别是什么？

（5）如何对输送机械设备分类，每种输送机的应用场合及特点是什么？

（6）普通带式输送机的总体结构由哪几部分组成？各组成部分的基本作用是什么？

（7）叉车由哪几部分组成，各部分的作用是什么？

（8）收集一个具体案例，分析各类输送机械设备在物流系统中的具体作用。

第 5 章

集装单元化设备

本章学习目标

- 理解集装单元化的概念和集装单元化设备的类型；
- 熟悉集装箱的基本特征、分类标准及相应的作业设备；
- 掌握托盘的分类和基本的使用方法；
- 了解集装箱吊具、装卸搬运工艺，以及集装箱自动识别系统和智能检查系统。

案例导入

2020年2月28日，日本智能物流展在东京召开。东京物流展的展会期间，从叉车到仓储系统、货盘、输送机、台车、脚轮、集装箱，以及第三方物流合理化管理、软件等众多的新产品和服务汇聚一堂。从上述透露出的消息可以看出，在亚洲各国呈现出与外国企业开展业务合作及开拓邻国市场的显著势头，亚洲地区正在形成统一的市场。近年来，国内外各大物流品牌企业为了抢占物流市场先机，纷纷组建研发团队，投入巨资开展科研攻关，意欲研发出低碳环保、集成度高、运载能力与自重比值高并能满足物流场景需要等使用条件的物流载具。物流载具的使用会影响到包装业、制造业、运输业、建筑业等许多产业的相关标准，从而对国民经济的发展产生广泛而又深远的影响。

思考题：为什么各国政府都愿意抢占如托盘等物流载具的市场空间？

案例解读

托盘等物流载具与产品生产线、产品包装、叉车、货架、公铁路运输车辆、轮船、集装箱和仓库等都有严格的尺寸匹配要求，因此会波及许多相关产业的标准，从而对国民经济的发展产生广泛而又深远的影响。从贸易的角度来看，每一个国家利益集团都希望其他国家采用本国的物流载具标准，以便本国的货物能够充分利用他国的物流设备和设施，以较低的物流成本顺利进入他国市场。

5.1 集装单元化概述

在物流系统中，运输、仓储、包装、装卸、配送等物流环节是相互影响、相互联系的，各个环节的单元化物流都很关键。集装单元化是把一定的物料整齐地集结成一个便于存储、搬运和运输的单元，以集装单元为基础而组织的装卸、搬运、存储和运输等物流活动一体化运作的方式，是物流现代化的基础建设内容。

5.1.1 集装单元化的概念

最早的集装箱出现于 20 世纪 30 年代。集装箱运输起步之初，集装箱的结构和规格是不同的，这影响了全球集装箱的流通。推动集装箱运输的发展，迫切需要国际通用标准容器。集装箱标准化不仅可以提高集装箱在海、陆、空联运单位的通用性和互换性，还可以提高集装箱运输的安全性和经济性，促进国际多式联运的发展。同时，集装箱标准化也为集装箱运输方式和运输机械的选择、设计及制造提供了依据，使集装箱运输成为一个完整、专业、高效的运输体系。

集装单元化就是应用不同的方法和器具，把有包装或无包装的物品整齐地汇集成一个扩大了的、便于装卸搬运的作业单元，并使作业单元在整个物流过程中保持一定形状。集装单元化技术是以集装单元为基础组织的装卸、搬运、存储和运输等物流活动中采用的各种技术的总和，简称集装技术。集装单元化设备是指用集装单元化的形式进行存储、运输作业的物流设备。集装单元化系统是由货物单元、集装器具、装卸搬运设备和输送设备等组成的为高效、快速地进行物流功能运作的系统。集装单元化的实质就是形成集装单元化系统。

集装单元化系统的基本要素包括设备要素、管理要素和集装系统的社会环境支撑要素。集装单元化设备在诸要素中是最基本的组成部分，包括集装箱、托盘、集装袋、框架集装和无托盘集装等。

5.1.2 集装单元化设备的类型

1. 集装箱

集装箱是目前集装单元化发展的最高阶段，随着经济的发展，国家或地区对集装箱运输的依赖性越来越大。典型的集装箱如图 5-1 所示。集装箱运输涉及面广、环节多、影响大，在国际物流中，集装箱联运是国际物流运输的主要方式之一。

2. 托盘类

托盘最初是在装卸领域出现并发展起来的，从 19 世纪下半叶在欧美地区推行开始，在应用过程中又发展出了存储和运输这两个重要功能。托盘的出现促进了集装箱及其他集装方式的形成和发展。它可以与叉车同步使用，形成高效的装卸系统，提高装卸机械化水平，包括从平托盘发展到柱式托盘、箱式托盘、轮式托盘和专用托盘。

托盘运输是将一定数量组合的货物码放在托盘上，连盘带货一起装入运输工具运送物品的运输方式。典型的托盘如图 5-2 所示。

图 5-1　典型的集装箱

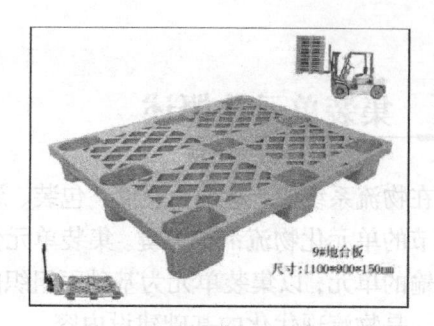

图 5-2　典型的托盘

3. 捆扎型集装单元

捆扎型集装单元是指用绳索、钢丝或打包带等把小件货物扎成一捆或一叠形成的简单集装单元，如成捆的型钢、木材、成扎的铝锭等。捆扎型集装单元化方式在冶金、木材加工等行业应用广泛。

4. 其他集装单元容器

其他集装单元容器包括集装袋、集装网和罐式集装箱等，主要适用于散装货物、石油等物料的运输。其中集装袋又称柔性集装单元器具，配以起重机或叉车就可以实现集装单元化运输。它适用于装运大宗的散装粉粒状物料，如图 5-3 所示。

图 5-3　典型的集装袋

5.1.3　集装单元化的优点

集装单元化的主要特点是集小为大，而这种集小为大是按照标准化、通用化的要求而进行的，这就使得中、小件散杂货以一定规模进入市场、进入流通领域，形成规模优势。集装的效果实际上是这种规模优势的效果。货物集装单元化之所以发展迅速，是因为它在物流过程中具有突出的优点，如下所述。

1. 保证货物运输安全

集装箱运输减少了货物的换装次数，从而减少了传统运输方式中由于多次装卸、搬运而导致的人为和自然因素造成的货损货差、货物丢失等货运事故，减少经济损失，保证运输过程中货物完好。

2. 节省货物包装材料

使用集装箱运输，可以简化或省去运输包装，节省包装材料和费用，降低商品的包装成本。

3. 提高装卸搬运作业的效率

由于集装单元化便于实现装卸搬运、运输作业的机械化、自动化，因此会大大提高装卸搬运作业的效率，加速货物周转和送达速度，减轻工人劳动强度，提高工作效率。由于集装箱在中间不需要进行换装作业，还可以缩短货物在港（站）时间，加快货物周转速度。

4. 减少运营费用，降低运输成本

货损、货差大为减少，货物保险费也随之下降；开展"门到门"运输业务后，可大量节省仓库的建造费用和仓库作业费用等。

5. 便于自动化管理

集装箱是一种规格化货物运输单元，将整个作业过程统筹规划，作为一个整体综合考虑，可以做到全过程的自动化管理，提高自动化水平。

5.2 集装箱

5.2.1 集装箱的概念、特点及基本功能

1. 集装箱的概念

集装箱（Container）是指能装载包装或非包装货物进行运输，便于用机械设备进行装卸搬运的一种成组工具的总称；是指有一定容积，适合在不同的运输方式中转运，具有一定强度、刚度，能反复使用的箱子。

2. 集装箱的特点

集装箱是一种运输设备，应具备以下基本条件。
① 具有足够的强度。
② 适用于一种或多种运输方式运送，中途中转时，箱内货物无须换装。
③ 具有快速装卸和搬运的装置，便于从一种运输方式转换为另一种运输方式。
④ 便于货物的装满和卸空。
⑤ 具有 $1m^3$ 及 $1m^3$ 以上的容积。

使用集装箱转运货物可直接在发货人仓库发货，中途更换车辆或船舶运输时，无须将货物从集装箱中取出。装满货物的集装箱既可以用专用集装箱起重机将整个集装箱从一辆车上吊到另一辆车上，也可以先吊到港口转船再吊到港口边缘，由于规格统一，中转非常方便。

3. 集装箱的基本功能

集装箱可以重复使用，用集装箱把多种多样的件杂货集装成规格化的重件，可以大大提高装卸效率、加快车辆和船舶的装卸速度、减少货物的损耗和差异、简化包装和准备过程、消除繁重的人力劳动，从而大大降低货物的包装、运输和装卸成本。因此，集装箱运输近年来发展迅速。而从国内外港口发展的角度看，集装箱已经取代大宗散货，成为港口现代化和国际化的重要标志。

5.2.2 集装箱的种类

1. 按集装箱所装货物分类

（1）通用干货集装箱

通用干货集装箱又称杂货集装箱，箱体设有箱门，箱门锁闭后呈密封状态，用以装载除液体货物、需要调节温度的货物及特种货物外的一般件杂货。这种集装箱的使用范围极广，使用时应注意箱子内部容积和最大负荷，对装入这种集装箱的货物要求有适当的包装，以便充分利用集装箱的箱容，如图 5-4 所示。

（2）保温集装箱

保温集装箱是为了运输需要冷藏或保温的货物，由导热率低的材料制成的集装箱体，如

图 5-5 所示。保温集装箱可分为冷藏集装箱、隔热集装箱和通风集装箱等几类。

图 5-4　通用干货集装箱

图 5-5　保温集装箱

（3）罐式集装箱

这种容器用于运输液体货物，如酒精、石油、液体食品、化学品等，主要由液体罐和框架组成，如图 5-6 所示。罐式集装箱的操作、装卸和存储需要特殊的空间，可用于公路、铁路和内河运输。

（4）台架式集装箱

台架式集装箱是一种无顶、无侧壁的集装箱，甚至无前壁，只有底板和四角，如图 5-7 所示。这种集装箱可以从前、后、左、右和顶部装卸，适用于装载大型和重型货物，如重型机械、钢材、钢管、木材、钢锭等。

图 5-6　罐式集装箱

图 5-7　台架式集装箱

（5）敞顶集装箱

敞顶集装箱如图 5-8 所示。这是一种没有刚性顶部的容器，但有由帆布、塑料或涂层布制成的盖子，或者可折叠或由可折梁顶支撑的帆布，其他构件与通用干货集装箱类似。这种集装箱适合装载大型货物和重型货物，如钢材、木材、玻璃板等。用起重机将货物从上方吊入箱体时，不易损坏和附着箱体。

（6）散货集装箱

运输散装货物的封闭式集装箱，如装载大豆、大米、麦芽、面粉、饲料，以及水泥、化学制品等各种散装的粉粒状货物。使用这种集装箱，可以节约包装费用，提高装卸效率。

除了上述各种集装箱，还有一些特种专用集装箱。例如，可通风并带有喂料和除粪装置、以铁丝网为侧壁、用于运输活牲畜的动物集装箱，如图 5-9 所示；专用于运输汽车，并可分为两层装货的汽车集装箱，如图 5-10 所示；备有两层底，供存储渗漏液体、专运生皮等有带汁、渗漏性质的兽皮集装箱及

图 5-8　敞顶集装箱

专供挂运成衣的挂衣集装箱等；以运输超重、超长货物为目的，并且在超过一个集装箱能装货物的最大重量和尺寸时，可以把两个集装箱连接起来使用，甚至可加倍装载一个集装箱所能装载的重量或长度的平台集装箱；有可折叠板架的折叠式集装箱，如图5-11所示。

图5-9 动物集装箱　　　　图5-10 汽车集装箱　　　　图5-11 折叠式集装箱

2. 按制造材料分类

（1）钢集装箱

外板和结构件由钢板组成。钢板的优点是强度高、结构坚固、可焊性高、水密性好、价格低廉；缺点是重量重、耐腐蚀性较差。钢集装箱目前使用得最多，通用大型集装箱大部分是钢制的。

（2）铝集装箱

这是由铝合金型材和板材构成的集装箱，其特点是重量轻、箱体尺寸不大，但造价高。其在航空集装箱领域中使用较多。

（3）玻璃钢集装箱

这是一种由玻璃纤维和合成树脂组合而成的薄增强塑料容器，并用黏合剂在胶合板表面上形成玻璃钢板。玻璃钢集装箱的隔热、防腐蚀、耐化学腐蚀性能好，能防止箱内结露、产品受潮损坏。

（4）不锈钢集装箱

不锈钢是一种新的集装箱材料，具有强度大、不生锈、外表美观、使用率高、耐蚀性能好的优点，目前一般用于罐式集装箱。

3. 按运输方式分类

（1）联运集装箱

联运集装箱是能满足物流系统多种运输形式和在转运节点进行快速转运的要求，无须对箱内装运物重组的集装箱。一般而言，这种集装箱需要满足国际联运的要求，符合国际标准（ISO标准），尤其是国际海上运输大型集装箱，有20ft（6.096m）及40ft（12.192m）两种标准箱。

（2）海运集装箱

国际集装箱运输以海运为联运的核心，因此，海运集装箱和国际联运集装箱是相同的。

（3）铁路集装箱

铁路集装箱是为适应货车运输要求和小范围铁水、铁陆联运而具有一定专用性的集装箱。一般的铁路集装箱尺寸及吨位均小于国际联运集装箱，我国铁路集装箱主要有 5t、10t 两种，也有 1t 的集装箱。

（4）空运集装箱

空运集装箱是适用于航空货运及航空行李托运的集装箱。即使同一架飞机采用的集装箱，在机腹的不同位置，集装箱的形状尺寸也不同。一架飞机需要若干配套的集装箱，才能保证飞机的有效装运。

5.2.3 集装箱的参数和标志

集装箱的参数和标志不仅与集装箱本身有关，也与各种运输设备、装卸机具，以及车站、码头、仓库的设施有关。为了充分发挥集装单元化的作用，有效开展多式联运和国际贸易，必须大力推行集装箱标准化。集装箱的标准按照使用范围分为 4 种：国际标准、国家标准、地区标准和公司标准。

（1）国际标准集装箱

国际标准集装箱是指根据国际标准化组织集装箱技术委员会制定的标准来制造的国际通用的标准集装箱。目前，国际标准集装箱共分 3 个标准规格系列。其中，第 I 系列共 13 种（1A~1D，1AA~1CC，1AAA~1BBB，1AX，1BX，1CX，1DX），第 II 系列共 3 种（2A~2C），第 III 系列共 3 种（3A~3C）。常用国际集装箱标准规格如表 5-1 所示。

表 5-1 常用国际集装箱标准规格

型号	外部尺寸/mm			额定重量/kg	最小内部尺寸/mm			最小内部容积/m³
	高	宽	长		高	宽	长	
1A	2438	2438	12 192	30 480	2195	2300	11 997	60.5
1AA	2591	2438	12 192	30 480	2350	2300	11 998	65.7
1B	2438	2438	9125	25 400	2195	2300	8930	45.0
1BB	2591	2438	9125	25 400	2350	2300	8930	48.3
1C	2438	2438	6058	20 320	2195	2300	5867	29.6
1CC	2591	2438	6058	20 320	2350	2300	5867	31.7
1D	2438	2438	2991	10 160	2195	2300	2802	14.1

（2）国家标准集装箱

各国政府参照国际标准并考虑本国的具体情况来制定本国的集装箱标准。我国于 1978 年制定了货物集装箱的国家标准。在我国的国家标准中，集装箱重量系列包括 5t、10t、20t 和 30t 4 种，相应的型号为 5D、10D、ICC、IAA。国家标准中规定 5D 和 10D 集装箱主要用于国内运输，ICC 和 IAA 集装箱主要用于国际运输。我国主要用于铁路、公路和水路运输的集装箱标准规格如表 5-2 所示。

表 5-2 中国集装箱标准规格

型号	外部尺寸/mm			额定重量/kg	最小内部尺寸/mm			最小内部容积/m³
	高	宽	长		高	宽	长	
1A	2591	2438	12 192	30 480	2350	2300	11 998	65.7
1CC	2591	2438	6058	20 320	2350	2300	5867	32.1
10D	2438	2438	4012	10 000	2197	2300	3823	19.6
5D	2438	2438	1968	2197	2197	2300	1780	9.1

（3）地区标准集装箱

此类集装箱标准是由地区组织根据该地区的特殊情况制定的，仅适用于特定地区，如根据欧洲国际铁路联盟制定的集装箱标准而建造的集装箱。

（4）公司标准集装箱

某些大型集装箱船公司根据本公司的具体情况和条件来制定的集装箱标准，这类集装箱主要在该公司运输范围内使用，如美国海陆公司的35ft（10.668m）集装箱。

此外，目前世界上还有不少非标准集装箱。比如，美国海陆公司的45ft及48ft集装箱。非标准高度集装箱主要有9ft和9.5ft集装箱，非标准宽度集装箱有8.2ft集装箱等。

集装箱的规格较多，为便于统计和计算，国际上以20ft的集装箱作为计算单位（TEU），例如，一个40ft的集装箱为2 TEU，因此，20ft的集装箱称为标准箱。在国际运输中，集装箱的载运量，以及码头、堆场的通过能力和装卸搬运设备的生产效率等都是以标准箱来计算的。

5.3 托盘

5.3.1 托盘的概念、特点及主要功能

1. 托盘的概念

国家标准《物流术语》（GB/T 18354—2021）对托盘的定义如下：托盘是指在运输、搬运和存储过程中，将物品规整为货物单元时，作为承载面并包括承载面上辅助结构件的装置。托盘是物流领域为适应装卸过程而开发的重要集装工具，叉车与托盘的共同使用形成有效装卸系统，促进装卸工艺的发展，有效地促进了整个物流过程水平的提高。

2. 托盘的特点

托盘和集装箱在许多方面是互补的，往往难以利用集装箱的地区可利用托盘，而托盘难以完成的工作可由集装箱完成。托盘的主要特点如下。

① 自重轻，因而用于装卸、运输托盘本身所消耗的劳动力较小，无效运输及装卸相比较集装箱要少。

② 返空容易，返空时占用运力很少。由于托盘造价不高，又很容易互相代用、互以对方托盘抵补，所以既无须像集装箱那样必有固定归属者，也无须像集装箱那样返空。即使返空，托盘也比集装箱容易运输。

③ 装盘容易，不需要像集装箱那样深入箱体内部，装盘后可采用捆扎、紧包等技术处理，使用时简便。

④ 装载量虽然较集装箱小，但也能集中一定数量，比一般包装的组合量大得多。

托盘的主要缺点：保护性比集装箱差，露天存放困难，需要有仓库等配套设施。

3. 托盘的主要功能

（1）提高货物包装效率

在货物包装方面，促进了包装规格化和模块化，甚至对装卸以外的一般生产活动方式也都会有显著的影响。随着生产设备越来越精密、自动化程度越来越高、生产的计划性越来越强，

以及管理方式越来越先进，工序间的搬运和向生产线供给材料及半成品的工作就越发显得重要了。

（2）便于移动货物

仓储托盘是使静态货物转变为动态货物的媒介物、载货平台，而且是活动的平台，或者说是可移动的地面。

（3）可以实现货物的快速搬运

仓储托盘作业是迅速提高搬运效率和使材料流动过程有序化的有效手段，在降低生产成本和提高生产效率方面有巨大的作用。

（4）便于装卸管理

仓储托盘作业显著提高了装卸效果，它的实行使仓库建筑的形式、船舶的构造、铁路和其他运输方式的装卸设施及管理组织都发生了变化。

5.3.2 托盘的分类及应用

1. 托盘的分类

托盘的种类繁多，结构各异，按照不同的分类标准可以将托盘分为以下几种形式。

1) 平托盘

平托盘是托盘中使用量最大的一种通用型托盘。一般所说的托盘，主要指平托盘。平托盘指的是在承重面和支撑面之间夹以纵梁，构成可集装物料，可使用叉车或搬运车等进行作业的托盘。

平托盘又可按照不同的分类方式分类。

（1）按台面分类

按台面分类，平托盘可以分为单面型、单面使用型、双面使用型、单面四向型、单面使用四项型、双面使用四向型、单面单翼型、单面使用单翼型、双面使用双翼型，如图 5-12 所示。

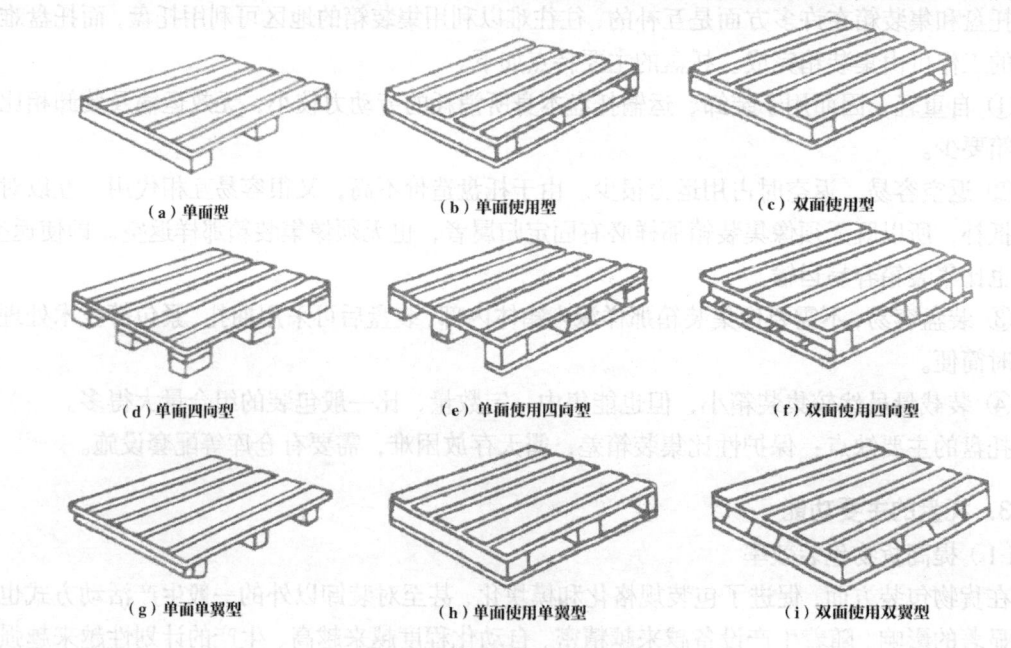

图 5-12　各种平托盘的形状构造

（2）按叉车插入方式分类

按叉车插入方式分类，平托盘可以分为单向插入型、双向插入型、四向插入型 3 种。使用四向插入型托盘，叉车可从 4 个方向进叉，因而叉车操作较为灵活。单向插入型只能从一个方向插入，因而在叉车操作时较为困难。

（3）按制造材料分类

① 木托盘：木托盘制造方便，便于维修，自重也较轻，是使用广泛的平托盘，如图 5-13 所示。

② 钢托盘：钢托盘是用角钢等异型钢材焊接制成的平托盘，和木质托盘一样，也有插入型和单面使用型、双面使用型等各种形式。钢托盘强度高，结构牢靠，不易损坏和变形，维修工作量较小。

③ 塑料平托盘：塑料平托盘质轻、平稳、美观、整体性好、无钉、无刺、无味、无毒、耐酸、耐碱、耐腐蚀、易冲洗消毒、不腐烂、不助燃、无静电火花、可回收，使用寿命是木质托盘的 5~7 倍，是存储食品、水产品、医药、化学品等物品的必备器材，如图 5-14 所示。

图 5-13 木托盘　　　　　　　　　　图 5-14 塑料平托盘

④ 胶合板平托盘：胶合板平托盘是用胶合板台面钉成的平板型托盘，质轻，但承重力及耐久性较差。

⑤ 纸质平托盘：纸质平托盘具有无虫害、环保、价格低廉，以及承重能力强等优点，目前正成为人们关注的焦点。常见的纸质平托盘有牛皮纸托盘、蜂窝纸托盘、瓦楞纸托盘、滑托盘（高质牛皮纸）。

2）柱式托盘

柱式托盘是在平托盘的基础上发展起来的，其特点是在不挤压货物的情况下可进行码垛（一般为 4 层），多用于包装物料、棒料管材等的集装，如图 5-15 所示。

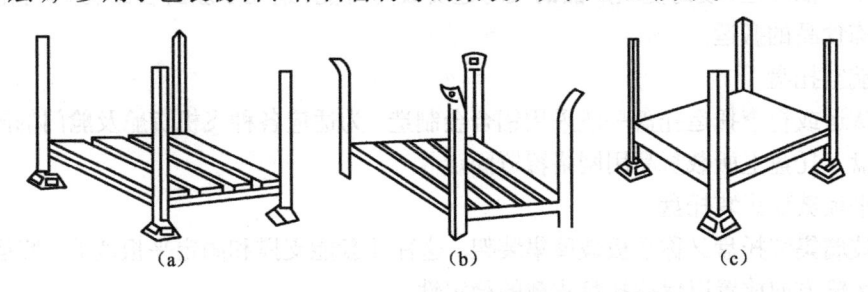

(a)　　　　　　　　　　(b)　　　　　　　　　　(c)

图 5-15 各种柱式托盘

柱式托盘还可作为可移动的货架、货位；不用时可叠套存放，节约空间。近年来，柱式托盘在国内外推广迅速。柱式托盘的主要作用如下：利用立柱支撑重量物，往高处叠放，而不担心压坏下部托盘上的货物;防止托盘上放置的货物在运输和装卸过程中发生塌垛现象。

3)箱式托盘

箱式托盘也是在平托盘的基础上发展起来的,多用于散件或散状物料的集装,金属箱式托盘还可以用于热加工车间集装热料。

箱式托盘是沿托盘4个边装有板式、栅式、网式等栏板和下部平面组成的箱体,如图5-16所示。有些箱体有顶板,有些没有顶板。箱板有固定式、折叠式和可卸式3种。箱式托盘的防护能力强,可有效防止塌垛,防止货损;装运范围较大,能装运各种异型不能稳定堆码的物品。箱式托盘的主要特点如下:防护能力强,可以有效防止塌垛,防止货损;由于四周有护板、护栏,装运范围较大,不仅能装运可码垛的外形整齐的物品,也能装运各种异形的不能稳定堆码的物品。

4)轮式托盘

轮式托盘的基本结构是在柱式、箱式托盘下部装有小型轮子,如图5-17所示。这种托盘不但具有一般柱式、箱式托盘的优点,而且可利用轮子做短距离移动,不需要搬运机械即可实现搬运,并可利用轮子做滚上滚下的装卸,有利于装卸车/船后移位,因此轮式托盘有很强的搬运性。此外,轮式托盘在生产物流系统中,还可以兼做作业车辆。

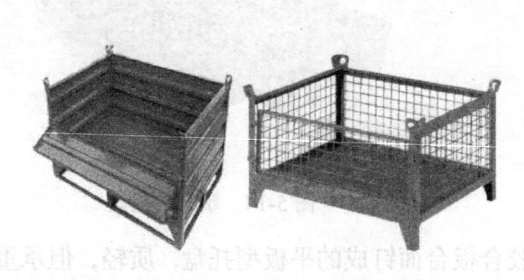

图 5-16 箱式托盘　　　　　图 5-17 轮式托盘

5)特种托盘

这是根据产品特殊要求专门设计制造的托盘。各国采用的专用托盘不计其数,都在某些特殊领域发挥着重要作用,其中比较典型的有以下几种。

(1)冷冻托盘

冷冻托盘实质上是一种将特种产品所需环境及使用要求结合在一起的技术装置。它消除了对冷冻卡车的依赖性,使易变质产品的及时送货成为可能,适用于新鲜食品、鲜花、化工产品、医疗及冷冻食品的搬运。

(2)航空托盘

航空货运或行李托运托盘一般采用铝合金制造,为适应各种飞机货舱及舱门的限制,一般制成平托盘,托盘上所载货品用网络覆罩固定。

(3)平板玻璃集装托盘

平板玻璃集装托盘又称平板玻璃集装架。这种托盘能支撑和固定平板玻璃。装运时,平板玻璃顺着运输方向放置以保持托盘货载的稳定性。

(4)油桶专用托盘

这是专门装运标准油桶的异型平托盘,托盘为双面形,两个面皆有稳固油桶的波形表面或侧挡板,油桶卧放于托盘上面。由于波形槽或挡板的作用,油桶不会发生滚动位移,还可进行叠垛。

（5）轮胎专用托盘

轮胎储运的主要问题是怕压、怕挤，并且本身很轻，装放于集装箱中不能充分发挥集装箱的载重能力。采用这种托盘可以解决以上问题。

2．托盘的使用管理方式

（1）托盘联运

托盘运输也称一贯托盘运输，是指从发送方开始，托盘通过装载、卸载、搬运、运输、转移、存储和分配的物流连接，完好无损地交付给接收方。

通过托盘的使用，整个托盘产品在物流过程中可以作为一个处理项目来处理，而不是每个产品单独按此方式进行人工装卸，节省了人工成本和包装成本，避免了事故和损坏，加快了物流速度，实现了良好的效益。

托盘运输是一个社会问题，即使仅在一个行业、部门或地区也很难解决。为了解决托盘运输问题，我们需要在全社会引入统一托盘技术和托盘管理系统。实行多式联运的托盘，有固定的尺寸标准和有限的种类，并不是所有的托盘都能通向联运领域，因此托盘多式联运的推出限制了托盘在专业领域的特殊用途，而多式联运的托盘不能在其现有领域中发挥自身的优势。联运托盘采用平板托盘，便于叉车、货架和仓库的标准化。

（2）托盘专用

为了使托盘在将来的使用中有通用性，应该尽可能地选 1200mm×1000mm、200mm×800mm、1140mm×1140mm 和 1219mm×1016mm 这几种规格的托盘（国家标准常用的托盘规格），这样便于日后托盘的交换与使用。当然，各行业由于长期以来形成了自己固有的包装尺寸，会对托盘的规格尺寸有一些具体的不同要求，这是可以理解的，但从长远的角度来说，还是应该尽量选择国家标准尺寸，并考虑运输工具和运输设备的规格尺寸。合适的托盘尺寸应该刚好满足运输工具的尺寸要求，尤其要考虑集装箱和运输卡车厢体的尺寸等因素，这样可以提高运输工具空间的利用率、节省运输费用。

每个行业、每个流通区域、每个工厂、车间和仓库都有提高工作效率和遵循物流合理化的要求。因此，托盘专用也是一个广泛的托盘应用领域，不能忽视。根据特定领域的要求，在这一领域的各个环节采用专用托盘作为一以贯之的手段。

5.3.3 托盘的标准尺寸

托盘标准化是实现托盘联运的前提，也是实现物流机械和设施标准化的基础及产品包装标准化的依据。

1．国际标准化组织规定的托盘国际规格

为了达到国际联运的目的，托盘的尺寸规格应该有国际统一标准，但目前还很难做到。根据《联运通用平托盘主要尺寸及公差》的规定，托盘现在有4个系列。

① 1200系列。1200系列托盘有两种尺寸，即 1200mm×800mm 和 1200mm×1000mm。其中，1200mm×800mm 托盘也称欧洲托盘，这种托盘应用广泛，欧洲各国、加拿大、墨西哥等国多采用此种标准托盘。1200mm×1000mm 托盘多用于化学工业。

② 1100 系列。1100 系列托盘的尺寸为 1100mm×1100mm，此系列是根据发展较晚的国际集装箱的最小宽度尺寸 2330mm 确定形成的。日本、韩国、新加坡、中国台湾等国家和地区制定的标准托盘均为此系列。由于 1100 系列托盘与国际标准集装箱相匹配，因此普及率很高。

③ 1140 系列。1140 系列托盘的尺寸为 1140mm×1140mm，此系列是对 1100 系列的改进，目的是充分利用集装箱的内部空间。

④ 1219 系列。1219 系列托盘的尺寸为 1219mm×1016mm，这是美国托盘的标准。

2．我国的托盘规格

我国于 1982 年制定了联运平托盘外形尺寸系列的国家标准，将联运托盘即平托盘的平面尺寸定为 800mm×1200mm、800mm×1000mm 和 1000mm×1200mm 这 3 种，如表 5-3 所示。

表 5-3　GB/T 2934—2007 联运平托盘外形尺寸系列

代号	公称公差/mm	长度公差/mm	宽度公差/mm	插孔高度尺寸/mm	公差/mm	载重量/kg
TP1	1800×1 000	±3	±3	使用托盘搬运车 100；使用叉车或其他工具 70	±6	1000
TP2	1800×1 200					
TP3	1000×1 200					

5.4　集装箱装卸搬运设备

为了完成集装箱的装卸、搬运和堆垛作业，需要采用装卸效率高、安全可靠的集装箱装卸搬运设备。不同的物料搬运技术、设备工艺、作业场所，需要配备不同的集装箱物料搬运设备机械系统。

5.4.1　装卸搬运吊具

集装箱吊具是一种装卸集装箱的专用设备，它通过其端部横梁四角的旋转锁与集装箱的顶角配件连接，由司机操作控制旋转锁的开闭，进行集装箱装卸作业。集装箱吊具是按照国际标准设计和制造的。按照集装箱吊具的结构特点，集装箱吊具可分为 5 种型式。

1．固定式吊具

（1）直接吊装式吊具

如图 5-18 所示，直接吊装式吊具是一种用于吊起 20ft 集装箱或 40ft 集装箱的专用吊具，通过吊具上液压装置的转动旋锁直接与集装箱的顶角配件连接或松脱。其吊具结构简单、重量轻，但仅适用于起吊一定尺寸的集装箱；对不同尺寸的集装箱必须更换吊具，使用不方便。

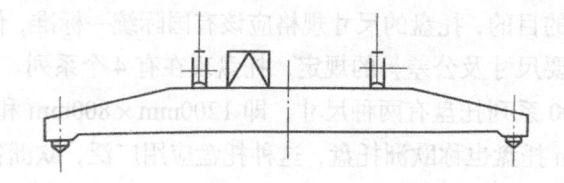

图 5-18　直接吊装式吊具

（2）吊梁式吊具

吊梁式吊具如图 5-19 所示。其将专门制作的吊梁悬挂在起升钢丝绳上，只需要更换各种集装箱专用吊具（液压装置安装在吊具上）即可起吊各种尺寸的集装箱，但是重量较大。

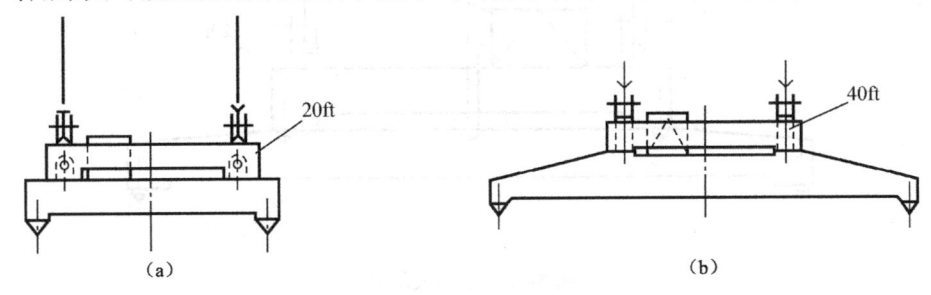

图 5-19 吊梁式吊具

2. 伸缩式吊具

伸缩式吊具是在近几年出现的一种吊具，它具有伸缩吊架，当收缩到最小尺寸时可起吊 24ft 集装箱，而当伸展到最大尺寸时则可起吊 40ft 集装箱（见图 5-20）。吊具的伸缩在司机室内操作，更换吊具的时间只要 20s 左右，但仍较重，重量为 10~11t。伸缩式吊具是目前集装箱起重机采用较为广泛的一种。

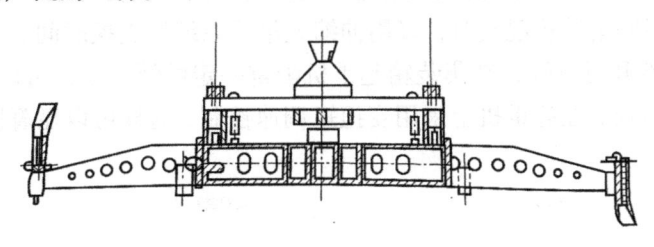

图 5-20 伸缩式吊具

3. 主从式吊具

主从式吊具如图 5-21 所示。主从式吊具是一种用于 20ft 集装箱的专用吊具，液压设备安装在基本吊具上，旋转转向机构使旋转锁转动。如果必须起吊 40ft 集装箱，则必须将 40ft 集装箱的角接头（与集装箱角配件相同）连接到 20ft 集装箱的旋转锁上。主从式吊具更方便更换，但仍较重，重量为 8~9t。

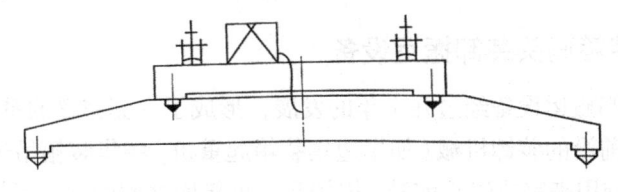

图 5-21 主从式吊具

4. 子母式吊具

子母式吊具是将专门制作的吊梁悬挂在起升钢丝绳上，吊梁上装有液压装置，用以驱动吊具上的旋转锁机构（见图 5-22）。当需要起吊 20ft 集装箱时，则将 20ft 集装箱专用吊具与吊梁连接；当需要起吊 40ft 集装箱时，则将 40ft 集装箱专用吊具与吊梁连接，而不是采用旋转锁机构转动旋转锁与顶角配件连接，因而这种吊具比主从式吊具轻，重量为 8t 左右。

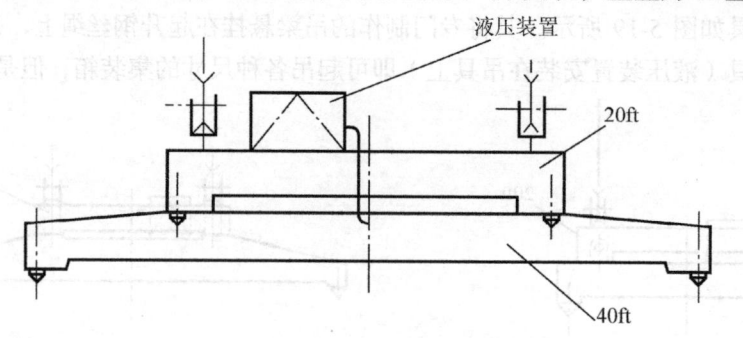

图 5-22 子母式吊具

5．双吊式吊具

双吊式吊具如图 5-23 所示，由两个直接连接到缆绳上的吊具组成，连接一个自动耦合装置，该装置可以同时提升两个 20ft 集装箱，从而显著提高集装箱起重机的装卸效率。但是，集装箱必须处于规定的位置，并且只能起吊 20ft 集装箱，因此操作条件是有限的，并且仅适用于特定的操作条件。

吊具的合理使用取决于装卸集装箱的数量、箱型的变化和盈利能力，因此不可能概括出哪些吊具最合理。在不同集装箱混装时，多用伸缩式吊具以缩短更换时间。对于各类吊具，应尽量实现其易实现性和可靠性，在集装箱起重机配重一定的情况下，可以减轻吊具的重量，降低起重机的起重负荷，在起重机上采用变扭矩调速控制，这样可以显著提高起重机的装卸活动性。

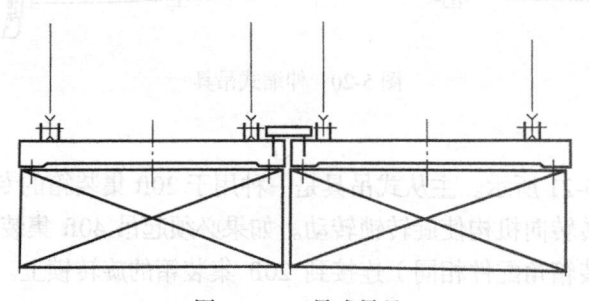

图 5-23 双吊式吊具

5.4.2 集装箱码头装卸搬运设备

集装箱码头装卸搬运设备经过几十年的发展，形成了一套完整的系统，如图 5-24 所示。集装箱船通过码头前沿的装卸机械（如岸边集装箱起重机）将集装箱吊进吊出进行装船和卸船作业，水平运输机械用来完成码头前沿、堆场和装拆箱库之间的水平运输任务，堆场作业机械则用来完成集装箱的堆垛和拆垛。通常，船到车或车到船的集装箱物流都是通过堆场进行中转的，若条件允许，也可以直接船到车或车到船。

1．集装箱码头前沿的装卸机械

（1）岸边集装箱起重机

岸边集装箱起重机又称岸边集装箱装卸桥，简称岸桥，如图 5-25 所示。它是承担集装箱装卸作业的专用起重机，装卸效率高，适用于吞吐量较大的集装箱码头。岸桥沿着与码头岸线平行的轨道行走。

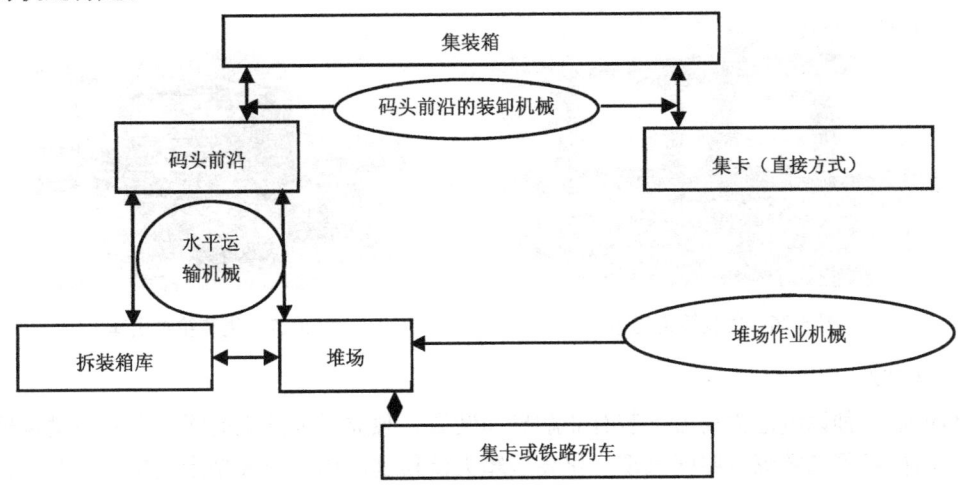

图 5-24 集装箱码头装卸搬运系统的构成

目前我国港口设置的岸桥多为普通型（第一代）岸桥，平均生产率为 25TEU/h。随着集装箱运输船舶的大型化，对岸桥提出了新要求，岸桥除了外伸距加大，其他技术参数也相应提高。上海振华港机公司为美国奥克兰港生产的外伸距达 65m，吊具下起重量达 65t 的特大型岸桥，其生产率可达 50～60TEU/h。

（2）多用途桥式起重机

多用途桥式起重机又称多用途装卸桥，配备专业的吊具和属具。它既可以装卸集装箱，又可以装卸重件、成组物品及其他货物，适用于中小港口的多用途码头。

图 5-25 岸边集装箱装卸桥

（3）多用途门座式起重机

多用途门座式起重机适用于多用途码头的集装箱和杂货的装卸作业，对于年箱量在 50 000TEU 以下的中小港口多用途码头更为适用。

（4）高架轮胎式起重机

该机型类似于普通的轮胎起重机，机动性较好，可任意行走，配备专用的吊具和属具；适用于集装箱、件杂货装卸作业的多用途码头。

2. 集装箱水平运输机械

（1）集装箱跨运车

集装箱跨运车是集装箱码头装卸搬运设备中的主力机型（见图 5-26），通常承担由码头前沿到堆场的水平运输及堆场的集装箱堆码工作。集装箱跨运车作业对提高码头前沿装卸搬运设备的装卸效率十分有利，自 20 世纪 60 年代问世以来，经过几十年的发展，已经与轮胎式集装箱门式起重机一样，成为集装箱码头和堆场的关键设备。

（2）集装箱牵引车

集装箱牵引车又称拖头（见图 5-27），是专门用于牵引集装箱挂车的运输车辆。其本身不能装载集装箱，通过连接器和挂车相连，牵引其运行，达到水平搬运作业的目的，是一种广泛使用的集装箱水平运输机械。

图 5-26 集装箱跨运车

图 5-27 集装箱牵引车

（3）AGV

AGV 是一种以电池为动力，装有非触导向装置、独立寻址系统的无人驾驶自动运输车。AGV 目前在我国和欧洲一些国家现代化集装箱大港得到应用，与大型岸边集装箱起重机一起构成了新型高效的集装箱搬运系统。

3. 集装箱堆场作业机械

（1）轨道式集装箱门式起重机

轨道式集装箱门式起重机又称轨道式集装箱龙门起重机（RMG），如图 5-28 所示。它是集装箱码头堆场进行装卸、搬运和堆码的专用机械。其在固定的钢轨上行走，可跨多列集装箱及跨一个车道，因而其堆存能力大、堆场面积利用率高，适用于吞吐量大、前沿港域不足，而后方堆场较大的码头。

（2）轮胎式集装箱门式起重机

轮胎式集装箱门式起重机又称轮胎式集装箱龙门起重机（RTG），如图 5-29 所示。它是使用广泛的集装箱堆场作业机械。由于其采用轮胎式运行机构，没有专用的固定轨道，具有机动灵活的特点，可以从一个堆场转移到另一个堆场，堆 3~4 层或更多层的集装箱，提高了堆场面积的利用率，适用于吞吐量较大的集装箱码头。

图 5-28 轨道式集装箱门式起重机

图 5-29 轮胎式集装箱门式起重机

（3）集装箱式叉车

集装箱式叉车在港口堆场按用途不同分类，通常用于重箱作业的称为重载叉车，用于空箱作业的称为堆高叉车。为了方便装卸集装箱，通常配有标准货叉及顶部或侧面起吊的专用属具，或者集装箱专用吊具。集装箱式叉车机动灵活，可一机多用，既可用于水平运输，又可用于堆场堆码、装卸搬运、拆装箱作业；造价低，使用维修方便，特别适合空箱作业，一般在吞吐量不大的多用途码头使用。

（4）集装箱正面吊运起重机

其特点是有可伸缩的臂架和左右旋转 120°的吊具，便于在堆场做吊装和搬运；臂架不可做俯仰运动，可加装吊钩来吊装重件。该起重机机动性强，可以一机多用，既可吊装作业，又可短距离搬运，其起升高度一般可达 4 层箱高，且稳定性好，是一种适应性强的堆场作业机械，适用于集装箱吞吐量不大的集装箱码头。

（5）拆装箱机械

集装箱码头的拆装箱作业一般采用低门架叉车、手推搬运车等。

5.4.3 集装箱装卸作业方式

在集装箱码头上由岸桥和跨运车、轮胎式集装箱门式起重机、轨道式集装箱门式起重机、底盘车和叉车等水平搬运机械可组成不同的装卸工艺方案。集装箱装卸作业方式分为"吊上吊下"和"滚上滚下"两类。

1. "吊上吊下"方式

"吊上吊下"作业是指采用在码头上的起重机或船上的起重设备来进行集装箱的装卸船作业。"吊上吊下"方式也称垂直作业方式，是当前广泛采用的一种方式，根据岸边与后方堆场之间采用的搬运设备的不同又可分为底盘车（挂车）方式、跨运车方式、叉车方式、轮胎式集装箱门式起重机方式、轨道门式集装箱起重机方式和混合方式。

（1）底盘车方式

底盘车方式首先为美国海陆航运公司所采用，故又称海陆方式。该工艺流程如下：卸船时，集装箱装卸桥将船上卸下的集装箱直接装在挂车上，然后由牵引车拉至堆场按顺序存放，存放期间，集装箱与挂车不脱离；装船的过程相反，用牵引车将堆场上装有集装箱的挂车拖至码头前沿，再由集装箱装卸桥将集装箱装到集装箱船上。这种方式在堆场不需要其他辅助装卸机械，把水平搬运与堆场堆码作业合二为一，最适合"门到门"运输。但这种方式要求有较大的堆场，所需拖挂车数量多，投资大。在运量高峰期间，由于集装箱不能直接堆码，很可能出现拖挂车不足，从而造成作业间断。而且，由于集装箱不能重叠堆放，其场地面积利用率很低，面对越来越大的堆场空间压力，该作业方式基本退出了历史舞台。

（2）跨运车方式

跨运车在集装箱码头的主要任务：①集装箱装卸桥与前方堆场之间的装卸与搬运；②前方堆场与后方堆场之间的装卸和搬运；③对底盘车进行换装；④后方堆场与货运站之间的装卸和搬运。

该工艺流程如下：卸船时，用码头上集装箱装卸桥将船上集装箱卸至码头前沿的场地上，然后由跨运车运至堆场进行堆垛或给拖挂车装车；装船时，用跨运车拆垛并将集装箱运至码头前沿，再由码头前沿的集装箱装卸桥装船。

该方式的主要优点：跨运车一机可以完成多项作业，减少机械配备，利于现场生产组织管理；跨运车机动灵活，作业时箱角对位快，可提高岸桥的效率；既可搬运又可堆码，减少作业环节，作业效率高；相对底盘车系统，由于跨运车可堆码 2~3 个箱高，场地面积利用率较高。

该方式的主要缺点：机械结构复杂，液压部件多，且易损坏漏油，维护工作量大且技术要求高；视野差，故障率比较高；不能用于装卸铁路车辆；初始投资大，堆场建造费用高。

(3) 集装箱式叉车方式

集装箱式叉车是集装箱码头上常用的一种多功能装卸机械，主要用于对吞吐量不大的综合性码头进行集装箱的装卸、堆码、短距离搬运和车辆的装卸作业。一般码头前沿利用船机或门机进行装卸，码头前沿和堆场上的作业均需利用集装箱式叉车。集装箱式叉车除可用来进行场地堆垛作业和短距离的搬运作业外，还可用来进行装卸车辆作业。集装箱式叉车作业要求比较宽敞的通道和场地，因而场地面积利用率比较低。集装箱式叉车主要适用于年吞吐量在 3 万标准箱以下的小型码头，在较大的集装箱码头，集装箱式叉车只进行为货运站摆重箱、回空箱作业，或者在堆场装卸车。

(4) 轮胎式集装箱门式起重机方式

该工艺流程如下：卸船时，集装箱装卸桥将船上卸下的集装箱装在拖挂车上，运至堆场，再用轮胎式集装箱门式起重机进行卸车和码垛作业；装船时，在堆场由轮胎式集装箱门式起重机将集装箱装上拖挂车，运往码头前沿，等待装卸桥装船。其特点是集装箱拖挂车只做水平运输，轮胎式集装箱门式起重机担任堆/拆垛作业，从而将集装箱拖挂车快速输运和轮胎式集装箱门式起重机堆码层数较多的特点结合起来，达到提高集装箱码头装卸效率的目的。

轮胎式集装箱门式起重机方式的优点：装卸效率高，可进行大面积连续堆码作业；机械利用率高；机械维修量少，维修费用低，可节省投资和定员；跨距大，堆层高，堆场空间利用率高，易于实现自动控制和堆场装卸作业自动化。

轮胎式集装箱门式起重机方式的主要缺点：由于搬运需要与集装箱拖挂车联合作业，使用的机械数量多，初次投资较大；由于轮胎式集装箱门式起重机的轮压较大，对码头的承载能力需求就高，特别是行走车道需要进行加固，因而码头的土建投资较大。

(5) 轨道式集装箱门式起重机方式

该工艺流程包括两种类型。一种是卸船时用集装箱装卸桥将集装箱从船上卸到码头前沿的集装箱拖挂车上，然后拖到堆场，采用轨道式集装箱门式起重机进行堆码；装船时相反，在堆场上用轨道式集装箱门式起重机将集装箱装到集装箱拖挂车上，然后拖到码头前沿，用装卸桥把集装箱装船。另一种则是在船与堆场之间不使用水平搬运机械，而是由集装箱装卸桥与轨道式集装箱门式起重机直接转运集装箱。轨道式集装箱门式起重机将悬臂伸至集装箱装卸桥的内伸距的下方，接力式地将集装箱转送至堆场或进行铁路装卸。

轨道式集装箱门式起重机一般比轮胎式集装箱门式起重机大，堆垛层数多（一般可堆放 5~6 层集装箱），可以充分利用堆场面积、提高堆场的堆存能力；并且由于结构简单、操作和维修都比较方便而更易实现单机自动化控制，是自动化集装箱码头比较理想的一种机械。对于大型或较大型专用集装箱码头，码头前沿机械多采用岸边集装箱起重机，水平运输机械采用集卡（底盘车或拖挂车）或全自动的 AGV。集装箱通过水平运输到堆场后，用轮胎式集装箱门式起重机或轨道式集装箱门式起重机进行装卸和堆码（拆垛），或者采用跨运车进行水平运输和堆垛。集装箱式叉车则用来对空箱进行堆码和拆垛。对于一些中小港口或非专用集装箱码头，前沿装卸机械多采用多用途门式起重机，以适应码头的多货种装卸需求，堆场机械则采用集装箱式叉车或正面吊运车。

2. "滚上滚下"方式

"滚上滚下"方式也称水平作业方式，采用牵引车拖带挂车（底盘车）或叉车等流动搬运机械，往滚装船里装入集装箱或卸出集装箱。"滚上滚下"方式是采用滚装船运输集装箱时的码头装卸作业方式。滚装作业是指将集装箱放在半挂车上，由牵引车通过跳板牵引进入船舱进行运输，也可由叉车将集装箱从车上卸下堆码，以提高装箱率。由船上卸下的集装箱则牵引到堆场堆码。这种装卸船过程，可用叉车直接经跳板上下船进行装卸。为了提高滚装船的载重利用系数，也可采用滚装专用牵引车和挂车系统。

近年来，世界各国开始发展滚装运输，采用专门的滚装船，在国内沿海、大陆与岛屿、近邻国家之间运输各种车辆、载货（集装箱或其他货物）挂车，以及可以用叉车进入船舱进行装卸的集装箱和托盘货物。对于近距离航线，采用滚装运输可以大大缩短船舶在港口装卸货物的时间，从而减少船舶在港停泊时间、提高船舶运输效率。对于单航程在一周以内的航线，采用滚装运输最为合理。

采用"滚上滚下"方式装卸集装箱比采用"吊上吊下"方式要快34%左右，无须在港口设备价格昂贵的大型专用机械设备，装卸费用低，有利于组织集装箱进行"门到门"运输，减少集装箱在港口的装卸环节，降低集装箱的破损率。但滚装集装箱船的造价比吊上吊下集装箱船约高14%，载重利用系数仅为吊上吊下集装箱船的50%，每一载重吨的运费比吊上吊下集装箱船要高，而且滚装集装箱码头所需要的货场面积比一般吊上吊下集装箱码头要大。

5.5 集装箱自动识别系统和智能检查系统

为了提高运输效率和服务质量，实现集装箱运输的现代化并提高市场竞争力，一些工业化国家开发了先进的集装箱自动识别系统和智能检查系统。20世纪90年代初，大量的集装箱自动识别系统和智能检查系统投入国际运营。

5.5.1 集装箱自动识别系统

集装箱自动识别系统是利用先进的计算机模式检测技术、成像技术、车辆交通检测、网络技术、数据库查询等技术综合而成的识别系统，是一套集装箱自动识别装置，将集装箱的相关信息整合成电子信息，进行自动处理转换。因此，集装箱箱号自动识别系统是海关、港口、港口、货运和物流管理的基础，随着货运量的增长和现代化管理的需求，准确、安全、可靠、高效、经济的集装箱识别技术已成为集装箱管理系统的重要组成部分。该系统在对集装箱的轨道和位置进行监控，提高管理自动化程度，减少时间消耗，提高监控水平等方面具有十分重要的意义。

1. 集装箱自动识别系统的构成及工作原理

（1）集装箱自动识别系统的构成

集装箱自动识别系统主要由标签、地面识别系统和中央处理系统组成，如图5-30所示。标签安装在识别的集装箱上；地面识别系统主要由天线、RF射频设备和读出计算机组成，分别安装在铁路出入口、高速公路出入口、起重机、叉车、机动清点车上。当集装箱到达或离开船舶、火车或汽车货场时，任何识别设备都能自动识别集装箱，识别信息与EDI系统相连，实现集装箱的动态跟踪和管理，提高集装箱运输效率。

（2）集装箱自动识别系统的工作原理

标签在接收地面读出设备发出的载波信号后，被查询信号激活，在4ms内进入工作状态，将标签内编好的识别信息反射回地面读出设备，被读出设备读出。其载波频率在 902～928MHz 和 2400～2500MHz 两个频段范围内。

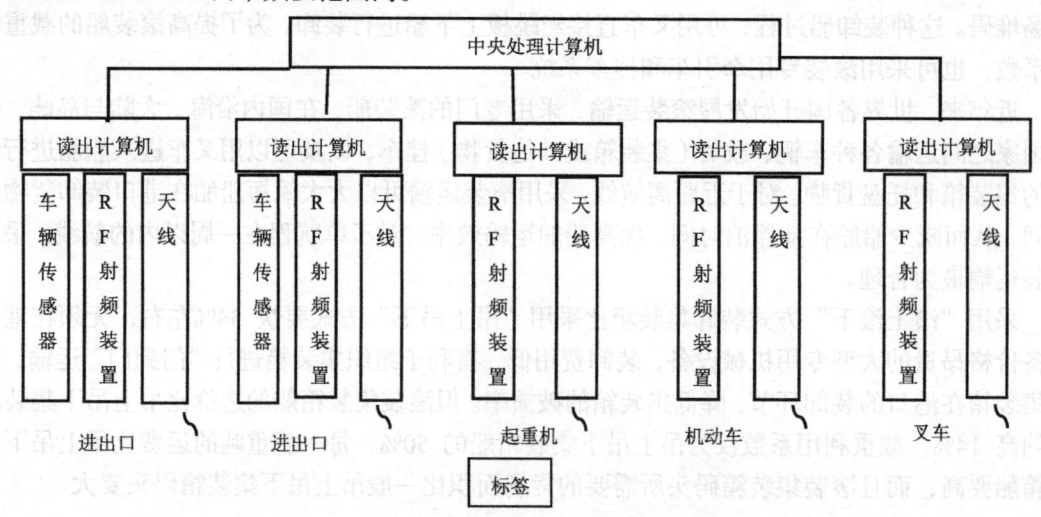

图 5-30 集装箱自动识别系统的构成

RF 射频装置是微波产生、发射和接收的设备。它产生的载波信号经过功率放大器放大，通过天线发射出去，同时接收由标签反射回来的信号，经射频接收器进行收发分离，然后进入检波解调，再通过前置放大器放大，送至读出计算机进行处理。RF 射频装置主要由射频振荡器、功率放大器、射频接收器、检波解调器及前置放大器等部分组成。它是在计算机控制下自动进行工作的，当集装箱接近天线时，读出计算机控制 RF 射频装置开始工作；当集装箱离开后，读出计算机则控制 RF 射频装置停止工作，使该系统对外界空间的干扰降到最低。

2. 集装箱自动识别系统标签的构成及特点

（1）标签的构成

标签是系统的关键部件，由微波天线、反射调制器、编码器、微处理器和内存器等构成。存储器中存有被识别集装箱的有关技术参数和识别信息，标签为有源标签。

（2）标签的特点

① 电池供电。标签电路由一个锂电池供电，锂电池连续工作时间为 12 年，锂电池寿命不受标签被读次数和其他信源射频的影响。

② 传输距离远。标签电池供电提高了标签的响应率，扩大了读取的距离，最大距离可达 73m。

③ 符合标准化。标签符合国际标准化组织集装箱技术委员会制定的标准《集装箱自动识别》（ISO10374）及美国铁路协会（AAR）等设备自动识别标准。

④ 在现场和工厂可编程。标签存储器容量为 120bit，可根据现场的需要，在现场或工厂使用标签编程器进行编程。

⑤ 标签编码安全可靠。标签能用专用于某一客户或使用单位的特殊安全信息码来编码，安全编码是防止不合法使用标签的一种有效方式。

⑥ 适应能力强。标签可适应风、雪、雾、酷热、严寒、振动、冲击、电磁干扰等恶劣环境。

3. 应用案例

集装箱自动识别系统在合肥北站出入口成功实施，集装箱号码识别率达 99%以上，并与合肥北站智能门禁系统集成，实现与车辆称重的联动，取得了良好的效果。车辆识别、红外探测、信号控制、引导、自动门、视频监控，与车站生产管理系统、集装箱管理系统进行数据交换和信息交换，如图 5-31 所示。

图 5-31　合肥北站出入口集装箱自动识别系统

集装箱自动识别系统的基本原理：车辆进入激活范围后，集装箱自动识别系统自动触发摄像头，将记录的图像存储在指定目录中，标识有关标识模块的容器号信息，并以 TCP/IP 信息的形式在主机上结束标识结果。上位机存储信息，并与集装箱管理系统进行交互，得到设定的装卸位置显示在 LED 显示屏上。

集装箱自动识别系统提供的识别结果作为其他系统之间的纽带，完成货站集装箱货运作业的封闭式流程管理，实现系统间的信息交换和功能连接，实施车辆动态轨道监控，进出货运火车站，指导装卸过程，确保车辆顺利进出、车辆准确到达，明确位置，提高各连接点的工作效率。

5.5.2　集装箱智能检查系统

随着港口货运业的迅猛发展，集装箱货运已成为当今世界货物运输的重要手段和发展方向，与之配套使用的集装箱智能检查系统便成为一种安全、快捷的现代化检验工具。这种检查系统主要应用于海关口岸，起着非同寻常的作用。

1. 集装箱智能检查系统的工艺流程

集装箱智能检查系统的整个流程包括 3 部分：录入、查验和放行，如图 5-32 所示。海关人员选定的受检车辆进入控制系统，停放在录入室；出示货物报关单、称重后，在工作人员的监督下行驶，将车辆停放在预定位置；车体两端挡板升起，此时司机下车，确认系统准备就绪后，主控室操作人员应发出启动指令，控制通道的闸门打开，车辆进入控制通道后停止。车辆重新启动通过射线检查通道，在通道出口处停车，通道出口处大门打开，车辆从检查通道中开出。被检查的集装箱通过 X 射线源，操作员在输入室和测试分析员面前的显示器上对货物包装清单进行电子扫描；货物清单可与 X 光图像进行比较，以确定集装箱内是否有可疑货物，只有在确认集装箱内有可疑物品时才需要开启集装箱，这一过程可在 2.5min 内完成。

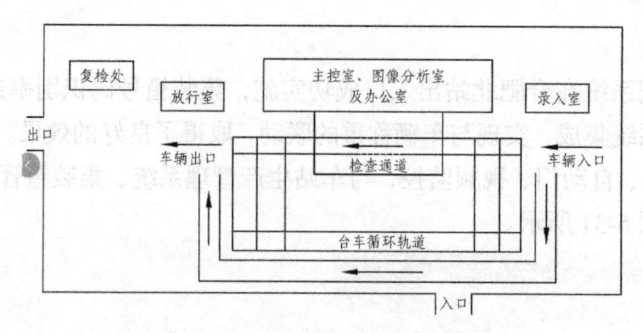

图 5-32　集装箱智能检查系统工艺流程

2. 集装箱智能检查系统的设备构成及技术性能

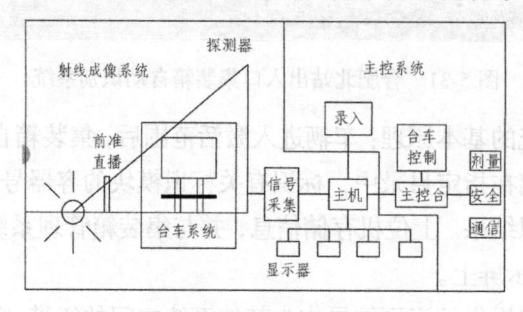

（1）集装箱智能检查系统的设备构成

集装箱智能检查系统设备由主控系统、X 射线成像系统和拖动系统构成，如图 5-33 所示。

图 5-33　集装箱智能检查系统的设备构成

① 主控系统包括主控台、闭路电视监视系统、内部通信系统、安全和剂量连锁。其功能是对各个系统工作进行监测、控制，在各个系统内部进行通信，协调各系统工作。

② X 射线成像系统包括高能 X 射线源、探测器系统、信号采集和图像处理系统。该系统功能是对被检客体进行实时的二维的扫描成像。

③ 拖动系统用来使被检客体以一定的扫描速度通过射线照射区。

（2）集装箱智能检查系统的成像原理

当集装箱被拖动系统拖入窄片状照射范围时，射线源、探测器和电子仪器固定，在检测中射线穿过目标，然后到达与之匹配的探测装置。探测装置由大量独立探测器单元组成，它们排列顺序有序。每个探测器的输出信号与其位置处接收到的 X 射线强度成正比，X 射线的强度取决于该路径上的目标相应部分的吸收能力。把各探测器单元的信号采集并按序排列，并显示接收到的图像的扫描线。随着集装箱的行进，一条条扫描线图像的顺序会形成二维辐射图像，即材料在集装箱内的分布反映。利用灰度和伪彩色窗调节，通过放大局部窗口，利用不同的计算机成像技术，可以观察不同图像层次的细节；通过高速图像分发和传输系统，使海关检查员能够快速、定性地完成检验工作。试验结果和报关单可通过计算机系统发放和归档。

（3）集装箱智能检查系统的优越性

① 验放速度快。手工检查需要 3 个多小时，而集装箱检察系统查验一辆 40ft 集装箱仅需要 2.5min。

② 查验准确性高。不用移动车内货物，通过图像处理分析，就能使车内特设的暗格及混藏的走私货一目了然，增强了打击走私犯罪的力度。

③ 提高了通关效率，更加方便合法进出。

④ 安全性好，被检车辆和货物既无残留放射性物质，也不会对货物造成损害，货物外包装均能保持完好无损。

关键术语

集装箱单元化　　　　集装箱
托盘　　　　　　　　集装箱装卸
集装箱码头　　　　　标准箱
集装箱货运站

本章小结

集装单元化是物流现代化的基础建设内容。集装单元化的实质就是形成集装单元化系统，高效、快速地进行物流业服务。在目前的集装工具中，应用最为广泛的是集装箱和托盘。集装箱标准化，促进了国际贸易和多式联运的发展。集装箱物流是港口物流的重要组成部分，集装箱装卸搬运设备经过几十年的发展，形成了一套完整的系统。集装箱船通过码头前沿的装卸机械（如岸边集装箱起重机）将集装箱吊进吊出，进行装船和卸船作业；水平运输机械完成码头前沿、堆场和装拆箱库之间的水平运输任务；堆场机械则用来完成集装箱的堆码和拆垛。集装箱装卸作业方式分为"吊上吊下"和"滚上滚下"两类。集装箱自动识别系统的出现，为提高运输效率和服务质量、实现集装箱运输的现代化提供了技术支持。

复习思考题

1. 填空题

（1）集装箱按运输方式分为_____、_____、_____、_____。

（2）集装箱水平运输机械主要有_____、_____、_____。

（3）我国集装箱的重量系列采用_____、_____、_____、_____四种。

2. 简答题

（1）什么是集装单元化？集装单元化有哪些优势？

（2）试比较集装箱和托盘的优缺点。

（3）识别并说明主要集装箱标志的意义。

（4）说出常见专用托盘的类型及应用。

（5）除集装箱和托盘外，还有哪些集装化设备？

（6）常用集装箱装卸搬运设备及其吊具的类型有哪些？

（7）简述集装箱装卸作业方式。

（8）集装箱自动识别系统和智能检查系统分别由哪些部分构成？

（9）集装箱自动识别系统和智能检查系统运用了哪些新技术？

（10）谈谈集装单元化的现状和意义。

第6章 包装设备

本章学习目标

- 了解包装的概念、作用及常用的包装技术；
- 掌握包装设备的分类、特点；
- 掌握常用的包装设备的基本结构和作用。

案例导入

IKEA 建立于 1943 年，是世界上最大的家具零售商，专门研究时尚且便宜的北欧风格的家具。它在 44 个国家和地区共有 200 多家全部自有的商店，在中国也有连锁店，每年全球超过 10.8 亿人访问它。IKEA 的家具在出售时未组装成型，由顾客将成套配件购买回家并完成组装。IKEA 的成功基于这样的概念：在制造者和消费者之间保持低成本。IKEA 的成本控制首先从包装设计开始，通过采用平板式包装在物流过程中提高空间利用率，节约物流成本。

思考题：包装有哪些作用？IKEA 采用平板式包装的目的是什么？

案例解读

包装具有保护商品、方便储运、促进销售的作用。IKEA 采用平板式包装的目的是便于包装的标准化，从而提高在家具产品物流过程中的货物仓储和运输能力，减少货损，提高物流效率，降低物流成本。

6.1 包装概述

在整个物流活动中，包装具有特殊的地位，在社会再生产过程中，包装处于生产过程的末尾和物流过程的开头。换句话说，包装既是生产的终点，又是物流的始点。包装是物流活动的基础，没有包装几乎不可能实现物流的其他活动。包装设备的作用是给生产和物流提供必要的支持，以按照要求完成产品包装工艺流程。包装设备是集机、电、气、光、声、磁为一体的机电产品，未来智能化、高效化的高新包装设备将不断涌现。

6.1.1 包装的概念和作用

1. 包装的概念

根据国家标准《包装术语 第1部分：基础》（GB/T 4122.1—2008）的定义，包装是指为在流通过程中保护商品、方便储运、促进销售，按一定技术方法而采用的容器、材料及辅助材料等的总体名称，也指在为了达到上述目的而采用容器、材料和辅助材料的过程中施加一定技术方法等的操作活动。从定义中可以看出，包装具有两重含义：其一是指包装物，即盛装物品的容器、材料及辅助物品；其二是指包装作业，即对物品进行盛装、裹包和捆扎等技术活动。商品包装既是现代商品生产过程的重要组成部分，也是现代物流的基本功能和重要作业环节。现代商品包装，不论是包装材料和容器，还是包装作业的技术手段，都随着工业生产技术及现代科学技术的发展而不断进步和提高。

2. 包装的作用

1）保护商品

包装的目的是使商品无损流通，实现所有权转移。它的保护作用体现在如下几个方面。

（1）防止商品破损、变形

包装能承受在装卸、运输和存储过程中各种外力的作用，如冲击、振动、颠簸和压缩等，能够抵抗这些外力的破坏，从而对商品起到有效的保护作用。

（2）防止商品发生化学变化

包装能在一定程度上阻隔溶液、潮气、光线、空气中的酸性气体等，防止环境、天气对商品产生不良影响。

（3）防止商品被腐蚀

包装能有效阻隔真菌、虫、鼠的侵入，产生对生物的防护作用。此外，包装还具有防止异物混入、污物污染，以及防止丢失、散失等作用。

2）方便储运

商品的运输包装可以使包装件的大小和形态适当，便于商品运输、保管、验收和装卸。而且，各具特色的包装使人们更易对商品进行区分、计量、清点，方便商品的运输、存储及各种物流作业。

3）促进销售

包装是商品交易促销的重要手段，合理的包装能促进各种商品的销售。一方面，精美的包装能够吸引消费者的注意力，并促使消费者将注意力转化为购买兴趣，增加销售机会；另一方面，良好的包装能够提高产品档次，从而提高产品的价值，唤起人们的购买欲望；再一方面，适当的包装规格便于消费者购买和使用商品，可以增加商品的销售量。

6.1.2 包装的类别

1. 按包装的形式分类

现代产品的种类繁多，性能和用途千差万别，因而对包装的要求也各不相同。按照包装的形式分类，具体情况如下所述。

① 按产品经营方式不同分类：有内销产品包装、出口产品包装和特殊产品（如军用品、珍贵文物、工艺美术品等）包装。

② 按包装在流通过程中的作用不同分类：有单件包装、中包装和外包装等。

③ 按包装制品材料不同分类：有纸制品包装、塑料制品包装、金属制品包装、竹木器包装、玻璃容器包装和复合材料包装等。

④ 按包装使用次数不同分类：有一次用包装、多次用包装和周转包装等。

⑤ 按包装容器（或制品）的软硬程度不同分类：有硬包装、半包装和软包装等。

⑥ 按产品种类不同分类：有食品包装、药品包装、机电产品设备（或仪器）包装、危险品包装。

⑦ 按功能不同分类：有运输包装、存储包装和销售包装等。

⑧ 按包装技术不同分类：有防震包装、防湿包装、防锈包装、防霉包装等。

2. 按包装的作用分类

随着经济全球化的持续发展和科技水平的不断提高，物流已成为我国重要的产业和国民经济新的增长点。按包装在物流过程中的作用，包装大致可以分为销售包装和运输包装两类。

（1）销售包装

销售包装又称商业包装或消费者包装，主要是根据商业/零售业的需要，作为商品的一部分或为方便携带所做的包装。销售包装主要起美化、识别和促销的作用，以利于商品的流通及销售。

（2）运输包装

运输包装又称工业包装，是以运输、保管为主要目的的包装。运输包装主要对流通产品在运输、搬运和保管过程起保护、定量的作用，便于产品的装卸、运输和存储，提高作业效率。

在有些情况下，产品的销售包装同时是运输包装。例如，家电产品的外包装兼有销售包装和运输包装两方面的作用。而在物流活动的不同环节，包装又具体表现为托盘包装、单件包装、集合包装等形式。托盘包装是以托盘为承载物，将包装件或产品堆码在托盘上，通过捆扎、裹包或胶粘等方法加以固定，形成一个搬运单元，以便采用机械设备搬运的包装。单件包装是最古老、最普遍的包装形式，是零售中最小的单位。集合包装在商品销售和运输这两个环节具有不同作用。在商品销售环节，集合包装的主要作用是促销和方便提携。例如，瓶装饮料集合成4瓶为一销售单元、听装食品集合成6听为一销售单元等。而在运输环节，集合包装的主要作用是将一定数量的包装件或产品装入具有一定规格、强度、符合长期周转使用要求的大型包装容器内，形成一个方便搬运的单元，包括集装箱、集装托盘、集装袋、框架集装和无托盘集装等多种形式。

6.1.3 包装设备及其作用

包装的作业过程一般包括成型、充填、封口、裹包等主要包装工序，以及清洗、干燥、杀菌、贴标、捆扎、集装、拆卸等辅助包装工序。包装设备就是指能够完成全部或部分包装工序的机械。

包装是产品进入流通领域的必要条件，而实现包装机械化和自动化的主要手段是使用包装设备。随着时代的发展、技术的进步，包装设备在包装领域中发挥着越来越大的作用。

（1）可大大提高劳动生产率

包装设备的包装效率比手工包装高得多，如糖果包装，手工包糖每分钟只能包十几块，而糖果包装机每分钟可包数百块甚至上千块，效率提高了数十倍。

（2）能有效地保证产品包装规格标准化

包装设备可根据被包装物品的要求，按照需要的形态和大小，得到规格一致的被包装物品，而这是手工包装无法保证的。这对出口商品尤为重要，只有利用包装设备才能达到包装规格化、标准化，符合集合包装的要求。

（3）能实现手工包装无法实现的操作

有些包装操作，如真空包装、充气包装、贴体包装和等压灌装等，都是手工包装无法实现的，只能通过包装设备实现。

（4）可改善劳动条件，减轻劳动强度

手工包装的劳动强度很大，如用手工包装体积大、重量重的产品，既消耗体力，又不安全。对于轻小产品的包装作业，由于频率较高、动作单调，易使工人得职业病，采用包装设备可以有效地改善劳动条件、减轻工人的劳动强度。

（5）有利于工人的劳动保护

对于某些严重影响身体健康的产品，如粉尘严重、有毒的产品和有刺激性、放射性的产品，采用手工包装难免会危害工人的身体健康；而采用包装设备则可避免这些危害，且能有效地保护环境。

（6）能可靠地保证产品卫生质量

对于某些产品，如食品和药品，根据卫生法是不允许用手工包装的，因为产品可能会被污染；采用包装设备则避免了人手直接接触食品和药品，保证了产品卫生质量。

6.1.4 包装设备的分类

包装设备的种类繁多，据统计已达 2000 多种，而且各种新型包装机械还在不断地涌现。常用包装设备的分类方法如下。

（1）按照包装设备的基本功能分类

按照基本功能的不同，包装设备可分为单功能包装机械和多功能包装机械。单功能包装机械就是只能完成一道包装工序的包装机械，通常根据其具体功能的不同，可以分为充填机械、灌装机械、裹包机械、封口机械、贴标机械、清洗机械、干燥机械、杀菌机械、捆扎机械和集装机械，以及完成其他包装作业的辅助包装机械等类型。多功能包装机械是指在同一台设备上可以完成两道或两道以上包装工序的包装机械。

（2）按照包装设备的作业范围分类

按照作业范围的不同，包装设备可分为专用包装机械、通用包装机械和多用包装机械等类型。专用包装机械是指专门用于包装某一类产品的包装机械，其功能单一；通用包装机械是指在指定范围内适用于包装两种或两种以上不同类型产品的包装机械；多用包装机械是指通过更换或调整有关机构或零部件，用于包装两种或两种以上产品的包装机械。

（3）按照包装设备的自动化程度分类

按照自动化程度的不同，包装设备可分为半自动包装机械、全自动包装机械和自动化包装生产线等类型。半自动包装机械是指由人工供送包装材料和被包装物品，而由设备自动完成其他包装工序的包装机械；全自动包装机械是自动供送包装材料和被包装物品，并自动完成其他包装工序的包装机械；自动化包装生产线则是由数台包装机和其他辅助设备连接成的，能完成一系列包装作业的生产线。

6.2 包装材料和技术

在商品运输和仓储过程中，包装属于为保证内装物价值和形态而从事的物流活动。通过包装可以改变流通物品的形状和性质，包装的优劣将直接影响运输、装卸、仓储各个环节的效益。合适、先进的包装材料、形式与技术，是优化物流系统的重要支持。

6.2.1 常用的包装材料

1）木质包装

木质包装是传统的包装材料，至今仍被广泛使用。由于木材资源的再生速度很慢，许多包装领域已用纸质包装或塑料包装替代木质包装。但因为木质包装具有良好的包装特性，所以在重物包装及出口物品等方面还在使用。木材较多地用于制作木桶、木箱和胶合板箱这3类包装容器。普通的密闭木箱可装载200kg的货物，如果选用下设垫板的木箱，则可装载200kg以上的货物［见图6-1（a）］。为了装载重物，通常选用木垫板，可装载并固定60t的重物。木材的另一个用途是制作托盘，如图6-1（b）所示。

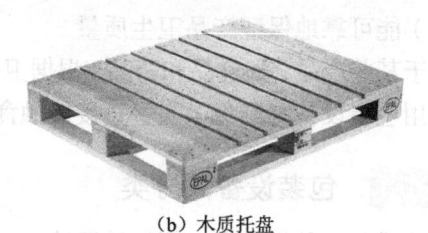

（a）大件木质包装箱　　　　　　　　（b）木质托盘

图6-1　木质包装

2）纸质包装

纸质包装是传统的包装材料，纸质包装具有质地轻、易加工、成本低、易回收处理的特点，广泛地应用于现代包装领域。专用包装纸一般指牛皮纸，牛皮纸的强度与每平方米纸张的重量有关，一般有75g、78g、81g、84g这4种规格。它的特性项目包括抗拉强度、抗裂强度、伸长率、耐水率等，这些均有国家标准。纸袋多用强度较大的牛皮纸制成，是3~6层的多层叠合结构。如果需要，还可以对牛皮纸做防潮处理，把牛皮纸和塑料薄膜制成复合多层结构。大型纸袋通常用于水泥、肥料、谷物等粉粒状货物的包装。

纸板是指以牛皮纸浆、化学纸浆、旧纸浆等为原料制成的厚纸板的总称。根据不同的用途，纸板可分为瓦楞原纸、白板纸、黄板纸等。其中，瓦楞原纸的用途最广泛，产量也最高，如图6-2所示。

图6-2　瓦楞原纸

3）塑料包装

塑料包装在现代包装领域中被广泛使用，可用于单件包装、内包装、外包装及运输包装。聚乙烯塑料袋是常见的包装物，可以替代 20~30kg 包装用纸袋；聚乙烯和聚丙烯塑料编织袋（俗称蛇皮袋）可以替代包装用麻袋。在箱袋结合的运输包装中，可以将塑料制成各种盛装液体的容器，以替代玻璃瓶、金属罐、木桶等，再把塑料容器放入瓦楞纸箱内。成型容器（塑料罐、箱）也是塑料包装的重要领域，受价格和成型难易程度的影响，成型容器多用聚乙烯材料制成，且国家在容量、尺寸、强度等方面均有规定。另外，用于替代木箱的运输用塑料箱也被大量用于食品、饮料等物品的运输和包装方面。

为了适应新时代的要求，除要求塑料包装材料能满足市场包装质量、效益等日益提高的要求外，还要求其节省能源、节省资源，以及用后易回收利用或易被环境降解。为此，塑料包装材料正向高机能、多功能、环保，以及采用新型原材料、新工艺、新设备和拓宽应用领域等方面发展。

4）金属包装

用作包装的金属容器有罐和桶，用镀锌铁板制成。罐有方形和圆形两种，主要用于食品、药品、石油类、涂料类及油脂类物品的包装；桶主要用于以石油为主的非腐蚀性半流体、粉末、固体等物品的包装，容量为 20~200L。

5）其他包装

（1）草制包装

草制包装是一种较落后的包装材料，是指用一些天然生的草类植物编制成草席、蒲草袋等包装物。其防水、防潮能力较差，强度也很低，已逐渐被淘汰。

（2）纤维包装

纤维包装指用各种纤维制作的袋状容器。天然生长的纤维来自黄麻、红麻、麻、罗布麻、棉花等；经工业加工而成的纤维有合成树脂纤维、玻璃纤维等。

（3）陶瓷与玻璃包装

此类包装的优点是耐风化、不变形、耐热、耐酸、耐磨等，比较适合各种液体货物的包装。这种包装可回收复用，有利于降低包装成本，易洗刷、消毒、灭菌；缺点是易碎。

（4）复合材料包装

复合材料包装就是将两种以上具有不同性质的材料复合在一起，以改进单一包装材料的性能。应用最广泛的复合材料是金属箔和塑料及玻璃纸复合材料、纸与塑料复合材料等。

（5）绿色包装

绿色包装也称环保包装，是指可节省资源、用后可回收利用、焚烧时无毒害气体、填埋时占用耕地少并能生物降解和分解的包装。国外有人把绿色包装归纳为 4R，即 Reduce（减少包装材料消耗量）、Refill（大型容器可再次充填使用）、Recycle（可循环使用）、Recovery（可回收使用）。所以，绿色包装应满足以下几个方面的要求。

① 包装用材料应当节约，包装要简化。严格控制包装材料的用量，精细设计、选用包装方式及包装材料，节约包装，简化包装。

② 包装材料要可以回收或可循环使用。例如，美国约 20%的 FTE 饮料瓶在循环使用。

③ 包装用材料要可分解、可降解。例如，日本在食品包装方面正努力用纸包装代替塑料包装；美国用旧报纸的再生纸浆和水制成可以再生的新型包装垫材，来替代广泛使用的泡沫、塑料垫材。

④ 改进包装质量。限制包装材料的重金属含量及其他部分如油墨、染料、黏合剂、瓶盖

等的用量；限制卤素及其他危险物质的使用；限制使用由氯漂白的包装材料。

⑤ 包装废弃物处理。避免将聚苯乙烯泡沫板、聚苯乙烯塑料袋等作为包装材料；不能在纸箱上使用柏油、沥青等外刷涂料。

6.2.2 常用的包装技术（方法）

包装技术随着包装材料和包装机械的进步而不断发展，且用于不同领域的包装的专业化程度也在不断提高。目前用于物流系统的典型包装技术（方法）可以划分为两大类，一类主要面向运输仓储物流展开，主要涉及固定、缓冲、防潮、防锈、防霉等包装技术；另一类主要面向商业物流展开，主要涉及收缩、拉伸、真空、充气、吸氧、防虫、灭菌等包装技术。前者的研究重点在于能够以最低的物资消耗和人工成本来保证被包装物品被安全地送达用户手中，而后者的研究重点在于使被包装物品与包装共同形成一个销售单元。下面重点介绍面向运输仓储物流展开的包装技术（方法）。

1. 防震包装技术

防震包装技术是为了防止因产品装卸、运输过程中的震动、冲击而造成损伤所采用的包装技术。例如，在被包装物品和外包装之间插入各种吸震材料，如泡沫塑料、气泡塑料薄膜等。

（1）全面防震包装技术

全面防震包装技术（见图 6-3），即于被包装物品和外包装之间填满缓冲材料，以达到防震目的的包装方法。其所采用的包装材料主要有聚苯乙烯泡沫塑料、纸浆模制品、现场发泡材料，以及其他一些丝状、薄片状、粒状缓冲材料等。

（2）部分防震包装技术

部分防震包装技术，即对于整体性好或没有内包装容器的被包装物品，仅在内包装容器或被包装物品的拐角部位或局部地方采用缓冲材料进行衬垫，如图 6-4 所示。其所采用的包装材料主要有泡沫塑料防震垫、充气型塑料薄膜防震垫和橡胶弹簧等。

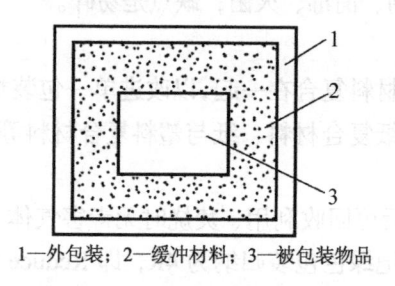

1—外包装；2—缓冲材料；3—被包装物品

图 6-3 全面防震包装技术示意图

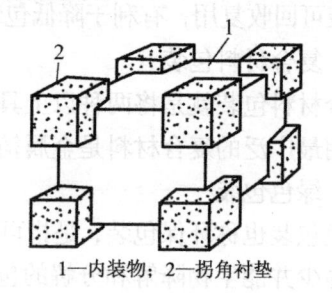

1—内装物；2—拐角衬垫

图 6-4 拐角衬包装示意图

（3）悬浮式防震包装技术

对于某些贵重易坏的物品，为了有效保证其在流通过程中不被破坏，选用刚性、强度较大的容器做外包装，然后用绳、带、弹簧等材料将被包装物品稳定地悬吊在包装容器内部，并保证在任何作业环节，被包装物品不会与包装容器发生碰撞，如图 6-5 所示。这种包装技术即悬浮式防震包装技术。

2. 防潮及防水包装技术

防潮包装技术是为了防止空气中的水蒸气造成被包装物品发生变质、凝结、潮解、锈蚀和霉变所采用的包装技术；防水包装技术是为了防止被包装物品受雨水或海水的侵蚀所采用的包装技术。常用的防潮、防水材料主要有各种经过防湿处理的纸质材料、塑料及铝箔等。

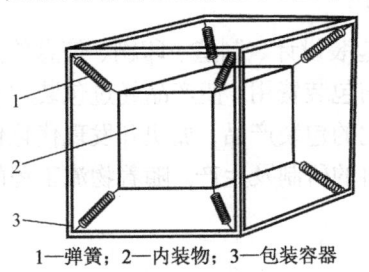

1—弹簧；2—内装物；3—包装容器

图 6-5 悬浮式防震包装示意图

适度的防潮包装方法要根据内装物的物性和形态、物流环境的气候条件、物流周期的长短来确定。国家标准《防潮包装》（GB/T 5048—2017）对防潮包装做出了分级，如表 6-1 所示。

表 6-1 防潮包装等级与储运条件

等　级	包装储运条件		
	储运期限	气候类型	内装物性质
1 级	1 年以上两年以下	A	贵重、精密、对湿度敏感、易生锈、易发霉的产品
2 级	半年以上 1 年以下	B	较贵重、较精密、对湿度敏感的产品
3 级	半年以下	C	对湿度不甚敏感的产品

3. 防霉包装技术

防霉包装技术是在流通过程中，为了防止霉变侵蚀包装及被包装物品而采取的一种包装技术。常用的防霉包装材料主要有各种金属材料和钙塑等非金属材料，还可以采用五氯酚钠、水杨苯胺等药剂防霉、将氮气或二氧化碳等气体充入密封包装防霉，以及在包装内采用硅胶等干燥剂防霉。

4. 防锈包装技术

防锈包装技术是为了防止金属材料及其制品在储运过程中产生锈蚀而采取的一种包装技术。金属防锈的主要方法有涂防锈油（剂）进行"油封"；用防潮隔断材料覆盖，内置干燥剂进行密封包装。

5. 防虫及防鼠包装技术

防虫及防鼠包装技术是为防止包装内的物品被虫、鼠所损害而采用的包装技术。其主要采用用各种杀虫剂处理过的防虫包装材料来防虫害，采用涂布或用药剂处理过的纸、塑料薄膜等包装材料来防鼠害。值得注意的是，在使用用药剂处理过的包装材料时，应避免直接接触包装内的物品。

6. 危险品包装方法

危险品有上千种，按其危险性质，交通运输及公安消防部门将其分为十大类，即爆炸性物品、氧化剂、压缩气体和液化气体、自燃物品、遇水燃烧物品、易燃液体、易燃固体、毒害品、腐蚀性物品、放射性物品。有些物品同时具有两种及两种以上危险性质，对于这些危险品的物流过程，要分别采用特殊包装技术（方法）加以防护，如防毒包装、防蚀包装、防燃包装、防爆包装等。

6.2.3 包装现代化

1. 包装现代化的发展趋势

包装现代化是指在产品的包装设计、制造、印刷、信息传递等各个环节中，采用先进、适用的技术和管理方法，以最低的包装费用，使产品经过包装顺利地进入消费领域。要实现包装现代化，就需要大力发展现代化的包装产品，加快开发现代化包装机械设备和推广、普及先进的包装技术，加快新型包装材料的研制及生产。随着物流工程的迅速发展，包装现代化趋势如下所述。

（1）包装智能化

物流信息化发展和管理的一个基础条件就是包装智能化，因为在物流活动过程中，信息的传递大部分是依靠包装完成的。也就是说，如果包装上信息量不足或信息错误，将会直接影响各种物流管理活动的进行。随着物流信息化程度的提高，包装上除表明内装物的数量、重量、品名、生产厂家、保质期及搬运、存储所需条件等信息外，还应粘贴商品条码、流通条码等，以便实现电子数据交换。智能化的信息包装是形成物流信息管理的有力媒介。

（2）包装绿色化

从整个物流过程看，包装这一环节是如此依赖于资源和如此影响着人类的生态环境。包装工业要消耗大量的资源并增加产品的成本，同时，包装废弃物也会导致环境污染等，但包装对于产品和物流活动又是必需的，因此研究这种现代包装的工业亚效应问题就成为一个重大课题，即包装绿色化的研究。包装绿色化可从两个方面来考虑：一方面是资源的索取，应尽量降低短缺和贵重资源的消耗；另一方面是包装的废弃物，应使其对环境污染最少或可回收再生成有用材料。基于这样的要求，已有人提出了诸如管道运输的无垃圾包装、集装运输的活包装、利用智能材料制作的可重复包装及利用可降解材料制作的无污染包装等。

（3）包装系统化

包装是物流系统的一个组成部分，必须把包装置于物流系统中加以研究。如果只片面强调节约包装材料和包装费用，而不综合考虑其他方面，即使包装费用降低了，也会由于包装质量低，在运输和装卸搬运等物流过程中易造成破损。由于物流大系统及其他子系统是相互联系、相互制约的，所以只有把作为物流基础的包装子系统与它们紧密衔接、密切配合，才能为物流大系统的经济效益创造最佳条件。

（4）包装标准化

包装标准化是对包装的类型、规格、材料、结构、造型、标志，以及包装实验等所做的统一规定及相关的技术政策和技术措施，主要包括统一材料、统一规格、统一容量、统一标记和统一封装方法。

（5）包装方便化

方便功能是包装本身所应具有的，但物流活动中的配送、流通加工等环节对包装的方便性提出了更高的要求，即分装、包装的开启和再封合要求更简便。

（6）包装合理化

包装合理化是指使用适当的包装材料和适当的技术，制成与物品相适应的包装，节约包装费用，降低包装成本，既能适应和克服流通过程中的各种障碍、适应市场经济发展，从而不断优化、取得最优化的社会经济效益，又能充分发挥包装的功能。在物流活动中，必须谋求包装材料、成本、质量、结构等的合理化。例如，缓冲包装的合理化是很重要的，因为它可以保证产品的安全运输，又由于缓冲包装的简化，不但可以减少相应的包装费用，还可以有效地利用包装资源。

2. 现代集合包装技术

集合包装是指将若干包装件或产品组合成一个适合运输的单元，能促使装卸合理化、包装合理化，方便运输及保管作业，便于管理，有效利用运输工具和保管场地的空间，大大改善环境。

集合包装以集装箱为主，可以将装满货物的托盘和集装容器、集装货捆一起装进大型集装箱内，以便搬运、装卸和运输。

集装箱包装是一种用于货物运输、便于用机械装卸的集合包装。集装箱是一个大型包装箱，适用于多种运输工具，具有安全、迅速、简便等优点。

3. 包装物的现代化管理

包装物的多次、反复使用，以及废弃物的处理，已经成为当今世界的重要新兴产业之一。资源的回收利用、梯级利用，以及资源的再循环，是包装现代化领域的重要课题。包装物的有效处理措施有以下几种。

（1）通用包装

通用包装是指按照标准模数，用瓦楞纸、纸板、木料、塑料制成的通用外包装箱。这种包装箱的通用性强，无论何时何地均可重复使用。

（2）周转包装

达到一定数量规模及有固定的供应流通渠道的产品，可采用周转包装，如周转包装箱、饮料瓶及啤酒瓶等。其周转方式如下：将装有货物的周转包装箱运至商场或其他用户处卸下货物后，再将以前使用过的空周转包装箱装车返回。

（3）梯级利用

梯级利用是指一次使用后的包装物，用毕转做他用或进行简单处理后转做他用。有的包装物在设计时就设计成多用途包装物，一次使用完毕，可再发挥其他功能，使资源充分、合理地利用。

（4）再生利用

废弃的包装物经再生处理，可转化为其他用途或制成新材料。

6.3　常用的包装设备

6.3.1　包装设备的基本结构

包装设备包含两层含义：从狭义上来说，是指在机械化、自动化的批量生产中对产品进行包装的一种机械工具或设备；从广义上讲，包括各种自动化和半自动的销售包装机械、运输包装机械，以及包装容器的加工机械、装潢印刷机械和搬运机械等，这些相互联系的机械设备联合组成现代化包装设备体系。

各种类型的包装设备的外部形状千差万别、结构有繁有简，但从包装设备的基本工作原理和基本结构来看，一般包装设备通常由以下部分组成。

（1）包装材料整理与供送装置

包装材料整理与供送装置的作用是将包装材料按照一定的规格进行裁剪或整理，并逐一输送到预定工位。有的包装材料整理与供送装置在包装材料供送过程中还能完成制袋或包装容器的定型和定位等作业。

（2）被包装物品计量与供送装置

被包装物品计量与供送装置的作用是对被包装物品进行计量、整理和排列，并将其输送到预定工位。有的被包装物品计量与供送装置还可以完成被包装物品的分割、定型等作业。

（3）主传送装置

主传送装置的作用是将包装材料和被包装物品由一个包装工位顺序传送到下一个包装工位。全部包装工序在包装设备上往往由几个工位协同完成，所以必须有专门的机构来传送包装材料和被包装物品。主传送机构的形式一般决定了包装设备的形式，并影响其外形。单工位包装设备不具有主传送装置。

（4）包装执行机构

包装执行机构是指直接完成包装操作的机构，即完成裹包、灌装、封口、贴标和捆扎等操作的机构。它负责实现包装材料和被包装物品的结合，进而形成完整的包装成品。

（5）成品输出机构

成品输出机构是把包装好的物品从包装机上卸下、定向排列并输出的机构。有的包装设备的成品输出是由主传送机构完成的，或者是靠包装成品的自重卸下的。

（6）动力装置与传动机构

动力装置是整个包装设备工作的原动力来源。包装设备通常将电动机作为动力装置，在个别情况下也会采用内燃机或其他动力装置。传动机构的作用是将动力装置的动力与运动传给执行机构和控制系统，使其实现预定动作。包装设备传动机构的传动方式有机械传动、电气传动、液压传动和气压传动等多种形式。

（7）控制系统

控制系统由各种手动和自动装置组成。包装设备中从动力的输出、传动机构的运转、包装执行机构的动作及相互配合到包装产品的输出，都是由控制系统通过指令操纵的。现代化包装设备的控制方式有机械控制、电气控制、气动控制、光电控制和电子控制等形式，可根据包装设备的自动化水平和生产要求进行选择。

此外，各种包装设备还具有不同结构形式的机身，用以安装、固定和支承以上各种装置和所有零部件。

6.3.2 充填机械

充填机械是将精确数量的产品充填到各种包装容器中的机械，适用于包装粉状、颗粒状、小块状的固态物品和膏状物品。充填机械的基本构成包括供给装置、计量装置和下料装置等。

1. 充填机械的常用类型

按照计量方式的不同，充填机械可以分为容积式充填机、称重式充填机和计数式充填机3种；根据包装产品的物理形态，充填机械又可以分为粉料充填机、颗粒物充填机、块状物充填机、膏状物充填机等。计量充填机的类别、工作原理、特点及应用范围如表 6-2 所示。

表 6-2　计量充填机的类别、工作原理、特点及应用范围

类　别	工　作　原　理	特　　点	应　用　范　围
容积式充填机	将产品按预定容量充填到包装容器内	结构简单，设备体积小，计量速度快，计量精度低，造价低	适用于剂量在 500mL 以下、价格便宜或对计量精度要求不高或物料密度稳定的场合
称重式充填机	将产品按预定质量充填到包装容器内	结构复杂，设备体积较大，计量精度高，计量速度较快	适用于对包装计量精度要求较高的场合
计数式充填机	将产品按预定数量充填到包装容器内	结构较复杂，计量速度快	适用于条（块）状和颗粒状等规则物品的计量

2．常用的充填机械

1）容积式充填机

容积式充填机是指将物料按预定容量充填到包装容器内的充填机械。容积式充填机结构简单、价格低廉、计量速度快，但计量精度较低，常用于价格较便宜、密度较稳定、体积要求比重量要求更高的干散物料或膏状物料的充填。

根据物料容积计量方式的不同，容积式充填机可分为量杯式充填机、螺杆式充填机等多种类型。

（1）量杯式充填机

量杯式充填机是利用定量量杯来计量物料，并将其充填到包装容器内的机械，适用于颗粒较小且均匀的干散物料的充填，如图 6-6 所示。

图 6-6　量杯式充填机

当量杯式充填机下料闸门打开时，料斗中的物料靠重力作用自由下落到量杯中，当量杯转到卸料工位时，量杯底盖开启，使物料自由落下充填到其下方的容器中。量杯式充填机的计量速度快、计量精度低、结构简单，计量范围一般在 200mL 以下为宜。

（2）螺杆式充填机

螺杆式充填机利用螺杆的螺旋槽的容积来计量物料，通过控制螺杆的转速或旋转时间量取产品，并将其充填到包装容器内，如图 6-7 所示。由于螺杆上的每个螺旋槽都有一定的容积，

因此，只要准确控制螺杆的转速或旋转时间，就能获得较为精确的计量值。螺杆式充填机结构紧凑、无粉尘飞扬，并可通过改变螺杆参数来扩大计量范围，因此其应用范围较广。它主要用于流动性良好的颗粒状和粉状固体物料的充填，如砂糖、奶粉、盐、味精及化学药粉等，也可用于膏状流体物料的充填，但不宜用于易碎的片状物料或密度较大的物料的充填。

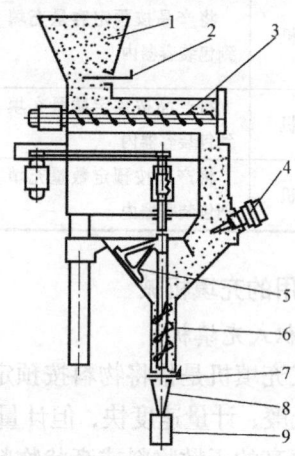

1—料斗；2—插板；3—水平螺旋给料器；4—料位检测器；5—搅拌器；
6—垂直螺旋给料器；7—闸门；8—输出导管；9—包装容器

图 6-7 螺杆式充填机

2) 称重式充填机

称重式充填机是指将物料按预定重量充填到包装容器内的机械。容积式充填机的计量精度不高，对一些流动性差、密度变化较大或易结块的物料的包装，往往效果不好。因此，对于计量精度要求较高的各类物料的包装，可以采用称重式充填机。称重式充填机的结构比较复杂、体积较大、计量速度较慢，但是计量精度较高，主要适用于颗粒状、粉末状和块状散装物料的称重充填，如水泥和粮食等，如图 6-8 所示。

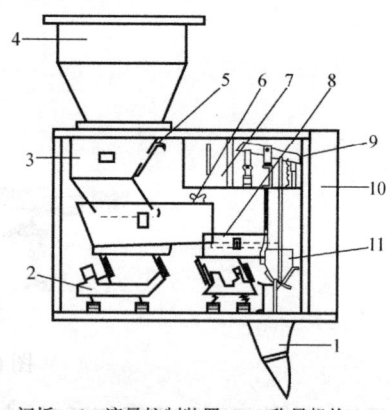

1—下料斗；2—细供料机构；3—下进料斗；4—上进料斗；5—闸板；6—流量控制装置；7—称量机构；
8—粗供料机构；9—开斗机构；10—控制系统；11—秤斗

图 6-8 称重式充填机

物料由上进料斗输入，通过下进料斗，由粗供料机构和细供料机构送入秤斗供料。当秤斗内的物料质量达到预定数值的 80%~90% 时，粗供料机构停止供料，仅由细供料机构继续供料。当秤斗内的物料质量达到预定数值时，开斗机构将秤斗打开，物料通过下料斗进入包装容器内。物料排完后，秤斗复位，开始下一个循环。在工作过程中，秤斗内的物料由称量机构检测。

根据称重对象的不同，称重式充填机可分为毛重式充填机和净重式充填机。毛重式充填机是指对完成充填作业的物料和包装容器一起称重的机械，其结构简单、价格较低，但包装容器的重量直接影响充填物料的规定重量，所以它不适用于包装容器重量变化较大、物料重量占总体重量比例较小的物料的充填、包装。净重式充填机是指称出预定重量的物料后再将其充填入包装容器的机械，其称重结果不受容器重量的影响，是十分精确的称重式充填机。目前称重技术有动态称重、静态称重、间歇称重和连续称重等几类。

3）计数式充填机

计数式充填机是指将物料按预定数目充填至包装容器内的机械。按照计数方式的不同，计数式充填机可分为单件计数式充填机和多件计数式充填机两类；按照物品排列形式的不同，计数式充填机可分为物品规则排列充填机（包括长度计数式充填机、容积计数式充填机和堆积计数式充填机）和物品杂乱无序充填机（包括转鼓式充填机、转盘式充填机和数粒计数式充填机）。

（1）长度计数式充填机

长度计数式充填机主要用于长度固定的物品的充填、包装，如饼干等食品的充填、包装，或者物品小盒包装后的第二次大包装等，适用于食品和化工等行业。图 6-9 所示为一种长度计数式充填机，计量时，排列有序的物品经输送机构进入计量机构，当行进物品的前端触碰到计量腔室的挡板时，挡板上的微动开关开启，横向推板将一定数量的物品送到包装台上进行包装，适用于面包、饼干、日用品、工业零件、纸盒或托盘等各类规则物体的包装。

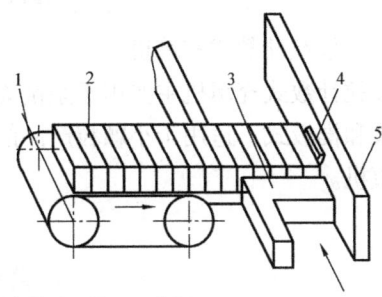

1—输送带；2—被包装物品；3—横向推板；4—微动开关；5—挡板

图 6-9 长度计数式充填机

（2）容积计数式充填机

容积计数式充填机通常用于等直径和等长度类物品的充填、包装，如钢珠和药丸等产品的充填、包装。如图 6-10 所示，容积计数式充填机工作时，物品自料斗下落到定容箱内，形成有规则的排列。当定容箱充满，即达到了预定的计量数时，料斗与定容箱之间的闸门关闭，同时定容箱的底门打开，物品进入包装盒。包装完毕，定容箱的底门关闭，进料闸门又打开，如此循环往复。

（3）堆积计数式充填机

堆积计数式充填机如图 6-11 所示，当机器工作时，计量托体与上下推头协同动作，完成取量及大包装作业。首先，托体做间歇运动，每移动一格，则从料斗中落送一包物品至托体中，托体移动 4 次后完成一大包物品的计量、充填。这种充填机结构简单，但体积较大、计量速度不快，主要用于几种不同品种的物品的组合包装。

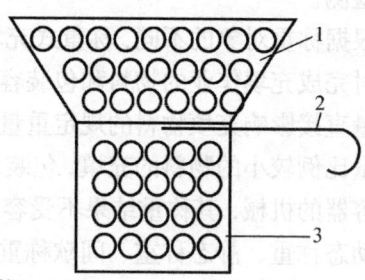

1—料斗；2—闸门；3—定容箱

图 6-10　容积计数式充填机

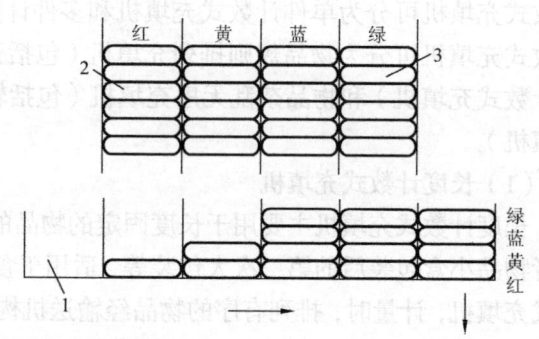

1—托体；2—料斗；3—被包装物品

图 6-11　堆积计数式充填机

（4）数粒计数式充填机

数粒计数式充填机主要用于杂乱无序的物品的充填。根据计数方式的不同，主要有转鼓式、转盘式和推板式，适用于小颗粒产品的计数包装，如胶囊和药片等。图 6-12 所示为胶囊计数式充填机。

图 6-12　胶囊计数式充填机

6.3.3　灌装机械

灌装机械是指将液体物料灌装到包装容器内的包装机械，一般称为灌装机。它主要应用于食品领域的饮料、乳品、酒类、植物油和调味品等液体物料的包装，以及洗涤剂、矿物油、农药等化工类液体物料的包装。灌装包装所用的容器主要有玻璃瓶、金属罐、塑料瓶、塑料袋、复合纸袋和复合纸盒等。

1. 灌装机的基本结构

灌装机的基本结构一般由包装容器供给装置、灌装液体供给装置和灌装阀 3 个部分组成。

（1）包装容器供给装置

包装容器供给装置的主要作用是将包装容器传送到灌装工位，并在灌装工作完成后将容器送出灌装机。

（2）灌装液体供给装置

灌装液体供给装置一般包括储液箱（罐）和计量装置，其主要作用是将灌装液体送到灌装阀处。

（3）灌装阀

灌装阀是直接与灌装容器相接触，实现液体物料灌装的部件。其主要作用是根据灌装工艺要求切断或接通储液箱、气室和包装容器之间液体物料流通的通道。

2. 灌装机的常用类型

灌装机因包装容器、被包装的物料、计量方法及灌装工艺的不同而形成多种多样的结构类型。按照灌装方法的不同，灌装机可分为常压灌装机、负压灌装机和压力灌装机；按照包装容器传送形式的不同，灌装机可分为直线型灌装机、回转型灌装机；按照计量方法的不同，灌装机可分为定位灌装机、定量灌装机和称重灌装机。

（1）常压灌装机

常压灌装机是指在常压状态下，将储液箱和计量装置置于高处，依靠液体物料的自重将液体物料灌装到包装容器内的灌装机。它适宜灌装低黏度、不含气体的液体物料，如牛奶、酱油、矿泉水及日化类产品。常压灌装机能适应由各种材料制成的包装容器，如玻璃瓶、塑料瓶、金属易拉罐、塑料袋及金属桶等，如图 6-13 所示。

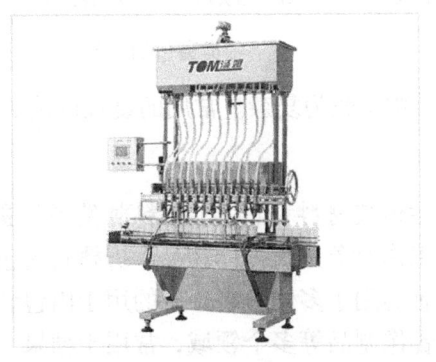

图 6-13 常压灌装机

（2）负压灌装机

负压灌装机是指先对包装容器抽气形成负压，然后将液体物料充填到包装容器内的灌装机。根据灌装方法的不同，负压灌装机分为压差式负压灌装机和重力式负压灌装机。压差式负压灌装机使储液箱内处于常压，只对包装容器抽气使之形成负压，依靠储液箱与包装容器之间的压力差将液体物料灌装到包装容器内。重力式负压灌装机对储液箱和包装容器抽气使之形成相等的负压，然后使液体物料依靠自重灌装到包装容器内。

（3）压力灌装机

压力灌装机是对液体物料进行加压，依靠压力作用将液体物料定量地灌装到包装容器内的

图 6-14 压力灌装机

灌装机，如图 6-14 所示。压力灌装机一般采用卡瓶预定位灌装方法，在灌装转台上设有液体分配器，分配器的一端连接到安装在储液罐中的液泵，另一端用软管连接各个灌装阀。灌装阀在随灌装转台的回转中沿凸轮下降，当阀嘴与包装容器口对正并密封时，随之顶开灌装阀，储液罐中的液泵通过灌装机上的分配器向包装容器供液，灌装至预定容量。液体在包装容器中的液面高度可以调节，包装容器内的气体及灌装满口后的余液经由回流管返回储液罐。压力灌装机的应用范围很广，适用于含维生素的果蔬汁饮料的灌装，以及各类罐头中糖水、盐水、清汤等的加注。

6.3.4 裹包机械

裹包机械是指用挠性包装材料（玻璃纸、塑料薄膜、复合膜、拉伸膜、收缩膜等）进行全部或局部裹包物品的包装设备。其适用于块状并具有一定刚度的物品的包装，广泛用于食品、烟草、药品、日化用品、音像制品等的外包装。各类裹包的形态如图 6-15 所示。

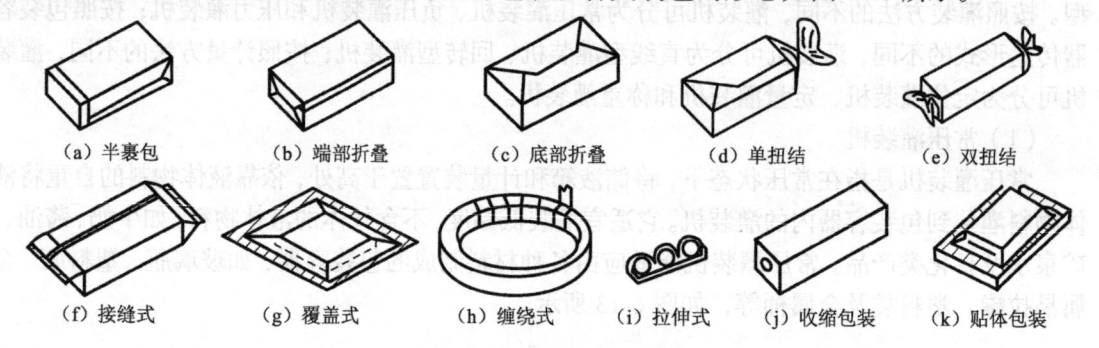

(a) 半裹包　(b) 端部折叠　(c) 底部折叠　(d) 单扭结　(e) 双扭结
(f) 接缝式　(g) 覆盖式　(h) 缠绕式　(i) 拉伸式　(j) 收缩包装　(k) 贴体包装

图 6-15 各类裹包的形态

裹包机械的种类很多，结构也较为复杂。常用的裹包机械主要有以下几类。

1. 折叠式裹包机

折叠式裹包机是采用挠性包装材料（如纸、塑料薄膜等）围绕被包物品并进行折叠裹包的裹包机。折叠式裹包机的工作对象是长方体物品。折叠式裹包机的类型很多，且适应范围较广，有的用于个体包装，有的用于多体包装，有的用于内包装，有的用于外包装，普遍用于食品、药品、轻工产品及音像制品等多个领域，常用于糖果、巧克力、卷烟和小盒茶叶等的外包装。

2. 接缝式裹包机

接缝式裹包机是指将挠性包装材料按同面黏结的方式加热、加压封闭、分切的裹包机，主要用于各类固定形状物品的单件或多件的连续枕形包装。接缝式裹包机的应用范围十分广泛，主要用于对成形块状物品（如方便面、面包、月饼、饼干、轴承、日用工业品等）的包装，如采用浅盘也可包装零散物品。

3. 缠绕式裹包机

缠绕式裹包机是指采用成卷的挠性包装材料对物品进行多圈缠绕裹包的裹包机，一般用于单件物品或集装单元物品的裹包包装，可以对直方体和圆环形货物进行缠绕裹包。托盘裹包机是一种常用的典型缠绕式裹包机，如图6-16所示。

图 6-16　托盘裹包机

4．拉伸式裹包机

拉伸式裹包机是使用拉伸薄膜，在一定张力下对物品进行裹包的裹包机，常用于大型货件及托盘单元货件的加固包装，如图6-17所示。

5．热收缩式裹包机

热收缩式裹包机是用热收缩薄膜对物品进行裹包封闭，然后进行加热，使薄膜收缩后裹紧物品的裹包机。热收缩式裹包机又可以分为烘道式裹包机、烘箱式裹包机、柜式裹包机、枪式裹包机等。图6-18所示为一种烘道式裹包机，用薄膜裹包的物品从加热烘道中通过之后即被收缩裹紧。热收缩式裹包机常用于啤酒、饮料等瓶装物品及其他小型单件物品的集合包装。

图 6-17　拉伸式裹包机　　　图 6-18　烘道式裹包机

6．贴体式裹包机

贴体式裹包机是将物品置于底板上，使覆盖物品的塑料薄片在加热和抽真空作用下紧贴物品，并与底板封合的裹包机。贴体式裹包机可把被包装物品紧紧裹包在贴体膜和底板之间，使被包装物品可以防潮、防震，并且有较强的立体感。它广泛用于五金、工量具、电子元件、小型零部件、装饰品、工艺品、玩具及食品等物品的包装。

7．覆盖式裹包机

覆盖式裹包机是用两张挠性包装材料覆盖在物品的两个相对面上，采用热封或黏合的方法进行封口的裹包机。

6.3.5 封口机械

封口机械是指在包装容器内盛装物品后，对容器进行封口的包装机械。对包装容器进行封口，可以使物品得到密封保存，有效地保护物品，保证物品的质量，避免物品流失。包装质量在很大程度上取决于封口质量，而选择合适的封口机以实现封口工序的机械化、自动化是提高封口质量的重要保证。

由于包装容器的形状不同，而且制作包装容器的材料也各有不同，所以不同的包装容器常采用不同的封口方式，因而封口机械的类型也十分繁多。常用的封口机械主要有以下几类。

1. 热压式封口机

热压式封口机是采用加热、加压的方式封闭包装容器的机械，主要应用于各种塑料包装袋的封口。图 6-19 所示为一种热压式塑料薄膜连续封口机，采用可调控电发热原理，使塑料材料牢固地封合起来，适合于各种 PVC、PE、PP 等塑料材料的封合。封口后的包装成品外形美观大方，封口处平整且无皱褶、灼化和压穿现象，还可以根据需要配置压痕印字轮及计数装置，印字清晰。

2. 手压封口机

手压封口机的特点是结构简单、重量轻，袖珍型手压封口机便于放在桌上或柜台上使用。其封合方法为采用热板加压封合或脉冲电加热封合。操作过程如下：使用时根据封接材料的热封性能和厚度，调节定时器旋钮，确定加热时间，然后将塑料袋口放在封接面上，按下手柄，指示灯亮，电路自动控制加热时间，时间到后指示灯熄灭，电源被自动切断，约 1~2s 后放开手柄，即完成塑料袋的封口。

3. 脚踏式封口机

脚踏式封口机如图 6-20 所示。它的热封原理与手压式封口机基本相同，主要区别是脚踏式封口机采用脚踏的方式拉下压板。脚踏式封口机由踏板、拉杆、工作台面、上封板、下封板、控制板、立柱、底座等结构构成。操作时，双手握袋，轻踩踏板，瞬间通电即可完成封口，既方便，封口效果又好。此类封口机适用于各种塑料薄膜的封合，操作便捷；有些脚踏式封口机的工作台面还可以任意倾斜，以适应液体或粉状货物包装袋的封口。

图 6-19 热压式塑料薄膜连续封口机　　图 6-20 脚踏式封口机

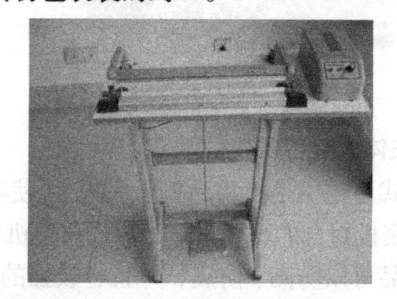

4. 熔焊式封口机

熔焊式封口机是通过加热使包装容器封口处熔合而将包装容器封闭的机械。其常用的加热方式有超声波、电磁感应和热辐射等，主要用于封合较厚的包装材料等，如聚酯、聚烯烃和无纺布等。此类封口机一般采用非接触的方式加热，使包装材料熔合而封闭包装容器。

超声波封口机是一种使用范围较为广泛的熔焊式封口机。超声波使塑料薄膜封口处因高频振动而摩擦生热，瞬时就可使封口处熔合，常用于封焊塑料软管、铝塑复合管等较厚的材料的封合，对于厚度不匀的材料也能取得较好的封口效果，但其投资费用较高。例如，塑料软管超声波封口机是常用的一种超声波封口机，如图 6-21 所示。该封口机可对直径为 20～50mm 的塑料圆筒状软管（如牙膏管、化妆品管、饮料管、果酱管和药膏管等）进行超声波封口。

图 6-21　塑料软管超声波封口机

5. 缝合式封口机

缝合式封口机是使用缝线缝合包装容器的机械，主要用于麻袋、布袋、复合编织袋等的封口。

（1）手提式缝合机

手提式缝合机结构紧凑、小巧玲珑，一般用优质钢和铝合金制造而成，操作极为方便，重量为 4.5～5.3kg，可以流动使用，常用于中小型工厂、仓库码头等地各种盛满货物的麻袋、纸袋、塑料编织袋、乳胶袋、布袋等的封口。

（2）自动缝合机

某些自动缝合机在机头支架上相对安装两个机头，一旦发生故障，转动支架即可更换机头，以免延误生产。在备用支架的上方，安装一台称重设备，即可得到一个完整的称重兼封口设备。其输送带的高度可以调整，以适应不同高度的袋子；机器装有 4 个脚步轮，移动非常方便。自动缝合机可用于缝合较重的包装袋，输送带的速度可调，能与各种包装生产线匹配，完成封口工作。

6. 卷边式封口机

卷边式封口机又称封罐机，是用滚轮将金属盖与包装容器开口处相互卷曲勾合以封闭包装容器的机械，主要用于罐头类食品的密封包装。

卷边式封口机可分为金属容器卷边式封口机和玻璃容器卷边式封口机两类，分别用于金属瓶罐头类和玻璃瓶罐头类产品的封装。金属容器卷边式封口机一般通过罐身与罐盖凸缘共卷的双重卷边法进行封口。它先通过第一道滚轮将罐盖的卷封凸缘滚挤到罐体的凸缘之下，使其逐渐产生弯曲并相互勾连、结合成符合要求的形状；然后由第二道卷边滚轮对已卷曲的罐体和罐盖凸缘进一步滚压，使其形成更紧密的封口，完成双重卷边封口的整个过程。图 6-22 所示为金属易拉罐灌装卷边式封口机。

玻璃容器卷边式封口机通过压力滚轮使金属盖卷曲并与包装容器开口处的凸棱相互勾连、结合，将包装容器封闭。玻璃容器采用金属盖进行卷边封口时，由于两者的材质性能相差较大，为了使玻璃罐身与罐盖间形成严密、可靠的封口，玻璃容器的颈部有供封口用的凸棱，弹性密封胶圈置于玻璃瓶口凸棱与金属盖之间，用卷封滚压轮对金属盖封口接合部位实施滚压加工，迫使弹性密封胶圈产

图 6-22　金属易拉罐灌装卷式边封口机

生挤压变形，同时把金属盖边缘滚挤到瓶口凸棱之下，构成牢固的机械性勾连结合，在瓶口凸棱与金属盖间变形的弹性密封胶圈保障玻璃容器封口的密封可靠性。

7. 旋合式封口机

旋合式封口机是通过旋转封口器材封闭包装容器的机械，主要用于饮料、植物油、日化用品的包装封口。

8. 液压式封口机

液压式封口机是用液压装置挤压金属盖使之变形，从而封闭包装容器的机械，主要用于酒类产品的包装封口。

9. 结扎式封口机

结扎式封口机是使用线、绳等结扎材料封闭包装容器的机械，主要用于小包装件的束/封口，如糖果、面包等食品袋袋口的结扎。

6.3.6 捆扎机械

捆扎机械（简称捆扎机）是利用带状或绳状捆扎材料将一个或多个包装件捆扎在一起的机械，属于外包装设备，如图6-23所示。对流通物品进行机械捆扎，可以起到缩小体积、加固包装件的作用，使包装件便于装卸、运输和保管。

捆扎机的类型较多，按自动化程度的不同，可以分为自动捆扎机、半自动捆扎机和手提电动式捆扎机；按捆扎材料的不同，可以分为塑料带捆扎机、钢带捆扎机、聚丙烯塑料绳捆扎机。目

图6-23 自动捆扎机

前，我国生产的捆扎机多以宽度为10~13.5mm的聚丙烯塑料带为捆扎材料，利用热熔搭接的方法使紧贴包装件表面的塑料带两端加压结合，从而达到扎紧包装件的目的。

各种类型的捆扎机的结构相似，主要由导轨和机架、送带机构、收带紧带机构、封接装置和控制系统组成。

6.3.7 贴标签机械

贴标签机械（简称贴标机）是将标签贴在包装件或产品上的机械。标签是贴在包装件或产品上的标志，包括文字和图案，用来说明产品的品名、材料构成、重量、生产日期、质量保证期、产地、厂家联系方式、产品标准号、条码、相关的许可证及使用方法等信息。贴标机的基本结构一般由供标装置、取标装置、涂胶装置、打印装置等部分组成。

贴标机的种类很多，通常按照标签形式的不同可分为单片式贴标机和套筒状贴标机；按照贴标方法的不同可分为黏合贴标机、不干胶贴标机、收缩式贴标机、订标签机和挂标签机；按照自动化程度的不同可分为半自动贴标机和全自动贴标机（见图6-24）；按照容器运行方向的不同可分为立式贴标机和卧式贴标机；按照容器运动形式的不同可分为直线式贴标机和回转式贴标机；按照包装容器材料的不同可分为金属罐贴标机、玻璃瓶罐贴标机、塑料瓶罐贴标机和纸质盒罐贴标机等多种类型。

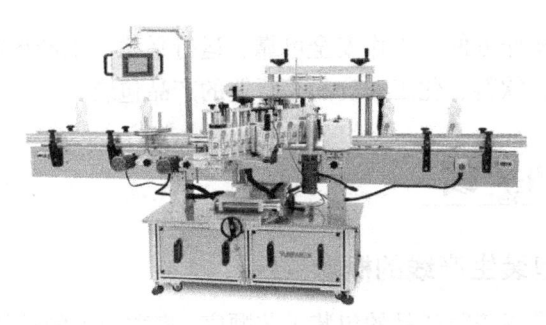

图 6-24　全自动贴标机

6.3.8　真空包装机械

真空包装机械（简称真空包装机）是将物品装入包装容器后，抽取容器内部的空气，以达到预定的真空度的机械。大多数真空包装机通常还具有充气功能，即构成充气包装机。

真空包装一般有两种作用：一是彻底排除包装袋内的空气，从而抑制细菌等微生物的繁殖，避免物品氧化、霉变和腐败，达到保质、保鲜和延长物品存储期的目的；二是对某些松软的物品，经真空包装排除空气，缩小包装体积，使其便于运输和存储。充气包装的作用是充入不活泼气体，抑制微生物繁殖，达到保质的目的；同时，充气后的包装由于内外压力差小，使被包装物品呈自然状态，外形鲜明、饱满，保证被包装物品的美观。

真空包装适用于固体、液体及颗粒物料的包装，主要用于食品、化工原料、金属制品、精密仪器、纺织品等产品的包装。真空包装机按照结构形式的不同，可分为腔室式真空包装机、输送带式真空包装机、热成型真空包装机、插管式真空包装机和旋转式真空包装机等类型。

6.3.9　装箱机械

装箱机械（简称装箱机）是指将无包装产品或小包装产品按一定的方式装入包装箱（纸箱或塑料箱）中的一种包装机械，如图 6-25 所示。装箱机一般由机械抓手机构、动力装置和控制装置等部分组成，能够准确、可靠地将成组产品抓起，然后放入包装箱中；同时，根据装箱作业的要求，它一般还具有纸箱成型（或打开）、产品整列、产品计量等功能，有些装箱机还具有封箱或捆扎功能。装箱机既可单机使用，也可用于自动化包装生产线，完成最后的装箱、封箱作业。

图 6-25　装箱机

装箱机按照装箱产品类型的不同可分为瓶类装箱机、盒类装箱机和袋类装箱机；按照产品装入方式的不同可分为顶部装入式装箱机和侧面推入式装箱机；按照自动化程度的不同可分为自动装箱机和半自动装箱机；按照装箱作业运动形式的不同可分为连续式装箱机和间歇式装箱机。装箱机结构简单、操作方便、工作安全可靠、运行平稳、生产率高、环保和卫生性能好，广泛应用于医药、啤酒、饮料、化工、食品等行业的产品包装。

6.4 自动化包装生产线

6.4.1 自动化包装生产线的概念

自动化包装生产线是指按照产品的包装工艺顺序，将数台不同功能的自动包装机、自动供料装置及其他辅助包装设备，利用一系列输送装置连接成连续的包装作业线，并通过自动控制系统进行全程控制，使被包装物品、包装容器、包装材料、包装辅助材料等按预定的包装要求相互结合，自动完成产品包装全过程的工作系统。

在现代化大规模生产和物流系统中，随着产品包装作业量的不断增加，各种包装设备单机作业的速度和效率远远不能满足生产速度的要求，因此自动化包装生产线逐步发展起来。采用自动化包装生产线，产品的包装不再以单机一道一道地完成单个包装工序，而是将各自独立的自动或半自动包装设备和辅助设备，按照包装工艺顺序组合成一个连续的流水线。被包装物品从流水线一端进入，以一定的生产节拍，按照设定的包装工艺顺序，依次经过各个包装工位，通过各工位的包装设备使包装材料与被包装物品实现结合，完成一系列包装工序之后，形成包装成品并从流水线的末端不断输出。

采用自动化包装生产线，可以全面提高包装作业速度、保证包装质量、提高设备利用率、合理利用资源、降低包装成本，并且可以改善劳动条件、提高劳动生产率。自动化包装生产线适用于少品种、大批量物品的包装作业，是大规模包装生产的重要设备。

从工艺角度来看，自动化包装生产线除了具有流水线的一般特征，还具有严格的生产节奏性和协调性。目前，在我国各行业的产品包装中，广泛应用着各种不同类型的自动化包装生产线。

6.4.2 自动化包装生产线的类型

1. 按照包装机的组合布局形式分类

按照包装机的组合布局形式的不同，自动化包装生产线可分为串联式自动化包装生产线、并联式自动化包装生产线和混联式自动化包装生产线3种。

（1）串联式自动化包装生产线

串联式自动化包装生产线就是将各包装机械按工艺流程单向顺序连接，各包装机的生产节奏相同。这种自动化包装生产线的结构比较简单，布局比较紧凑，要求各包装机的作业速度尽量一致。

（2）并联式自动化包装生产线

并联式自动化包装生产线是指为平衡生产节拍、提高生产能力，将具有相同功能的包装机分成数组平行的包装线，共同完成同一包装作业。在此类自动化包装生产线之间，一般需要设置一些换向或合流装置。

（3）混联式自动化包装生产线

混联式自动化包装生产线是指在一条自动化包装生产线上，同时采用串联和并联两种连接形式，其主要目的是平衡各包装机的生产节拍、实现各包装机的生产率匹配。该自动化包装生产线一般较长，机器数量较多，其输送、换向、分流、合流装置种类繁杂。

2. 按照包装机之间的连接特征分类

按照包装机之间连接特征的不同，自动化包装生产线可分为刚性自动化包装生产线、柔性自动化包装生产线和半柔性自动化包装生产线3种。

（1）刚性自动化包装生产线

被包装物品在刚性自动化包装生产线上完成一道包装工序后，均由前一台包装机直接传送给下一台包装机，所有包装机按同一生产节拍工作，如果其中一台包装机出现故障，其余包装机均应停机。

（2）柔性自动化包装生产线

被包装物品在柔性自动化包装生产线上完成一道包装工序后，经中间存储装置存储，根据需要由输送装置送至下一道包装工序。即使生产线中某台包装机出现故障，也不影响其他包装机的正常工作。

（3）半柔性自动化包装生产线

半柔性自动化包装生产线由若干个区段组成，每个区段内的各台包装机间为刚性连接，各区段间为柔性连接。

3. 按照被包装物品的类型分类

被包装物品的类型不同，所采用的包装设备也不同，因此自动化包装生产线的结构有较大的差异。按照被包装物品类型的不同，自动化包装生产线可分为液体产品自动化包装生产线、粉粒产品自动化包装生产线、小块状产品自动化包装生产线等多种类型。

（1）液体产品自动化包装生产线

液体产品包装自动生产线就是对液体产品（包括膏体类产品）进行灌装的自动化包装生产线。例如，啤酒、饮料等产品的罐式容器自动化包装生产线；矿泉水、调味品等产品的瓶类容器自动化包装生产线；牛奶、果酱等软袋容器自动化包装生产线等。

（2）粉粒产品自动化包装生产线

粉粒产品自动化包装生产线就是对粉粒产品进行充填、包装的自动化包装生产线。例如，对奶粉、蛋白粉、砂糖、精盐、洗衣粉等粉粒产品进行罐式容器或软袋容器充填、包装的自动化包装生产线等。

（3）小块状产品自动化包装生产线

小块状产品自动化包装生产线就是对大批量小块状产品进行裹包或充填的自动化包装生产线。例如，糖果、巧克力、糕点、肥皂等产品的自动化裹包生产线；药片、药丸、胶囊、口香糖等产品的自动化充填包装生产线。

6.4.3 自动化包装生产线的基本结构

各类自动化包装生产线的结构各有不同，但从原理上讲，各类自动化包装生产线一般都由一系列自动包装机、输送装置、辅助工艺设备及自动控制系统等组成。

1. 自动包装机

自动包装机是自动化包装生产线最基本的工艺设备，是自动化包装生产线的主体，包括各种单一包装功能的包装机械，如充填机、灌装机、装箱机、捆扎机和封口机等。自动化包装生产线的各种包装机能够在自动控制系统的控制下,按照统一的生产节拍自动完成相应的包装作业,不需要人工参与操作。

2. 输送装置

输送装置的作用是将各个自动包装机连接起来,形成一条连续的自动化包装生产线,在各个自动包装机的工序之间传送包装材料和被包装物品,最终把包装成品输送出自动化包装生产线。

3. 辅助工艺设备

辅助工艺设备是指自动化包装生产线上完成包装辅助作业的各种装置,包括打印机、整理机、检验机、选别机、投料装置、转向装置、分流装置和合流装置等,它们能够对包装材料、包装容器、包装辅助物或包装件等进行一些主要包装工序以外的其他辅助作业。例如,转向装置用于改变被包装物品的输送方向,打印机可以在包装容器外部打印出生产日期、生产批号等信息。

4. 自动控制系统

自动控制系统通过控制包装机输送装置和辅助工艺设备,使生产线中各台设备工作同步,即使包装速度、输送速度等相协调,从而获得最佳的工作状态,达到理想的包装质量和产量要求。

6.4.4 典型的自动化包装生产线

啤酒自动化包装生产线是一种典型的液体产品自动化包装生产线,它能够高效率地自动完成瓶装啤酒的全部包装过程,其包装生产能力可达 20 000 瓶/h 及以上,如图 6-26 所示。

图 6-26 啤酒自动化包装生产线

啤酒自动化包装生产线一般由洗瓶机、灌装压盖机、杀菌机、贴标机、验瓶装置、装箱机、托盘码垛机,以及其他配套的辅助装置,如储液罐、托盘输送器、上盖装置等组成,全部装置通过链板式输瓶机连接成一条连续的生产线。啤酒自动化包装生产线的包装工艺流程一般包括空瓶输入—清洗—验瓶—灌装—压盖—验瓶—杀菌—贴标签—装箱—码盘。

空瓶一般成箱码在托盘上,由叉车送上卸垛机卸垛,然后经输箱机送入卸箱机,卸箱机将空瓶送入链板式输瓶机;空瓶由链板式输瓶机输送到洗瓶机,由导瓶机构将空瓶导入洗瓶机进行清洗;瓶子洗净后再由链板式输瓶机输送到空瓶检验台,通过光电验瓶装置将不合格的瓶子自动拣出。合格瓶子排成单列,间隔导入灌装压盖机进行灌装及压盖封装;封装完毕,通过实瓶检验装置检验,将不合格者排出,合格者则沿链道进入杀菌机进行杀菌;杀菌后,酒瓶沿链道送入贴标机贴标签，然后送入装箱机。如果是纸箱，则先由开箱机将纸箱打开，并将隔板插入，再送入装箱机将酒瓶装入，由封箱机封口。封箱之后，箱子由输箱线输送到托盘码垛机，由托盘码垛机堆码在托盘上，再由叉车送入成品库，即完成全部包装过程。

关键术语

包装设备	销售包装
运输包装	自动化包装生产线
充填机械	灌装机械
裹包机械	封口机械
捆扎机械	贴标签机械
装箱机	真空包装机

本章小结

包装既是生产的终点，又是物流的起点，是产品进入流通领域的必要条件，而实现包装机械化和自动化的主要手段是使用包装设备。包装设备是集机、电、气、光、声、磁为一体的机电产品。随着时代的发展、技术的进步，包装设备在包装领域中发挥着越来越大的作用。本章主要从功能的角度通过对各种常用的包装设备，如充填机械、灌装机械和裹包机械等的类型、结构等的介绍，加深读者对包装设备的认识和了解。

复习思考题

1. 填空题

（1）按包装在物流过程中的作用，包装大致可以分为_____和_____两类。

（2）现代物流中常见的包装技术有_____、_____、_____、_____和_____。

（3）常见的充填机械按照计量方式的不同，可以分为_____、_____和_____ 3 种。

2. 简答题

（1）在包装领域中，包装设备的作用有哪些？

（2）包装设备由哪些基本结构组成？

（3）常用的包装设备有哪些？各有什么特点？

（4）收集一个自动化包装生产线的实际案例，分析其工作流程及使用到哪些包装设备。这些包装设备各自的功能是什么？

第 7 章

流通加工设施与设备

本章学习目标

- 掌握流通加工的概念、特点及作用；
- 掌握剪板机的作用、基本结构及技术参数；
- 了解切割机的类型，以及几种常见的金属、非金属切割机；
- 掌握冷链物流设施与设备的概念及常用的冷链物流设施与设备；
- 了解混凝土搅拌设施与设备的主要组成部分。

案例导入

近年来，随着中国经济的高速发展，人们对生鲜、农产品的消费需求正逐步升级。国内的生鲜、农产品越来越丰富，生鲜、农产品生产企业之间的市场竞争越来越激烈。因此，国内头部生鲜、农产品生产企业开始逐步构建供应链，与上下游企业建立战略合作关系，形成集生产、销售、研究与加工、配送于一体的产业链。在资源和质量均能满足用户需求的同时，生鲜、农产品流通加工与配送成为生鲜、农产品生产企业营销战略的重点之一。集加工、配送、仓储、运输、销售、信息服务于一体，通过电子商务、即时配送等现代物流手段的、基于集成供应链的生鲜、农产品加工配送中心开始不断建设。

思考题：生鲜、农产品加工配送中心这一模式成功的主要原因是什么？

案例解读

流通加工是实现生产与消费连接的重要桥梁和纽带，这是运输、存储等其他功能要素所无法代替的。流通加工是一种低投入、高产出的加工方式，往往以简单加工解决大问题。实践证明，流通加工可以通过改变包装的装潢使商品档次跃升而充分实现其价值，有时流通加工可以将产品利用率提高 20%～50%。利用生鲜、农产品加工配送中心，可以大幅降低生鲜、农产品在物流过程中的损耗，同时可以通过系列增值性加工完善生鲜、农产品的使用价值，并提高生鲜、农产品的物流效益。

7.1 流通加工概述

流通加工既是现代社会化分工、专业化生产的新形式，也是物流过程中不可缺少的核心服务。流通加工是在流通领域中对生产的辅助性加工，从某种意义上来讲，它不仅是生产过程的延续，实际上也是生产本身或生产工艺在流通领域的延续。流通加工不仅增加了运输、仓储、配送等活动的附加价值，也提高了物流过程本身的价值。

7.1.1 流通加工的概念和特点

1. 流通加工的概念

流通加工是指在物品从生产地到使用地的过程中，根据需要施加包装、分割、计量、分拣、刷标志、贴标签、组装等简单作业的总称。流通加工是在某些原料或产品从供应领域向生产领域，或者从生产领域向消费领域流动的过程中，为了有效利用资源、方便用户、提高物流效率和促进销售，在流通领域对产品进行的初级或简单再加工。

流通加工是物流中具有一定特殊意义的物流形式。一般来说，生产是通过改变产品的形式和性质创造产品价值和使用价值的，而流通则保持产品的原有形式和性质，仅完成其所有权的转移和空间形式的位移。物流活动中的包装、存储、运输、装卸等活动一般不会改变物流的对象，但是为了提高物流速度和产品的利用率，在产品进入流通领域后，还需要按用户的要求进行一定的加工作业，即在产品从生产领域向消费领域流通的过程中，为了促进销售、维护产品质量、实现物流的高效率所进行的使产品发生物理或化学变化的活动，这就是流通加工。

2. 流通加工的特点

流通加工在加工方法、加工组织、作业管理过程中，与生产领域的加工有些相似。流通加工的目的是解决生产过程中在生产作业面积、劳动力等方面的困难。其特点如下。

① 流通加工的目的，主要是更好地满足用户的多样化需求，降低物流成本、提高物流质量和效率。

② 流通加工的对象，主要是进入流通领域的产品，包括各种原材料和成品，一般不是生产过程中的半成品。

③ 流通加工多是简单的加工或作业，是对生产加工的一种补充，目的是更好地满足需求。一般来讲，如果必须进行复杂加工才能形成人们所需的产品，那么这种复杂加工应专设生产加工过程，在生产过程中完成大部分的加工活动。流通加工只是对生产加工的一种辅助及补充而不是对生产加工的替代。

④ 流通加工更趋向于完善产品的使用价值，多数是在对产品不做大的改变的情况下提高产品价值，而生产加工的目的在于创造产品价值及使用价值。

⑤ 流通加工是由从事物流活动并能密切结合流通需要的物流经营者组织的加工活动。例如，商品流通企业、物资企业、运输企业等的流通加工作业。

7.1.2 流通加工的作用

1. 提高原材料的利用率

利用流通加工设施与设备对流通对象进行集中下料,可将生产厂商直接运来的简单规格的产品,按使用部门的要求进行下料。例如,将钢板进行剪板、裁切,将钢筋或圆钢裁制成毛坯,将木材加工成各种长度及大小的板/方材等。集中下料可以实现优材优用、小材大用、合理套裁,取得了很好的技术与经济效果。北京、济南、丹东等城市对平板玻璃进行流通加工(集中裁制、开片供应),玻璃利用率从60%左右提高到85%~95%。

2. 可以进行初级加工,方便用户

某些用量小或只是临时需要的使用单位,缺乏进行高效率初级加工的能力,依靠流通加工点的设施与设备进行流通加工,可使使用单位省去初级加工的设备投资和人力投资,为其提供便利。目前,发展较快的初级加工有将水泥加工成混凝土、将原木或板/方材加工成门窗、冷拉钢筋及冲制异型零件、钢板预处理、整形、打孔等。

3. 提高加工效率

建立集中加工点可以采用效率高、技术先进、加工量大的专门机械和设备,这样做既提高了加工质量,也提高了设备利用率,还提高了加工效率,其结果是降低了加工费用及原材料成本。例如,一般的使用部门在对钢板下料时,会采用气割的方法留出较大的加工余量,不但出材率低,而且由于热加工容易改变钢的组织结构,加工质量也不好;集中加工后可设置高效率的剪切设备,在一定程度上弥补了上述缺陷。

4. 充分发挥各种输送设备的运输效率

流通加工环节将实物的流通分成两个阶段。一般说来,由于流通加工点设置在消费地,因此,从生产厂商到流通加工环节的第一阶段输送距离较长,而从流通加工环节到消费环节的第二阶段输送距离较短。第一阶段是在数量有限的生产厂商与流通加工点之间进行定点、直达、大批量的远距离输送,因此可以采用船舶、火车等进行大量输送的集中运输;第二阶段则是利用汽车和其他小型车辆来输送经过流通加工的多规格、小批量、多用户的产品,这样可以提高各种输送设备的效率,加快输送速度,节省运力、运费。

5. 提高产品的附加值,增加收益

流通加工在很大程度上可以通过提高产品的附加值,使产品的价值得到提高,从而增加企业的收益。而且,流通加工也是物流企业重要的利润来源。例如,对某些轻工产品进行简单的包装和装潢加工、对某些农副产品进行简单的精制加工,可以改变产品的外观功能,从而使产品售价得到很大的提高,产生较大的经济效益。流通加工是物流领域中高附加值的生产活动,而且它可以充分体现现代物流着眼于满足用户需要的服务功能。

7.1.3 流通加工合理化

流通加工合理化是实现流通加工的最优配置,不仅可以避免各种不合理现象,使流通加工有存在的价值,而且可以帮助企业做出最优的选择。为避免各种不合理现象,对是否设置流通加工环节、在什么地点设置、选择什么类型的流通加工、采用什么样的技术设备等,需要做出正确选择。目前，国内在进行流通加工合理化方面已积累了一些经验、取得了一定成果。

实现流通加工合理化，主要应考虑以下几个方面。

(1) 加工和配送相结合

将流通加工环节设置在配送点中，一方面可以按配送的需要进行加工；另一方面，由于加工也是配送业务流程中的一环，加工后的产品可以直接投入配货作业，就无须单独设置一个加工的中间环节，使流通加工有别于独立的生产，从而使流通加工与中转流通巧妙结合在一起。同时，由于配送之前有加工，可使配送服务水平大大提高。这是当前对流通加工做合理选择的重要形式，在煤炭、水泥等产品的流通中已表现出较大的优势。

(2) 加工和配套相结合

在对配套要求较高的流通环节，配套的主体来自各个生产单位，但完全配套有时无法全部依靠现有的生产单位，进行适当的流通加工，可以有效促成配套，大大提高流通加工作为生产与消费之间的桥梁及纽带的能力。

(3) 加工和合理运输相结合

流通加工能有效衔接干线运输与支线运输，促进两种运输形式的合理化。利用流通加工，在支线运输转干线运输（简称支转干）或干线运输转支线运输（简称干转支）这本来就必须停顿的环节，不进行一般的支转干或干转支，而是按干线或支线运输合理的要求进行适当加工，从而大大提高运输及运输转载水平。

(4) 加工和合理商流相结合

通过加工有效促进销售，使商流合理化，也是流通加工合理化的考虑方向之一。加工和配送的结合，提高了物流企业的配送水平、强化了商家的销售能力，是加工与合理商流相结合的一个成功的例证。此外，通过简单地改变包装规格，形成方便的购买量，以及通过组装加工解决用户使用前进行组装、调试的难处，都是有效促进商流的例子。

(5) 加工和节约相结合

节约能源、节约设备、节约人力、节约耗费是流通加工合理化的重要考虑因素，也是目前我国设置流通加工环节、考虑其合理化的较普遍的形式。

7.1.4 流通加工的作业类型

流通加工的作业类型非常繁杂，对于不同的产品、不同的作业目的，可以形成多种多样的作业类型。根据流通加工作业性质的不同，流通加工可以分为以下3种基本作业类型。

(1) 对原材料的初级加工

对原材料的初级加工主要包括对钢材、木材、石材、玻璃、煤炭和水泥等原材料的各种加工，这是加工作业量较大的一类流通加工。常见的对原材料的初级加工有对大型卷钢的剪裁加工，对木材、石材和玻璃的切割加工，对煤炭的粉碎、配兑加工，以及混凝土搅拌加工等。

(2) 对产品的增值性加工

对产品的增值性加工主要包括对农副产品的切分、洗净、脱皮和分选，对生鲜食品的精制加工等。对产品的增值性加工可以提升产品的质量，起到保护产品、提升产品价值的作用，既可以促进产品销售，又可以方便用户的使用。

(3) 对产品的辅助性加工

对产品的辅助性加工主要包括产品的包装、分拣、分装、组装、贴标签和拴标志牌等，这些加工作业是为了组织产品运输、存储、配送和销售活动所进行的辅助性加工作业，不改变产品本身的形态，但可以改变产品的外观形式。这些加工作业一般是物流活动中必不可少的作业环节。

7.1.5 流通加工设施与设备的分类

根据流通加工的作业类型，可以将流通加工设施与设备分为以下几类。

1. 原材料流通加工设施与设备

（1）金属加工设备

金属加工设备是指主要用于金属板材下料、剪切、折弯、切削加工的设备。例如，用剪板机进行下料加工，用切割设备将大规格的钢板裁小或裁成毛坯等。

某些金属材料的长度、规格不完全符合用户的要求，若采用单独剪板下料方式，设备闲置时间长、人力消耗大，而采用集中剪板、集中下料方式，可以避免单独剪板下料的一些弱点，提高材料利用率。利用金属加工设备进行流通加工的金属材料主要有钢材、铝材、合金等。

利用金属加工设备进行流通加工，可以提高加工精度、减少边角废料、减少消耗、提高加工效率；可以增加加工批量、提高加工效率、降低成本；可以简化生产环节、提高生产水平，并有利于进行高质量的流通加工。

（2）木材加工设备

木材加工设备是在流通加工环节将原木锯裁成各种锯材，同时将碎木、碎屑集中起来加工成各种规格的板材，还可以进行打眼、凿孔等初级加工的设备。木材加工设备具体包括磨制、压缩木屑机械和集中开木下料机械。

林区外送的原木中有相当一部分是造纸树，美国一般会在林木生产地就地将原木磨成木屑，然后将木屑压缩成容重较大、容易装运的形状，运至靠近消费地的造纸厂，取得了较好的效果。根据美国的经验，采取这种办法比直接运送原木节约一半的运费。

在流通加工点利用木材加工设备将原木锯裁成各种规格的锯材，将碎木、碎屑集中加工成各种规格板，还可以根据需要进行打眼、凿孔等初级加工。过去用户直接使用原木，不仅加工复杂、加工场地大、加工设备多，而且资源浪费情况严重，原木平均利用率不到50%，平均出材率不到40%。实行集中下料，按用户要求供应规格料，可以使原木利用率提高到95%左右、出材率提高到72%左右。

（3）煤炭加工设备

煤炭加工设备是用于将煤炭及其他发热物质，按不同的配方进行掺兑加工，生产出各种具有不同发热量的燃料的设备。煤炭加工设备主要包括除矸加工机械、管道输送煤浆加工机械、配煤加工机械等。

除矸是提高煤炭纯度的加工形式。一般煤炭中混入的矸石有一定发热量，混入一些矸石既是允许的，也是较经济的。但是，有时在运力十分紧张的地区要求充分利用运力，多运"纯物质"，少运矸石，不允许煤炭中混入矸石。在这种情况下，可以采用除矸加工机械排除矸石，提高煤炭的运输效益和经济效益，减少运输能力的浪费。

煤浆加工的主要目的是便于运输，减少煤炭消耗，提高利用率。煤炭运输主要采用运输工具载运方法，运输中损失、浪费较大，又容易发生火灾。目前，管道运输在某些国家已开始投入运行，有些企业在内部也采用这一方法进行燃料输送。这种方法是在流通的起始环节将煤炭磨成细粉,再用水调和成浆状使其具备流动性,可以像其他液体一样进行管道输送。这种方式不争夺现有运输系统的运力,输送连续、稳定且快速,是一种经济的运输方法。

配煤加工是在使用地区设置集中加工点,将各种煤及其他一些发热物质,按不同配方进行掺兑加工,生产出各种具有不同发热量的燃料。这种加工方式可以按需要的发热量生产和供应燃料,既可以防止热能浪费、"大材小用"的情况的发生,也可以防止发热量过小、不能满足使用要求的情况发生。工业用煤经过配煤加工还可以起到便于计量控制、稳定生产过程的作用,极具经济价值及技术价值。

(4)水泥混凝土加工设施与设备

水泥混凝土加工设施与设备是用于将水泥、沙石等加水配制加工成商品混凝土,并按用户需要进行配送、供应的设施与设备。水泥混凝土搅拌机械是水泥混凝土加工中常用的设备之一,是制备混凝土及将水泥、沙石和水均匀搅拌的专用机械。

水泥混凝土加工设施与设备改变了将粉状水泥供给用户、由用户在建筑工地现制现拌混凝土的方法,而将粉状水泥输送到使用地区的流通加工点(称作集中搅拌混凝土工厂或混凝土工厂),在那里搅拌成混凝土,然后供给各个工地或小型构件厂使用。这是水泥流通加工的一种重要方式,它的经济效果优于直接供应或购买水泥在工地现制现拌混凝土方法的经济效果,因此受到许多国家的重视。

(5)玻璃加工设备

玻璃加工设备是用于大规格平板玻璃的切割加工,可按用户需求将大规格平板玻璃切割成各种小规格的成品玻璃的设备。

平板玻璃的"集中套裁、开片供应"是重要的流通加工方式。这种方式是在城镇中设立若干个玻璃套裁中心,按用户提供的图纸统一套裁开片,向用户供应成品,用户可以将其直接安装到采光面上。在此基础上也可以逐渐形成从工厂到套裁中心的稳定、高效率、大规模的平板玻璃"干线输送",以及从套裁中心到用户的小批量、多户头的"二次输送"的现代物资流通模式。

2. 产品增值性加工设备

(1)冷冻加工设备

冷冻加工设备主要用于解决一些商品需要低温保质保鲜的问题,主要是生鲜食品,如鲜肉、鲜鱼等在流通过程中的保鲜及搬运装卸问题。

(2)分选加工设备

分选加工设备主要用于按照一定规格、质量标准对一些农副产品进行分选加工,如果类、瓜类、谷物、棉毛原料等产品。这是由于农副产品的规格、质量、离散情况较复杂,为了高效地获得符合一定规格、质量要求的产品,需要采用一些设备对其进行分选加工。

(3)精制加工设备

精制加工设备主要用于去除食品无用部分后,再进行切分、洗净、分装等加工。这种加工不但可以使产品进行分类销售,大大方便了购买者,还可以对产品精制加工的淘汰物进行综合利用。比如,鱼类精制加工所剔除的鱼鳞可以制成高级黏合剂,头、尾可以制成鱼粉,某些内脏可以制药或制成饲料等。

3. 产品辅助性加工设备

（1）分装加工设备

分装加工设备主要用于将运输包装改为销售包装。许多生鲜食品为了保证高效运输出厂，包装体积较大，也有一些是采用集装运输方式运达销售地区的。为了便于销售，这些生鲜食品在销售地区需要按相应的零售规格进行新的包装，即大包装改小、散装改小包装、运输包装改销售包装等。这种分装加工可方便产品销售和消费，并起到一定的促销作用。

（2）组装加工设备

很多产品是不易进行包装的，即使采用防护包装，其成本也很高，故对一些组装技术要求不高的产品，如自行车之类的产品，其组装可以在流通加工中完成，以降低储运费用。

（3）其他通用加工机械

其他通用加工机械主要包括：裹包集包设备，如裹包机、装盒机等；外包装配合设备，如钉箱机、裹包机、打带机；印贴条码标签设备，如网印设备、喷印设备、条码打印机；拆箱设备，如拆箱机、拆柜工具；称重设备，如称重机、地磅等。

7.2 原材料流通加工设施与设备

7.2.1 剪板机

1. 剪板机的作用

剪板机是用于剪切钢板等金属板材的机械。在钢材流通加工中，剪板机是应用较广泛的加工设备，可用于各种规格的钢板、钢卷等金属材料的剪裁加工。

热轧钢板和钢带等钢材出厂时长度可达 7~12m，有的是成卷交货。对于使用钢材的用户来说，大中型企业由于消耗批量大，可设置专门的剪板及下料加工设备，按生产需要进行剪板、下料加工；但对于使用量不大的企业和多数小微型企业来说，单独设置剪板及下料设备，有设备闲置时间长、人员浪费大、不容易采用先进方法等缺点。在流通过程中对钢材进行剪板及下料加工，可以有效地解决上述弊病。

使用剪板机对钢材进行剪板、下料的流通加工具有以下优点。

① 可以选择加工方式，较之气焊切割，其加工后钢材的金相组织变化较少，可保证钢材的原状态，有利于进行高质量加工。

② 加工精度高，既可减少废料、边角料，也可减少再加工的切削量，既提高了再加工效率，又有利于减少损耗。

③ 由于集中加工可保证批量及生产的连续性，可以专门研究此项技术并采用先进设备，大幅度提高效率并降低成本。

④ 使用户简化生产环节，提高生产水平。

2. 剪板机的基本结构

剪板机在流通领域可用于板料或卷料的剪裁，其工作过程主要是板料在剪板机的上、下刀刃的作用下受力产生断裂分离。普通剪板机一般由机身、传动系统、刀架、压料器、刀片间隙调整装置、挡料装置、灯光对线装置、托料器、润滑装置、电气控制装置等部件组成。普通剪板机如图 7-1 所示。

图 7-1　普通剪板机

（1）机身

机身一般由左右立柱、工作台、横梁等组成。机身分为铸件组合结构和整体焊接结构。机身大多采用铸件，通过螺栓、销钉将各组铸件连接成一体。铸件组合结构属于老式结构，这种结构的机身较重、刚性差、接合面的机械加工工作量大。整体焊接结构的机身与铸件组合结构的机身相比，具有机身质量较轻、刚性好、便于加工等优点，因此采用整体焊接结构的机身的剪板机日益增多。

（2）传动系统

剪板机的传动系统有机械传动系统和液压传动系统之分。机械传动系统包括圆柱齿轮传动系统和涡轮副传动系统，以圆柱齿轮传动系统居多。圆柱齿轮传动系统又分为上传动式系统和下传动式系统。下传动机械式剪板机的结构紧凑，机身不高，剪板机重心低，稳定性能较好，制造、安装也比较容易。一般下传动机械式剪板机用于剪切厚度小于 6mm 的小规格钢材。液压式剪板机的主要特点是剪切力在全行程中保持不变，可防止过载，且工作安全、通用化程度高、质量较轻、参数调整易实现自动化。但是液压式剪板机的行程次数较少，电动机功率略大，故障排除不如机械式剪板机容易。

（3）刀架

刀架是剪板机的重要部件。老式小型剪板机的刀架多为铸铁件，大型剪板机的刀架多为铸钢件。近年来，采用钢板结构的刀架的剪板机日益增多。

（4）压料器

在剪板机上，刀片的前面设有压料器，使板料在整个剪切过程中始终被压紧在工作台面上。压料器所产生的压力要能够克服板料因受剪切力的作用而产生的回转力矩，使板料在剪切时不产生位移或翻转。压料器有机械传动和液压传动等形式，在小规格剪板机中较多使用机械传动压料器。近年来，液压传动压料器的使用日益增多，以满足用户的压料力大和剪切精度高等要求。

（5）刀片间隙调整装置

为了适应剪切不同厚度的板料的要求，剪板机需要根据板料的厚度调节刀片的间隙，刀片间隙过大或过小都会损坏刀片和影响板料剪切断面的质量，因此，要求刀片间隙调整装置操作方便、刚性好。

（6）挡料装置

为了控制剪切板料尺寸和提高定位效率，剪板机设有挡料装置。挡料装置有手动和机动两种，手动挡料装置多用于小型剪板机，机动挡料装置多用于大中型剪板机。

（7）灯光对线装置

当剪板机不使用后挡料装置，或者剪切时剪刃需要与事先划好的刻线对准时，应使用灯光对线装置,以保证剪切的尺寸精度,但有些剪板机上没有灯光对线装置。

(8)托料器

在剪板机工作台上设有托料器,其作用是将板料托起,使板料在工作台上轻快地移动。

3. 典型的剪板机

剪板机按其传动方式的不同,可分为机械式剪板机和液压式剪板机;按其工艺用途的不同,可分为多用途剪板机和专用剪板机;按其上刀片相对下刀片位置的不同,可分为平刃剪板机和斜刃剪板机;按其刀架运动方式的不同,可分为直线式剪板机和摆动式剪板机。另外,还有多功能剪板机、多条板料滚剪机等。

(1)机械式剪板机

机械式剪板机的传动装置多为齿轮传动,有上传动式和下传动式等不同的结构类型。图 7-2 所示为下传动机械式剪板机,其工作过程如下:通过电动机驱动飞轮轴,再通过离合器和齿轮减速系统驱动偏心轴,然后通过连杆带动上刀架,使其做上下往复运动,进行剪切作业。

一般下传动机械式剪板机用于剪切厚度小于 6mm 的板材,属于小规格剪板机。机械式剪板机结构简单、运动平稳、行程次数多、易于维护、使用寿命较长,而且价格低廉,因而其应用比较广泛。

(2)液压式剪板机

以液压摆式剪板机为例,其传动方式为液压传动,剪板机的上刀架在剪切过程中绕着一条固定轴线做摆转运动,剪切断面的表面粗糙度较小,尺寸精度较高,而且切口与板料平面垂直,如图 7-3 所示。液压摆式剪板机主要用于剪切厚度大于 6mm、板宽不大于 4m 的板材。液压摆式剪板机可以分为直剪式剪板机和直斜两用式剪板机,直斜两用式剪板机主要用于剪切 30°焊接坡口断面。

图 7-2 下传动机械式剪板机　　图 7-3 液压摆式剪板机

(3)多功能剪板机

多功能剪板机就是既能够进行板材剪切又能够进行其他加工作业的剪板机,如图 7-4 所示。常见的多功能剪板机主要有板料折弯剪切机和板料型材剪切机等类型。板料折弯剪切机在同一台剪切机上可以完成两种工艺,剪切机下部进行板料剪切、上部进行板料折弯成型;也有的板料折弯剪切机前部进行剪切,后部进行板料折弯。板料型材剪切机既可以剪切板材也可以剪切型材,还可以根据需要进行板材和不同型材的剪切加工。

(4)多条板料滚剪机

为了将宽卷料剪成窄卷料,或者将板料同时剪裁成多条条材,可以利用多条板料滚剪机下料,如图 7-5 所示。多条板料滚剪机在两个平行布置的刀轴上,按条材的宽度安装若干个圆盘形刀片,由电动机及齿轮传动装置驱动网盘刀轴转动,刀轴带动圆盘形刀片转动,可以把宽卷料或板料剪成若干符合所需宽度的窄卷料或条材。一般在滚卷机前、后分别配置展卷机和卷绕机，将卷料展开、滚剪之后再绕成卷料放在支架上。这类滚剪机剪裁的材料宽度由圆盘形刀片的垫圈宽度决定，精度较高。

图 7-4　多功能剪板机　　　　　　　图 7-5　多条板料滚剪机

4．剪板机的技术参数

（1）剪切厚度

剪板机的剪切厚度一方面取决于剪切力的大小，另一方面受剪板机结构强度的限制。影响剪切厚度的因素有很多，如切削刀的锋利程度、上下切削刃间隙、剪切角度、剪切速度、剪切温度和剪切面宽度等，而最主要的影响因素还是被剪切材料的强度。目前，国内外剪板机的最大剪切厚度大多不超过 32mm，剪切厚度过大，从设备的利用率和经济性来看都是不可取的。

（2）剪切板料宽度

剪切板料宽度是指沿着剪板机剪刃的方向，一次剪切完成板料的最大尺寸，它参照钢板宽度和使用厂家的要求确定。随着工业的发展，剪切板料宽度不断增大，目前剪切板料宽度为 6m 的剪板机已经比较普遍，最大的剪切板料宽度已达 10m。

（3）剪切角度

为了减少剪切板料的弯曲和扭曲，一般采用较小的剪切角度，但这样可能使剪切力增大，对剪板机受力部件的强度、刚度也会带来一些影响。所以，使用者应合理选定剪切角度。

（4）行程次数

行程次数直接关系到剪板机的生产效率。随着生产力的发展及各种上下料装置的出现，要求剪板机有较高的行程次数。机械传动的小型剪板机，一般每分钟可达 50 次以上。

7.2.2　切割机

切割机是用于对金属、玻璃和石料等原材料进行切割加工的机械。切割机的种类很多，一般按照用途的不同可分为金属切割机、平板玻璃切割机和石材切割机等类型；按照切割方式的不同可分为等离子切割机、高压水切割机、火焰切割机、激光切割机和电火花线切割机等类型。

1．金属切割机

金属切割机是用于切割加工各种金属板材、管材和型材等金属材料的加工机械。金属切割机主要包括火焰切割机、等离子切割机、激光切割机等。

① 火焰切割机可用于切割大厚度碳钢板材，切割费用较低，但板材变形情况较严重、切割精度不高，而且切割速度较慢、切割预热时间和穿孔时间长，较难适应全自动化操作的需要。它主要应用于碳钢、大厚度金属板材的切割加工。

② 等离子切割机可用于切割各种金属板材，切割速度快、效率高，在水下切割能消除切

割时产生的噪声、粉尘、有害气体和弧光的污染，有效地改善工作环境。等离子切割机的切割精度比火焰切割机高，采用精细等离子切割机的切割质量接近激光切割机的水平，大功率等离子切割机的切割厚度已超过100mm。

③ 激光切割机是利用激光光束照射到金属工件表面时释放的能量使金属工件熔化，以达到切割或雕刻的目的的切割机。激光切割机具有精度高、切割快速、切口平滑、不受切割图案限制、自动排版、节省材料及加工成本低等特点，但其价格昂贵、切割费用高，目前一般用于薄板切割及加工精度要求高的场合。

图7-6所示为激光切割机，其主要由切割机主体、大功率激光电源、水冷柜及电脑操作控制台等部分组成。激光切割机是光、机、电一体化的金属加工设备，适用于不锈钢、碳钢、合金钢、弹簧钢、铝、银、铜、钛等金属板材及管材的切割，广泛应用于五金、金属工艺品、机械零件及金属材料流通加工等行业。

图7-6 激光切割机

2. 平板玻璃切割机

平板玻璃切割机主要用于平板玻璃流通过程中对大规格平板玻璃的集中套裁、开片、切割加工。玻璃流通加工中心可根据用户需求并按用户提供的图样统一套裁、开片，向用户供应可直接用于安装的成品。常用的平板玻璃切割机主要有玻璃自动切割机、翻转式玻璃切割机、靠模玻璃切割机、夹层玻璃自动切割机等多种类型。

（1）玻璃自动切割机

玻璃自动切割机由切桌、切割桥、电脑控制箱、掰板台和供电柜等主要部件组成，如图7-7所示。切割桥是横跨于切桌上空的金属结构桥架，它支承在切桌纵向外侧的金属导轨上，切割桥可以沿着该导轨做纵向运动。切割头安装在切割桥侧面的导轨上，玻璃自动切割机通过齿条传动驱动切割头沿着导轨做横向运动。切割头上安装有硬质合金钢制成的刀轮，刀轮施加于玻璃表面的压力由小型气缸进行调节。

图7-7 玻璃自动切割机

（2）翻转式玻璃切割机

翻转式玻璃切割机由切桌、切割桥、液压翻转装置、控制柜、供电柜等主要部件组成。其切桌的桌面、气垫装置与玻璃自动切割机切桌的基本相同，其支架由型钢柱、型钢架构成，外侧不封钢板。桌面设有输送带，纵向设有 1 块、横向设有两块掰断玻璃用的顶板，这些顶板的升降动作由气动装置控制。桌面纵向一侧有支承玻璃片的挡辊。切割桥由金属结构桥和切割头组成，切割头分为单切割头和双切割头两种。横向、纵向切割分别使用不同的切割头，有 1 个横向切割头安装在切割桥的导轨上，它只能进行横向切割；另外，有 9 个纵向切割头安装在切割桥的另一条导轨上。切割桥导轨的一侧装有有精细刻度的标尺，导轨上有滑块，切割头装在滑块上，其位置由人工依据裁切的尺寸对照标尺精确定位。这两种切割头的硬质合金钢刀轮均安装在一个小型气缸的活塞杆上，工作时向气缸提供压缩空气，刀轮向下并以一定压力压在玻璃上。纵向切割头一般不需要全部工作，需要工作时，其供气支管的调节阀应事先打开。此类切割桥通过按钮由人工操作。液压翻转装置由一组液压缸组成。切桌的一侧支架与固定在地面上的钢结构铰接，设有一组液压缸，其活塞杆端部与切桌的型钢梁铰接，当活塞杆处于拉回状态时，切桌桌面处于水平状态。当液压缸反向供油，活塞杆推出时，切桌桌面翻转 80°。这种玻璃切割机只能切出矩形玻璃，大规格的玻璃原片通常采用吊车—真空吸盘组合装置装片。

（3）靠模玻璃切割机

靠模玻璃切割机由气垫切割台、气箱、电气柜、风机柜、进料辊、模板、模板架、切割臂、切割头等组成。气箱、电气柜、风机柜用型钢及钢板组合成一箱体，气箱在箱体的上部，下部是电气柜和风机柜，各部分由钢板隔开。电气柜是本机的供电枢。风机柜内装有风机，有送风管。送风管与气箱及与通向车间的短管相接，管上装有换向阀。进料辊是套有橡胶圈的辊子，用轴承座安装在风箱 3 个侧面的上沿。装卸玻璃片时，先将玻璃靠在辊上，避免玻璃表面被气垫切割台的边缘擦伤。气垫切割台安装在气箱的顶部，由钻有许多小孔的铝板、毛毡、定位块及定位杆组成。小孔与气箱相连，当风机向气箱送风时，气垫切割台台面形成气垫；当拨动换向阀使风机从气箱抽气时，气垫切割台台面形成负压场，把玻璃片吸牢在台面上。在台面上横向有定位块，纵向有定位杆，用来将玻璃原片定位在气垫切割台台面上。模板由多层胶合板制成，中间按所需切割的玻璃尺寸加上余量后镂空，并用模板架固定在气垫切割台台面的上方。有两个定位架安装在气垫切割台纵向的操作侧，而模板架安装在这两个定位架上，并由锁紧装置锁紧，切割玻璃时模板不摆动。切割臂由两段铝型材工作臂铰接而成。气箱型钢架非操作侧装有一个支座，切割臂的一端装于此支座的立轴上，处于模板的上方，可在模板的上方绕支座上的立轴及铰接轴摆动。支座下面有两个调节螺栓，调整这两个螺栓，可使切割臂在水平面上摆动。切割臂的另一端装有切割头，切割头由手柄、按钮盒、挡轮、挡套、刀轮座、刀轮、切割液管子及阀门等组成。

（4）夹层玻璃自动切割机

现代建筑使用的夹层玻璃是采用自动化、大批量方式生产的，产品规格大，往往需要按订单的尺寸进行切割加工，然后供用户使用。夹层玻璃自动切割机由切割机及掰断装置两大部分组成。该切割机的切桌、切割桥、计算机控制箱等部件的结构与玻璃自动切割机相似。夹层玻璃自动切割机的特点是有两个切割桥，分别安装在切桌的上、下方。两个切割头同时同方向在同一垂直面上对夹层玻璃的上、下表面进行切割，两条刀痕处在同一垂直面上。夹层玻璃自动切割机的掰断有冷掰及热掰两种工艺。前者的掰断装置安装在切桌的中部，切出刀痕的夹层玻璃在刀痕两边用夹板夹紧，然后液压装置将夹层玻璃在刀痕处折断，台上装有拉伸装置，用此拉伸装置可以将夹层玻璃在断裂处拉开，中间的 PVB 膜即被折断，夹层玻璃一分为二。即使厚玻璃及膜片，其边缘也都是平滑的，尺寸精确。

（5）水平式无齿锯切割机

水平式无齿锯切割机由金刚砂砂轮、传动装置、固定式悬臂梁、移动式载物架、导轨、导向板、工作台、机架、水喷头及控制台等组成。工作台、固定式悬臂梁与机架连成一体，构成坚固的钢结构。工作台上装有导轨及导向板，移动式载物架安装在导轨上。金刚砂砂轮的传动装置安装在固定式悬臂梁上，金刚砂砂轮安装在其传动装置的轴上。传动装置由变速电动机驱动，所需切割的夹层玻璃平放在移动式载物架上，导向板定位后，夹层玻璃的一边紧靠导向板，启动传动装置，先以低速运转，徐徐推动移动式载物架，即可将夹层玻璃切割成预定的尺寸。如在移动式载物架上先安装具有一定角度的垫板，再将夹层玻璃放在垫板上，则夹层玻璃的切口是以垫板倾角为补角的斜切口。水喷头安装在固定式悬臂梁的一侧，与水管相连，切割玻璃时，将自来水经喷嘴喷于金刚砂砂轮片与玻璃的接触处，以冷却砂轮片及防止玻璃粉尘飞扬。该切割机用于切割多层夹层玻璃，适合切割规格较小和厚度较大的产品。

（6）异形玻璃切割机

异形玻璃切割机是为各种异形玻璃切割所设计的切割机。该切割机从取片到切割，完全由计算机自动控制；切割压力可根据切割速度自动调节，可依据图形及其组合切割出任何普通形状的玻璃。

3. 石材切割机

石材切割机是一种由切割刀组、石料输送台、定位导板及机架组成的专业切割石材的设备，如图 7-8 所示。切割刀组在石料输送台上部署并置于机架上，切割刀组之间固定有定位导板；切割刀组由电动机、皮带、刀轮轴、切割刀具组成，切割刀具固定在刀轮轴上。石材切割机可对各种类型的石料进行不同深度的机械切割加工，加工效率高，同时能有效利用小型石料，大大节约石料资源，也有利于环境保护。

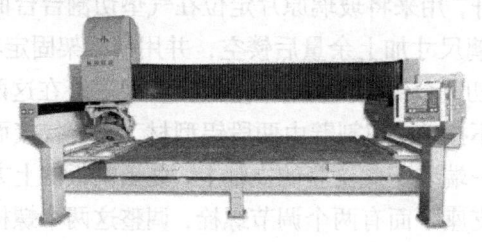

图 7-8 石材切割机

4. 新型高科技切割设备

随着高科技的发展，出现了许多新型高科技切割设备，大大提高了切割的精确性和效率。这些新型高科技切割设备既可以切割金属材料，也可以切割非金属材料，主要有超高压水射流切割机、激光切割机等。

① 超高压水射流切割机是一种多用途、性能完善的切割设备，它最大的特点是采用非热源的高能量射流束加工，无加热过程，故可切割众多金属和非金属材料，特别是各种热切割方法难以胜任或不能加工的材料。超高压水射流切割机具有切速快、切口平整、无尘埃、无热变形、无污染、减少材料浪费等优点，可切割钛合金、铜板、钢板、铝板、铸铁、大理石、瓷砖、木材、塑料等材料。

② 激光切割技术在国内发展得十分迅速，激光切割机可以在平面板材上进行直线和任意曲线切割，除金属材料外，还可以切割各种非金属，如橡胶、胶合板、人造革、塑料、有机玻璃、云母片、玻璃纤维、布匹等。其广泛应用于板材加工、汽车制造及仪表、轻工建材等行业。激光切割机可同时兼有雕刻、薄板焊接等功能，进行激光切割不需要后续加工，节省了大量后续加工设备。尤其在产品频繁更新的今天，激光切割机对生产的适应能力较强，特别有利于多品种、小批量的生产企业加快产品的改型和更新换代的步伐。

7.2.3 混凝土搅拌设施与设备

建筑业的发展决定了混凝土使用量的不断增加。目前，世界各先进工业国家混凝土的普及率已经达到80%左右。生产混凝土的设施与设备主要包括混凝土原材料的运输和预处理设备、混凝土配料和搅拌设施与设备、混凝土运输及布料设备等。其中的核心设施与设备是混凝土搅拌楼（站）、混凝土搅拌运输车和混凝土泵。混凝土搅拌楼（站）进行混凝土的自动化生产，混凝土搅拌运输车则负责将混凝土从混凝土搅拌楼（站）输送到施工现场，并且在输送过程中保证混凝土拌和物不会发生分层离析与初凝。

1．混凝土搅拌楼（站）

混凝土搅拌楼（站）是用来集中搅拌混凝土的联合装置，又称混凝土预制厂。它生产的混凝土用车辆运送到施工现场，以代替施工现场的单机分散搅拌。搅拌楼与搅拌站的区别主要是，搅拌站生产能力较弱、结构容易拆装、能成组进行转移，适用于施工现场；搅拌楼体积大、生产能力较强，只能作为固定式的搅拌装置、适用于产量大的混凝土供应。HL1-90型混凝土搅拌楼如图7-9所示。

1—控制室；2—集中给料斗管道；3—搅拌机；4—水泥输送管道；5—成品料储罐；6—水泥筒仓

图7-9 HL1-90型混凝土搅拌楼

由于混凝土搅拌楼（站）的机械化、自动化程度很高，所以其生产率也很高，并能保证混凝土的质量和节省水泥，故常用于混凝土用量大、施工周期长、施工地点集中的大中型水利电力工程、桥梁工程、建筑施工等。随着市政建设的发展，能集中搅拌、提供混凝土的混凝土搅拌楼（站）因具有很大的优越性而得到迅速发展，并为推广混凝土泵送施工，以及实现搅拌、输送、浇筑机械联合作业创造了条件。

1）混凝土搅拌楼（站）的组成部分

混凝土搅拌楼（站）主要由物料供给系统、称量系统、控制系统和搅拌主机四大部分组成。

（1）物料供给系统

物料供给是指组合成混凝土的沙石、水泥、水等几种物料的堆积和提升。沙石的提升，一般是以悬臂拉、铲为主，另有少部分采用装载机上料，配以皮带输送机输送的方式。水泥则以压缩空气吹入散装水泥的筒仓，辅之以螺旋输送机给水泥秤供料。搅拌用水一般通过水泵实现压力供水。

（2）称量系统

沙石一般采用累积计量法，水泥单独称量，搅拌用水一般通过定量水表计量和用时间继电器控制水泵运转时间实现定量供应。称量系统的误差应满足一定的精度。

（3）控制系统

控制系统一般有两种方式：一种是开关电路，用继电器程序控制；另一种是采用运算放大器电路，增加配比设定、落实调整容量变换等功能。近年来，计算机控制技术开始应用于控制系统，增加了配比存储、自重除皮、落差迫近、物料消耗和搅拌罐次累计等功能，提高了控制系统的可靠性。

（4）搅拌主机

搅拌主机的选择决定了搅拌楼（站）的生产率。常用的搅拌主机有锥形反转出料式、立轴涡桨式和双卧轴强制式 3 种形式，搅拌主机的规格按搅拌楼（站）的生产率选用。

2）混凝土搅拌楼（站）的分类

（1）按结构的不同分类

混凝土搅拌楼（站）按其结构的不同可分为固定式混凝土搅拌楼（站）、装拆式混凝土搅拌楼（站）及移动式混凝土搅拌楼（站）。

① 固定式混凝土搅拌楼（站）是一种大型混凝土搅拌设备，生产能力大。它主要用于混凝土工厂、大型预制构件厂和水利工程工地。

② 装拆式混凝土搅拌楼（站）由几个大型部件组装而成，能在短时期内组装和拆除，可随施工现场转移，适用于建筑施工现场。

③ 移动式混凝土搅拌楼（站）是把搅拌装置安装在一台或几台拖车上，可以移动、转移的混凝土搅拌设备，机动性好。它主要用于一些临时性工程和公路建设项目。

（2）按作业形式的不同分类

混凝土搅拌楼（站）按其作业形式的不同可分为周期式混凝土搅拌楼（站）和连续式混凝土搅拌楼（站）。

① 周期式混凝土搅拌楼（站）的进料和出料按一定周期循环进行。

② 连续式混凝土搅拌楼（站）的进料和出料为连续进行。

（3）按工艺布置形式的不同分类

混凝土搅拌楼（站）按其工艺布置形式的不同可分为单阶式（垂直式、重力式、塔式）混凝土搅拌楼（站）和双阶式（水平式、横式、低阶式）混凝土搅拌楼（站）。

（4）按工艺的不同分类

混凝土搅拌楼（站）按其工艺的不同可分为一阶式混凝土搅拌楼（站）和二阶式混凝土搅拌楼（站）。

① 一阶式混凝土搅拌楼（站）把沙石、水泥等物料一次提升到楼顶料仓，各种物料按生产流程进行称量、配料、搅拌，直到制成混凝土出料装车。一阶式混凝土搅拌楼（站）自上而

下分成料仓层、称量层、搅拌层和底层。一阶式混凝土搅拌楼（站）工艺流程合理，但要求厂房高，因而投资较大。

② 二阶式混凝土搅拌楼（站）的储料仓同搅拌设备大体在同一水平面上；物料被提升送至储料仓，在料仓下进行累积称量和分别称量，然后用提升斗或皮带输送机送到搅拌机内进行搅拌。二阶式混凝土搅拌楼（站）的高度降低，拆装方便，可减少投资，为一般搅拌站所采用。

2. 混凝土搅拌运输车

混凝土搅拌运输车主要适用于市政、公路、机场工程、大型建筑基础及特殊混凝土工程的机械化施工，是混凝土生产和使用过程中必不可少的一种重要设备。

1）混凝土搅拌运输车的组成部分和工作原理

混凝土搅拌运输车由载重汽车底盘和混凝土搅拌运输专用装置组成，如图 7-10 所示。

混凝土搅拌运输专用装置主要包括取力装置、液压系统、减速机、搅拌装置、操纵机构、清洗机构等。其工作原理是，通过取力装置将发动机的动力取出，并驱动液压系统的变量泵，将机械能转化为液压能传给液压马达，液压马达再驱动减速机，由减速机驱动搅拌装置，对混凝土进行搅拌。

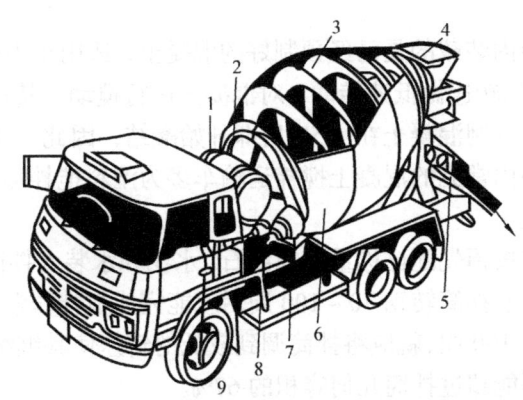

1—储水桶；2—链轮；3—螺旋叶片；4—加料斗；5—出料槽；6—拌筒；7—液压马达；8—驱动轴；9—飞轮式取力器

图 7-10 混凝土搅拌运输车

（1）取力装置

取力装置的作用是通过操纵取力开关，将发动机的动力取出，经液压系统驱动拌筒，拌筒在进料和运输过程中正向旋转，以便于进料和对混凝土进行搅拌，在出料时反向旋转，在工作终结后切断与发动机的动力连接。

（2）液压系统

液压系统的作用是将取力装置取出的发动机的动力转化为液压能，再由液压马达转化为机械能，为拌筒转动提供直接动力。

（3）减速机

减速机的作用是将液压马达输出的"转速"减速后传给拌筒。

（4）搅拌装置

搅拌装置主要包括拌筒、装料与卸料机构。

① 拌筒。拌筒是混凝土搅拌运输车的主要专用部件，其结构形状直接影响混凝土的运输

和搅拌质量，以及进料和出料速度。拌筒支承在不同平面的3个支点上，拌筒轴线与车架（水平线）形成一个倾斜角度，常为16°~20°。

拌筒的工作过程如下：当拌筒顺时针旋转时，筒壁和螺旋叶片使拌和物在不断提升与向下翻落的过程中同时沿螺旋叶片的螺旋方向（向筒底）运动，而拌筒底部的拌和物受端壁作用又向上做翻滚运动，从而使拌和物受到较强烈的搅拌；当拌筒逆时针旋转时，螺旋叶片的螺旋方向向上，螺旋叶片推压混凝土拌和物向上运动，并由料口卸出。为了便于进料和均匀出料，在拌筒料口内装有一个导向管，拌和物由导向管内壁进入拌筒，并沿导向管外壁卸出。

② 装料与卸料机构。装料与卸料机构安装在拌筒料口的一端。混凝土搅拌运输车的进料斗的斗壁上缘用销轴铰接在支架上。进料斗底部的进料口与进料导向管口相贴合，以防进料时混凝土外溢，进料斗还可以绕铰轴向上翻转，露出拌筒料口，以便对拌筒进行清洗。在拌筒料口两侧的支架上装有固定卸料槽，其下又装有一活动卸料槽。活动卸料槽可以通过调节杆改变倾斜角度，因此，它可以适应不同卸料位置的要求。

2）混凝土搅拌运输车的输送方式

由于混凝土搅拌楼（站）至施工现场距离不同和材料供应条件各异，混凝土搅拌运输车的输送方式又可分为以下几种。

（1）湿料搅拌输送

湿料搅拌输送即拌筒内装载的是已经预制好的混凝土，适用于10km以内的运输。在输送途中，拌筒以1~3r/min的转速做低速转动，对混凝土进行搅动。其目的是防止混凝土在途中产生初凝和离析。但是，预制混凝土在1.5h后即开始凝结，因此，预制混凝土从运送到浇灌的时间不能超过1.5h。国内常见的混凝土搅拌运输车多为湿料搅拌输送。

（2）半干料搅拌输送

半干料搅拌输送即将按预先配比称量好的沙石、水泥和水装入拌筒，在行驶途中或施工现场完成搅拌作业。一般来说，拌筒转动70~100周后就能完成搅拌作业，如果运输的距离较长，拌筒转动的总周数超过了100周，就应将拌筒调到较低的转速使其继续转动。在运送半干料时，加入拌筒的混凝土配料不能超过拌筒几何容积的67%。

（3）干料搅拌输送

干料搅拌输送即将沙石和水泥在干料状态下装入拌筒，运输车在运输途中对干料进行搅拌，在到达施工现场时，将运输车水箱内的水加入拌筒，完成最终的搅拌，这种方式适用于运距在10km以上的混凝土运输。在运送干料时，加入拌筒的混凝土配料一般不超过拌筒几何容积的63%。

7.3 冷链物流设施与设备

冷链是根据产品特性，为保持其品质而采取的在从生产到消费的过程中始终处于低温状态的物流系统。冷链物流包括产品生产、存储、运输和销售等多个环节的物流。冷链物流的适用范围主要包括初级农副产品（如蔬菜、水果、肉、禽和蛋等）、冷冻水产品、保鲜食品（如速冻食品、包装熟食品、奶制品等）、快餐原料、花卉产品，以及一些特殊产品（如药品、活性疫苗生物制品）等。

冷链物流从产品采购进货、加工整理、包装、入库、待发及装车运输，直至到达门店后的上架，都需要进行严格的冷链温度控制。例如，在加工车间的操作现场和冷藏库内都设有规范的温度控制点；在配送车辆的运输过程中，冷藏车上的制冷机始终确保车厢内的温度符合冷链要求；产品到达门店后，立即放入温控货架，从而有效保证产品的质量。

冷链物流设施与设备就是在整个冷链物流过程中所采用的各种低温冷藏设施与设备的总称。常用的冷链物流设施与设备有冷库、冷藏车、冷藏箱等。

7.3.1 冷库

冷库是指采用一定的设备进行制冷，并能人为控制和保持稳定低温的存储设施，主要用于生鲜、易腐食品及其他需要低温保存物品的冷藏及冷冻加工。按照不同的分类方式，冷库可以分为多种类型。通常，按照库房容积大小的不同，冷库可分为大型冷库、中型冷库和小型冷库；按照制冷方式的不同，冷库可分为氨制冷式冷库和氟制冷式冷库；按照冷库温度的不同，冷库可分为低温冷库和高温冷库；按照库房建筑方式的不同，冷库可分为土建式冷库、装配式冷库和库架一体式冷库。

1. 冷库的建筑结构

1）冷库建筑结构的特点和要求

冷库与外界存在较大的温差，因此冷库的墙壁、地板及顶部都需要敷设有一定厚度的隔热保温材料，以阻止热量的传递，减少外界热量的传入。目前常用的保温材料有聚氨酯（分板材和现场喷涂两种）、挤塑板和普通泡沫板等。其中，现场喷涂成型的聚氨酯的保温效果最好，其导热系数低且连成整体无拼接缝，具有很高的性价比优势。为了减少太阳辐射能的吸收，冷库外墙表面一般涂成白色或浅颜色。另外，冷库建筑还要防止水蒸气的扩散和空气的渗透。室外空气侵入时不但会增加冷库的耗冷量，还会向库房内带入水分，水分的凝结容易引起建筑结构（特别是隔热结构）受潮、冻结、损坏，所以要设置防潮隔热层，使冷库建筑具有良好的密封性和防潮隔气性能。

冷库的地基受低温的影响，土壤中的水分易被冻结。因此，低温冷库的地坪除要具有有效的隔热层外，隔热层下还必须进行处理，以防土壤冻结。冷库的楼板既要堆放大量的货物，又要通行各种装卸搬运机械设备，因此其结构应坚固并具有较强的承载能力。在低温环境中，特别是在周期性冻结和融解循环过程中，建筑结构易受破坏，因此，冷库的建筑材料和冷库的各部分构造要具有足够的抗冻性能。总的来说，冷库是以其良好的隔热性、密封性、坚固性和抗冻性来保证建筑物的质量的。

2）冷库的建筑结构形式

（1）土建式冷库

土建式冷库的主体建筑一般采用钢筋混凝土结构，其内部的保温结构一般由聚氨酯夹芯冷库板组装而成，或者使用聚氨酯四周喷涂的方式建造。目前，国内万吨级以上的大型冷库基本都是土建式冷库，如图 7-11 所示。

（2）装配式冷库

装配式冷库是指采用钢结构装配或构建的冷库。小型装配式冷库如图 7-12 所示，它是用专用钢板和保温材料组装而成的冷库，通常独立安装在仓库或其他建筑物室内，相当于大型冷柜，一般是可移动的，适用于宾馆、饭店、食品加工和医药等行业少量货物的冷藏存储。大型装配式冷库就是主体建筑采用钢结构的冷库，也称大型钢结构冷库。随着钢结构在许多大型建筑中的广泛使用，大型钢结构冷库的应用越来越广泛。大型钢结构冷库的柱网跨度大、立柱体积较小、施工周期短，更便于冷库内部设施与设备的规划。

图 7-11　土建式冷库

图 7-12　小型装配式冷库

（3）库架一体式冷库

库架一体式冷库即整体式立体冷藏库，一般采用几层、十几层乃至几十层高的货架存储单元货物，其高层货架除了存放货物并承受货物的载荷，还作为库房的立柱和骨架支撑着屋顶及墙面围护，即货架兼任建筑物的承重结构。

图 7-13　库架一体式冷库

库架一体式冷库主要由保温围护结构（库体保温部分）、钢结构货架、冷库基础、全自动制冷系统、有轨巷道式堆垛机、输送设备、自动控制系统、计算机监控与管理系统，以及其他辅助设备组成。

随着自动化立体仓库的广泛使用，一些大型自动化立体冷库和多层高位货架冷库大量采用库架一体式结构，如图 7-13 所示。库架一体式冷库由于库内没有柱网，因此可以达到单位面积存储量最大化，并且使物流通畅，但其施工水平、工程细节及精准程度的要求较高。

3）冷库门及其密封保温结构

冷库门的设置及其结构类型在冷库中起着十分重要的作用，对冷库的保温效果及能耗都具有较大的影响，因此要求冷库门必须具有足够的保温性能和气密性能。冷库门常见的结构有电动平移门和电动滑升门等类型。为了提高冷库门的密封性能、减少冷气散失，冷库门都设有密封门罩或门封，而且大多数冷库都采用封闭式出入库月台结构。

2．冷库的制冷系统

制冷系统是冷库的核心部分，在冷库的投资中占有较大比重。制冷系统由一系列相关设备组合安装而成，一般包括制冷主机、制冷风机、控制系统，以及管路与阀件系统等组成部分。制冷主机主要包括机头、压力容器、油分离器和阀件等；制冷风机具有不同的布局方式、数量和除霜方式；控制系统由一系列阀件、感应装置和自控装置等组成；管路与阀件系统一般根据制冷系统的具体设计进行规划和配置。与制冷系统配套的还有压力平衡装置、温度感应装置、温度记录装置和电气设备等附属设备。

在冷媒的选择方面，国内主要使用的是氨系列或氟系列冷媒。另外，在较高温层，如 12℃ 作业区，还可规划使用二次冷媒，如冰水或乙二醇。

3. 冷库存储设备

与常温仓库相同，冷库内部的货物存储同样需要各种类型的货架或自动化立体存储系统（AS/RS），通常不允许食品类产品直接堆叠在地面上，必须使用托盘和货架存储。从拆零拣货使用的流利式货架，到自动仓库使用的 20m 左右的高层货架，各种类型的货架在冷库中均有大量使用。与常温货架不同的是，冷库中使用的货架对钢材的材质、承重及货架的跨度设计均有特殊要求。为了配合货物存储、满足生鲜食品的特殊要求，冷库内通常还需要配置臭氧发生器和加湿器等配套设备。

7.3.2 冷藏车

冷藏运输是冷链物流的重要环节，即在运输过程中，应用专用的冷藏运输设备，使货物始终处于适宜的温度条件下，从而避免货物在运输途中变质、受损。冷藏运输可以根据货物运输量的大小、运输距离的远近及运输时间的要求等因素选择公路、铁路、水路或航空运输等不同的运输方式。

各种运输方式都有专用的冷藏运输设备，如公路运输专用冷藏车、铁路运输专用保温车、水路运输专用冷藏船，以及专门用于航空运输的专用冷藏集装箱等。其中，公路运输专用冷藏车是应用最为广泛的冷藏运输设备。

公路运输冷藏车就是指专门用于运输冷冻或保鲜货物的专用汽车，它通过一定的制冷和保温方式，能够使车厢内的货物在长时间运输过程中始终保持一定的低温状态，适用于要求可控低温条件货物的长途运输。

由普通汽车底盘和厢式保温车身构成的冷藏车称为厢式冷藏车，其构造如图 7-14 所示。近年来，为了适应城市物流配送的需要，人们有时也会采用由轻型客车车身改装而成的冷藏车，这种冷藏车适用于城市内小批量货物的冷链配送运输。

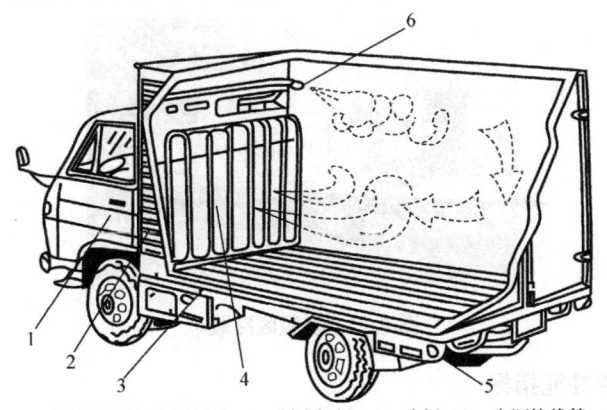

1—汽车底盘；2—隔热装置与连接装置；3—制冷机组；4—冷板；5—电源接线箱；6—通风装置

图 7-14 厢式冷藏车的构造

1. 冷藏车的分类

冷藏车按照承载能力的不同可以分为轻型冷藏车、中型冷藏车和大型冷藏车。轻型和中型冷藏车一般为单体汽车，大型冷藏车一般为半挂车。

除了常用的运输冷冻生鲜食品的通用冷藏车，还有多种有专门用途的冷藏车，常见的有鲜肉冷藏车、蔬菜水果冷藏车、疫苗冷藏车和多温区冷藏车等。

（1）通用冷藏车

通用冷藏车就是指在各种场合广泛使用的、用于运输一般冷冻生鲜食品的冷藏车。其厢体一般采用全封闭结构，内外壁板均选用优质玻璃钢、合金防锈铝板或不锈钢板，中间夹层为聚氨酯发泡隔热材料，在厢体与门体之间加装高低温绝热密封条，厢板无接缝，外表光洁、易清洗、抗冲击且耐腐蚀。

（2）鲜肉冷藏车

鲜肉冷藏车也称肉钩式冷藏车，在冷藏车车厢顶棚上设有不锈钢肉钩及滑道，方便鲜肉的运输和装卸。

（3）蔬菜水果冷藏车

蔬菜、水果是生鲜食品，采收后易腐烂。蔬菜水果冷藏车在冷藏运输中要保持相对湿度，并保证货物四周气流通畅。

（4）疫苗冷藏车

疫苗冷藏车专门用于医药卫生防疫系统运输疫苗的活体生物制品，要求车内温度必须保持在规定的温度范围内。在一般气温条件下，车厢内要保持低温状态；在寒冷地区和季节严寒的条件下，则需要对车厢内加热，以保持规定的温度。由于运送疫苗属于特种运输，因此对运输车辆的技术性能和指标要求很高，疫苗冷藏车厢体内一般都装有自动温度记录仪和温度异常报警装置。

（5）多温区冷藏车

为了便于冷藏物品多品种、小批量、多点的配送，有的冷藏车还可以在车厢内设置多个不同的温区，以适应各种物品对温度的不同要求；对于装卸频繁的，还可以根据需要开设多个车门。这种多温区冷藏车适用于连锁快餐店和食品专卖店等的物品配送，可以根据用户的需求专门设计任意侧门及不同厚度的厢板，以分隔不同的温区，如图7-15所示。

图7-15 多温区冷藏车

2．冷藏车的主要性能指标

1）车厢的主要技术指标

（1）车厢总传热系数

车厢总传热系数是体现车厢保温性能的技术参数，单位为 $W/m^2 \cdot ℃$。该单位的意义为车厢内外温差为1℃时车厢表面积每平方米传递热量的瓦数，该值越小越好。国家标准规定，保温汽车和冷藏车的车厢总传热系数不能大于 $0.6W/m^2 \cdot ℃$。

（2）车厢漏气倍数

车厢漏气倍数是体现车厢密封性能的技术参数，单位为 h^{-1}。该单位的意义为车厢在每小时内漏气量为本车厢容积的倍数值,其值也是越小越好。国家标准中对冷藏车的车厢漏气倍数是这样规定的:车厢总传热面积大于40m²的车厢,其漏气倍数≤3h⁻¹;车厢总传热面积为20~40m²,其漏气倍数≤3.8h⁻¹;车厢总传热面积小于20m²,其漏气倍数≤5.3h⁻¹。

2)制冷机的主要性能参数

制冷机的主要性能参数是表示制冷能力的制冷量,单位为 W。由于在不同温度下制冷量是变化的,国际上对汽车制冷机通常给出两个环境温度下的制冷量,即 0℉(近似-18℃)和35℉(近似2℃)环境温度下的制冷量。制冷量和经济性是互相制约的。因此,制冷量大小的选择是从保持食品品质的需要和经济性两方面考虑的。

3)冷藏汽车综合性能指标

冷藏汽车综合性能指标包括车厢内温度可调范围及最低能达到的温度,用以反映车厢和制冷机配合后的综合性能。在车厢容积不变的条件下,制冷机的制冷量、车厢总传热系数及车厢漏气倍数等都能影响车厢的降温性能。国家标准要求在 30℃的环境温度下,车厢内温度可调范围分为6个档次。其中最高可调温度为12℃,最低可调温度为-20℃。目前国内生产的冷藏汽车最低可调温度多为-18℃,而实际可以达到的最低温度为-20℃及以下。

7.3.3 冷藏箱

冷藏箱是一种应用广泛的冷链设备,可以在宾馆、医院、汽车、船舶、家庭卧室、客厅等环境中灵活使用。按照不同的分类标准,冷藏箱可以分为不同的类型。

1. 按制冷机制的不同分类

(1)压缩式冷藏箱

压缩式冷藏箱是比较常见的冷藏箱。它通过压缩机制冷,具有制冷速度较快、耗能较低、品种齐全、制冰能力强等优点,适合家庭使用。目前市场上出售的压缩式冷藏箱的容积有46L、50L、60L、80L、100L 以上等各种型号。但压缩式冷藏箱由于具有噪声大、体积大、对能源要求严格(只能用交流电)等缺点,不适宜在宾馆、医院、汽车、船舶等特殊环境中使用。

(2)半导体式冷藏箱

半导体式冷藏箱是利用半导体冷冻晶片进行核心制冷的冷藏箱。它重量轻,既可制冷又可制热,成本较低,容积有 6L、12L、16L 和 18L 及 18L 以上等多种型号,可应用在汽车、船舶等特殊环境中。但由于其制冷、制热效果不理想,有耗能大、使用寿命短的缺陷,目前在市场上还不多见。

(3)吸收式冷藏箱

吸收式冷藏箱采用吸收式制冷技术,将"氨"作为制冷剂,将"水"作为吸收剂,将"氢"作为扩散剂,利用热虹吸原理,使制冷系统连续运行,从而达到制冷的效果。吸收式冷藏箱具有无运动部件、无噪声、寿命长、可按需应用多种能源等优点,适合在宾馆、医院、汽车、船舶、家庭卧室等环境中和外出旅游时使用。

2. 按外形特征的不同分类

(1)手提冷藏箱

一般手提冷藏箱的温度可调范围为 5℃~65℃,冬天可以加热到 65℃,夏天可以制冷到 5℃。其净重不超过 5kg,体积小、可手提携带,使用简单,使用寿命长,维修方便,适宜在室外使用，能随意放置，如图 7-16 所示。

（2）背带冷藏箱

背带冷藏箱的制冷温度可以达到 5℃，设计成背包形式，使用简单，使用寿命长，维修方便，体积轻，适宜在于室外使用。

（3）柜式冷藏箱

柜式冷藏箱的制冷温度一般可以达到 5℃，适宜在室外使用，净重为 7kg 左右。

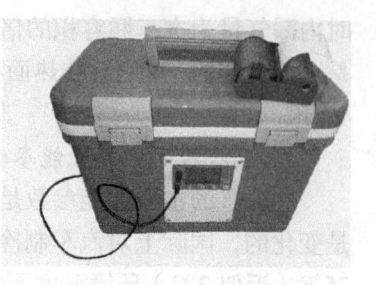

图 7-16 手提冷藏箱

7.4 生鲜食品流通加工设备

生鲜食品主要是指肉类、水产品、水果、蔬菜、禽蛋类和主副熟食品等，这些都是现代超市重要的商品经营品种。这些生鲜食品的物流量和销售量非常大，消费速度快，存货时间短，时效性很强，随时都要进行补充和更换。而且，随着人们生活方式和商品经营方式的改变，生鲜食品在流通过程中的加工作业量越来越大，各类产品流通企业和很多大型零售企业都普遍建立了相应的加工配送中心。

7.4.1 生鲜食品流通加工的主要类型

（1）冷冻保鲜加工

生鲜食品基本上属于易腐物品，为保证其在流通过程中始终处于新鲜状态，需要进行相应的低温处理或冷冻加工。

（2）分选加工

从产地采购的各类生鲜食品的品质、等级差异较大，为了方便销售和提升产品价值，需要对产品进行分选加工，按照一定的规格标准进行产品分级处理。

（3）精制加工

生鲜食品的精制加工主要是对产品进行择净去杂，除掉无用部分，有的还可以进行洗净、分割和分装等加工，甚至可以进行深加工，制成半成品或成品。这种加工不仅大大方便了购买者，而且可以对加工的淘汰物进行综合利用。

（4）分装加工

生鲜食品从产地到销售地之间的运输一般采用大型包装运输方式，也有一些采用集装箱运输方式，从而保证高效运输。但是，许多生鲜食品的零售量较小。因此，为了便于销售，在销售地区需要按照不同的零售起点量对产品进行分装，即把大包装改为小包装、散装改为销售包装，以方便顾客购买。

7.4.2 生鲜食品流通加工的典型设备

由于生鲜食品种类繁多，流通加工设备的应用场合也存在较大的差异，所以生鲜食品流通加工设备的类型也多种多样，下面主要介绍几种生鲜食品流通加工的典型设备。

1. 水果智能分选设备

水果智能分选设备能够自动对水果的重量、大小、果形、色泽和缺陷等进行动态检测与分级,并能够通过多表面检测技术和多指标检测技术对水果品质进行测定(见图 7-17)。这类设备适用于柑橘、苹果、梨、桃子、西红柿和土豆等多种水果及农产品的分选加工。

水果智能分选设备由计算机视觉系统、高速分级系统、机械输送系统和自动控制系统等组成。同时,该设备还可以根据用户的要求,配套提供水果清洗、抛光和保护性表面喷涂等辅助功能。双重道分选设备每小时可分选处理 4.5 万~6 万颗水果,并可以根据用户需求,实现多线并轨作业,达到每小时分选处理 5 万~50 万颗水果的不同生产规模。有些水果智能分选设备还可以进行对水果打码、包装等工序。

2. 果蔬清洗加工设备

果蔬清洗加工设备是指对各种水果、蔬菜等生鲜食品进行清洗、消毒的设备,如图 7-18 所示。此类设备一般可以通过鼓泡、冲浪和喷淋等方式对果蔬进行清洗,然后通过毛刷辊对果蔬进行擦拭,能有效地清除果蔬表面的污垢和农药残留物,使果蔬产品清洁、干净。

图 7-17　水果智能分选设备　　　　图 7-18　果蔬清洗加工设备

3. 禽蛋清洗包装机械

禽蛋清洗包装机械是一种专用的禽蛋处理设备,其主要功能是对大批量的生鲜禽蛋进行表面清洗,以清除蛋壳表面上的污物,形成表面清洁的鲜壳蛋。另外,禽蛋清洗包装机械还能够按禽蛋的大小、质量进行分级拣选,并按照销售需要对其进行不同形式的包装,以供应市场或食品加工企业,如图 7-19 所示。

鲜壳蛋加工处理的一般工艺流程为集蛋—清洗消毒—干燥—上保鲜膜—分级—包装—打码—恒温保鲜。自动化禽蛋生产线一般会配备先进的禽蛋清洗包装机械,可以自动完成全部的工艺流程。

禽蛋清洗包装机械包括气吸式集蛋传输设备、清洗消毒机、干燥上膜机、分级包装机和电脑打码机或喷码机等工艺设备,能够对禽蛋进行单个处理,实现全自动、高精度、无破损的清洗处理和分级包装,并且对整个生产环节进行温度控制。气吸式集蛋传输设备可无破损地完成集蛋和传输工序;清洗消毒机

图 7-19　禽蛋清洗包装机械

可实现对禽蛋无破损、无残留和彻底的清洗、消毒;干燥上膜机可风干并采用静电技术对禽蛋均匀上膜保鲜;分级包装机能够完成蛋体污物、裂纹的探测及次蛋的优选处理,并按大小进行分级,然后使禽蛋大端都朝向同一方向进行包装,以保证包装后蛋的大头向上,避免蛋黄贴壳,延长储藏期;电脑打码机或喷码机在每个蛋体或包装盒上贴无害化标签或喷码标识(包括分类、商标和生产日期等);生产线自动控制系统对生产工艺流程进行全程自动控制。

4. 贝类净化设备

贝类净化设备是指对贝类生鲜食品进行流通加工处理的设备。这种设备适用于大型超市配送中心对贝类生鲜食品的流通加工，然后向连锁超市进行配送。

贝类生鲜产品加工的主要步骤一般包括除杂处理、吐沙净化和清洗分级等环节。除杂处理就是分离杂质和死贝，其分离效果对于产品质量具有很大的影响。除杂处理可采用落差式输送设备，依靠贝类生鲜产品自由下落时的冲击力来甄别死贝和小的非金属异物，再由人工从输送操作段分拣出来。贝类生鲜产品中的金属异物等则由下落式金属检测设备分离出来，准确率接近100%。

吐沙净化一般在专用的净化吐沙池内进行，净化吐沙池配有气管、水循环管路及控制系统、储水箱、水过滤设备和水温控制系统。应用这些设备，可保证净化过程中的水质、水温和水量等满足贝类生鲜产品净化工艺的要求，生产出优质的产品。

清洗分级的目的是为贝类生鲜产品的销售或加工提供洁净的规格产品。专用贝类清洗设备一般由清洗筒、传动系统和喷淋系统等组成，自动化程度高，清洗效果好。专用贝类分级机一般根据贝类生鲜产品的大小或重量进行分级。

贝类生鲜产品的包装有多种形式，如果是生产小包装活贝，则拣选过的原料需要再经过静止式工作台的精细分选，然后进行包装处理。包装方式可以采用袋式包装或盒式包装，袋式包装材料有塑料薄膜和尼龙网等多种选择。

7.5 绿色流通加工的发展趋势

流通加工是流通过程中为适应用户需求而进行的必要加工，用以完善产品的使用价值。流通加工也会对环境产生非绿色影响，表现为加工中资源的浪费或过度消耗，以及加工产生的废气、废水和废物对环境及人体构成危害。不合理的流通加工会对环境造成负面影响，如流通加工中心选址不合理，会造成费用增加和有效资源浪费，还会因增加了运输量产生新的污染。

随着全球经济一体化的发展，一些传统的关税和非关税壁垒逐渐淡化，环境壁垒逐渐兴起，为此，符合ISO14000环境管理系列标准成为众多企业进入国际市场的通行证。ISO14000环境管理系列标准的两个基本思想就是预防污染和持续改进。该标准要求企业建立环境管理体系，使其经营活动、产品和服务的每一个环节对环境的不良影响降到最小。而国外物流企业起步早，物流经营管理水平比较完善，势必会给国内物流企业带来巨大冲击。加入WTO后，我国物流企业要想在国际市场上占一席之地，发展绿色物流将是其理性选择。

绿色物流是指在物流过程中抑制物流对环境造成危害的同时，实现对物流环境的净化，使物流资源得到最充分利用。绿色物流由绿色运输、绿色包装、绿色流通加工构成。绿色流通加工是绿色物流的3个子范畴之一，指在流通过程中继续对流通中的产品进行生产性加工，以使其成为更加适合消费者需求的最终产品。流通加工具有较强的生产性，是流通部门对环境保护可以有大作为的领域。

绿色流通加工的途径主要包括两种：一是变消费者分散加工为专业集中加工，以规模作业方式提高资源利用效率，减少环境污染，如餐饮服务业对食品的集中加工，减少家庭分散烹调所造成的能源浪费和空气污染；二是集中处理消费品加工中产生的边角废料，减少消费者分散加工所造成的废弃物污染，如流通部门对蔬菜的集中加工，减少了居民分散垃圾丢放及相应的环境治理问题。

关键术语

流通加工设施与设备　　　　　　　原材料流通加工设备
剪板机　　　　　　　　　　　　　切割机
冷链物流　　　　　　　　　　　　冷库
冷藏车　　　　　　　　　　　　　生鲜食品流通加工设备
混凝土搅拌运输车　　　　　　　　绿色流通加工

本章小结

流通加工是在产品从生产领域向消费领域流通的过程中，为了促进销售、维护产品质量、实现物流的高效率所进行的使产品发生物理或化学变化的活动。它是生产流通领域的延伸，可以弥补生产加工的不足，提高产品的附加值，方便用户，提高物流企业的经济效益。根据流通加工的作业类型，流通加工设施与设备可分为多种类型，本章主要介绍了常用流通加工设施与设备的基本结构和工作原理，以加深读者对其的认识和了解。

复习思考题

1. 填空题

（1）流通加工是指产品从生产地到使用地的过程，根据需要施加＿＿＿＿、＿＿＿＿、＿＿＿＿、＿＿＿＿、＿＿＿＿、＿＿＿＿、＿＿＿＿等简单作业的总称。

（2）流通加工在物流中有着重要的地位：＿＿＿＿、＿＿＿＿、＿＿＿＿。

（3）剪板机的技术参数有＿＿＿＿、＿＿＿＿、＿＿＿＿和＿＿＿＿。

（4）冷链设备主要用于食品加工、医学界及免疫系统。常用的冷链设备有＿＿＿＿、＿＿＿＿、＿＿＿＿等。

2. 简答题

（1）什么是流通加工？
（2）简述流通加工的作用。
（3）简述剪板机的基本结构、主要技术参数。
（4）简述切割机的种类。
（5）简述冷藏车的主要分类及其综合性能指标。
（6）简述冷藏箱的分类及主要性能指标。
（7）混凝土搅拌运输车的组成部分是什么？
（8）以水泥的流通加工为例，思考其带来的经济效益和社会效益。
（9）试分析流通加工与环境保护的关系和发展趋势。

第 8 章

物流信息技术与设备

本章学习目标

- 了解物流信息技术的构成和作用；
- 熟悉条码的概念，掌握条码识别设备的工作原理和应用；
- 熟悉射频识别系统的工作原理和应用；
- 熟悉北斗卫星导航系统和地理信息系统的组成部分及应用；
- 了解物联网技术在物流领域的应用；
- 熟悉常见的物流信息技术和设备的原理与组成。

案例导入

在禽流感发生的初期，Go2map 公司运用物流信息技术及时为北京市农业局建设了北京市禽流感防控分析决策系统。该系统主要能实现以下功能：①查询距离某个养殖点最近的防疫站的位置，或者距离某个养殖点最近的布控路口；②查询发生疫情后周围单位的情况；③按区域、养殖品种等方式查询业务数据；④将各类业务数据信息以渲染图、饼状图和柱状图等形式叠加到电子地图上，实现数据可视化。该系统旨在提供基于地理位置的动物疫情分析决策支持，为北京市防治重大动物疫情指挥部、市农业局、市政府迅速而全面地了解动物疫情的相关情况及进行有效的决策提供支持。

思考题：在这个案例中使用到哪类物流信息技术？主要有哪些功能？业务查询方式是什么？如何将业务数据叠加到电子地图上？

案例解读

1. 案例中用到的物流信息技术主要是 GIS 技术。

2. GIS 的功能主要有数据输出、数据编辑、数据存储与管理、空间查询与分析，以及可视化表达与输出。该案例中业务查询的方式主要是按区域（如区/县、镇和村）、养殖品种类等方式查询业务数据。

3．该案例中通过将各类业务数据信息以渲染图、饼状图和柱状图等方式叠加到电子地图上，实现数据可视化。

8.1 物流信息技术概述

物流信息化是物流现代化的重要标志，物流信息技术是引领现代物流技术发展的前沿技术。从数据采集的条码系统、射频系统到物联网各种终端设备硬件，以及计算机软件都在日新月异地发展，只有应用物流信息技术，完成物流各作业流程的信息化、网络化和智能化的目标才能实现。同时，随着物流信息技术的不断发展，产生了一系列新的物流理念和新的物流管理模式，它们推动着现代物流不断地变革与发展。

8.1.1 物流信息技术的概念

现代物流可以理解为物品的"物理性流通"与"信息性流通"的结合，信息在实现物流系统化、物流作业一体化方面发挥着重要作用。物流信息化也成为现代物流的重要特征之一。从来源看，一部分物流信息直接来自物流活动本身，另一部分物流信息则来自商品交易活动和市场。广义的物流信息是指与物流活动有关的一切信息。物流信息是反映物流各种活动内容的知识、资料、图像、数据、文件的总称。物流信息是物流活动中的各个环节生成的信息，一般是随着从生产到消费的物流活动的进行而产生的信息流，其与物流过程中的功能要素和各种职能有机结合在一起，是整个物流活动顺利进行所不可缺少的。

物流信息技术是指运用于物流领域的信息技术，是现代信息技术在物流各作业环节的应用。物流信息技术的内容非常广泛，常用的主要包括自动识别技术（如条码技术、射频识别技术和自动语音图像识别技术等）、自动定位与跟踪技术（如全球定位系统、地理信息系统等）、物流信息接口技术（如电子数据交换等）、企业资源信息系统（如物料需求计划、制造资源计划、企业资源计划和分销资源计划等）、数据管理技术（如数据库技术、数据仓库技术、物流公共信息平台等），以及计算机网络技术等现代信息技术。

物流信息技术的运用和发展不仅可以提高物流的管理水平、促进物流企业的管理决策，而且可以改变企业的业务运作方式、改善物流企业的管理手段。因此，物流信息技术在现代企业的经营中占据越来越重要的地位。建立物流信息系统，充分利用各种现代化信息技术，提供迅速、及时、准确、全面的物流信息是现代企业获得竞争优势的必要条件。

8.1.2 物流信息技术的构成和作用

1．物流信息技术的构成

根据物流的功能及特点，物流信息技术主要包括计算机网络技术、数据库技术、条码及射频识别技术、电子数据交换、地理信息系统和全球定位系统等。在这些信息技术的支撑下，形成了由移动通信、资源管理、监控调度管理、自动化仓库管理、业务管理、客户服务管理、财务管理、公共信息平台等多种业务集成的一体化现代物流信息系统。

（1）计算机网络技术

计算机网络技术是计算机技术与通信技术相结合的产物。它能够把处于不同地理位置的计算机通过通信线路连接起来，实现数据通信和资源共享。计算机网络可以使物流数据的采集、传输、处理等分散化，这正好符合物流网络中网点分散化的特点。互联网的发展也大大促进了物流系统信息网络的建设，提高了物流业务的信息化程度，加快了物流反应速度。

（2）数据库技术

运用数据库技术，既可以将信息系统中大量的数据按一定的结构组织起来，提供存储、维护、查询的功能，又可以将物流系统的数据库建成一个物流系统或供应链的公共数据平台，为数据采集、数据更新和数据交换提供方便。结合数据库技术和数据挖掘技术，可以对原始信息进行系统的加工、汇总和整理，提取隐含的、从前未知的、有潜在利用价值的信息和关系，满足物流过程智能化的需要。

（3）条码及射频识别技术

条码技术是20世纪在计算机应用中产生和发展起来的一种自动识别技术，是集条码理论、光电技术、计算机技术、通信技术、条码印刷技术于一体的综合性技术。

条码技术是实现物流自动跟踪的有力工具，被广泛应用。条码技术具有制作简单、信息收集速度快、准确率高、信息量大、成本低，以及条码识别设备方便、易用等优点。因此，在从生产到销售的流通转移过程中，条码技术起到了准确识别物品信息和快速跟踪物品历程等重要作用，它是物流信息管理工作的基础。条码技术在物流的数据采集、快速响应、运输等应用方面极大地促进了物流业的发展。

射频识别技术是一种基于电磁理论的通信技术，适用于物料跟踪、运载工具和货架识别等要求非接触数据采集和交换的场合。它的优点是不局限于视线，识别距离比光学系统远。射频识别卡具有读写能力，可携带大量数据，难以伪造，且智能。目前，人们通常利用便携式的数据终端，通过非接触式的方式从射频识别卡上采集数据。采集的数据可直接通过射频通信方式传送到主计算机，由主计算机对各种物流数据进行处理，以实现对物流全过程的控制。

（4）电子数据交换

电子数据交换是按照协议的标准结构格式，将标准的经济信息通过网络传输，在贸易伙伴的计算机系统之间进行交换和自动处理的一种物流信息接口技术。电子数据交换的基础是信息，这些信息可以由人工输入计算机，但更好的方法是通过扫描条码获取数据，这种方法速度快、准确性高。物流技术中的条码包含了物流过程所需要的多种信息，与电子数据交换相结合，方能确保物流信息的及时传递和处理。

（5）地理信息系统

地理信息系统是一种以地理空间数据为基础，采用地理模型分析方法，适时地提供多种空间和动态的地理信息，为地理研究和决策服务的计算机技术系统。通过各种软件的配合，地理信息系统可以建立车辆路线模型、网络物流模型、分配集合模型、设施定位模型等，更好地为物流决策服务。

（6）全球定位系统

全球定位系统利用空中卫星对地面目标进行精确导航与定位，以达到全天候、高准确度跟踪地面目标移动轨迹的目的。近年来，全球定位系统已在物流领域得到了广泛的应用，主要应用在汽车定位及跟踪、调度铁路车辆运输管理、船舶跟踪及最佳航线的确定、空中运输管理、物流配送等领域。

2．物流信息技术的作用

物流信息技术的作用主要体现在以下方面。

① 建立了信息标准，规范了基础数据管理。

② 通过操作流程的标准化、规范化、自动化和智能化，统一管理。

③ 通过信息化建设，可以对各分公司的不同业务线进行资源整合，并且为跨区域的不同业务单位的协作提供基础。

④ 产品线的"一体化"，为客户服务提供了统一的窗口和标准，将有效提高物流企业的客户服务能力，最终提高客户满意度。

⑤ 通过信息化建设，规范物流企业的业务流程，促进物流企业的管理理念和模式变革，提升物流企业的经营管理水平和市场运作能力，提高企业竞争力。

⑥ 信息系统的建成，可以促使企业的管理从传统的事后管理转变成过程管理和事先预测，并且对各个子系统产生的数据，通过汇总、模型分析为高层提供决策分析，提高决策的科学性。

⑦ 通过信息技术的应用，可以使各个企业部门、各个分公司事先信息共享，减少重复工作，打破"信息孤岛"现象，提高工作效率。

⑧ 通过公共物流信息平台可以促使中小型物流企业向现代化、网络化、信息化发展，并为中小型物流企业提供实现信息化的有效途径。

8.2 条码技术与设备

条码技术是一种重要的自动识别技术。通过条码可以进行快速的信息采集，及时掌握准确的物流相关信息，并且能够大幅度提高物流运作的效率，非常适应物流大量化和高速化的要求，因而发展得十分迅猛，现已广泛应用于物流活动的各个环节。

8.2.1 条码的概念和类别

1．条码的概念

条码是由一组按照特定规则排列的条、空及与之对应的字符组成的表示一定信息的符号。条码中的"条""空"分别由深浅不同且满足一定光学对比度要求的两种颜色（通常为黑、白两色）表示，"条"呈深色，"空"呈白色。这些由"条"、"空"和字符组成的数据编码表达了一定的信息，并能够用特定的设备识读，转换成与计算机兼容的二进制和十进制信息。

1970年，美国统一代码委员会制定了通用商品代码——UPC条码，这种条码首先在杂货零售业中试用。1977年，原欧共体在UPC条码的基础上，制定出欧洲物品编码——EAN条码。1981年，EAN组织已发展成一个国际化组织。目前大多数商品采用UPC条码或EAN条码，这两种条码均包含国别、生产厂商、产品等信息。

条码技术是在计算机技术与信息技术基础上发展起来的一门集编码、印刷、识别、数据采集和处理于一身的新兴技术。条码技术的核心内容是利用光电扫描设备识读条码符号，从而借助机器的自动识别，快速、准确地将信息录入计算机进行数据处理，以达到对条码自动化管理的目的。

2. 条码的类别

1）一维条码

一维条码即通常意义的条码，又称线性条码，这种条码是由一个接一个的"条"和"空"排列组成的。由于这种条码只能在一个方向上通过"条"和"空"的排列组合来存储信息，所以被称为一维条码。

一维条码的种类很多，常见的大概有 20 多种，目前国际上广泛使用的条码有 EAN 条码、UPC 条码、Code 39 条码、ITF 条码、Code bar 条码、Code 93 条码、Code 128 条码等。其中，EAN 条码是当今世界上广为使用的商品条码，已成为电子数据交换的基础；UPC 条码主要为美国和加拿大所应用；在各类条码应用系统中，Code 39 条码因其采用数字与字母共同组成的方式而在各行业内部管理中被广泛使用；在血库、图书馆和照相馆的业务中，Code bar 条码被广泛使用。常见的条码如图 8-1 所示。

图 8-1 常见的条码

（1）EAN 条码

EAN 条码是国际物品编码协会（European Article Number，EAN）制定的一种商品用条码，通用于全世界。EAN 条码符号有标准版（EAN-13）和缩短版（EAN-8）两种，我国的通用商品条码与其等效。我们日常购买的商品的包装上所印的条码一般是 EAN 条码。

EAN-13 条码由前缀码、厂商识别代码、商品项目代码和校验码组成。前缀码是国际物品编码协会标识各会员组织的代码，我国为 690~697；厂商识别代码是国际物品编码协会在 EAN 前缀码的基础上分配给厂商的代码；商品项目代码由厂商自行编码；校验码的作用是校验前面 12 位或 7 位代码的正确性。

在编制商品项目代码时，厂商必须遵守商品编码的基本原则：对同一商品项目必须编制相同的商品项目代码，对不同的商品项目必须编制不同的商品项目代码，保证商品项目与其标识代码一一对应，即一个商品项目只有一个代码，一个代码只标识一个商品项目。

比如，听装健力宝饮料的条码为 6901010101098,其中 690 代表中国物品编码中心，6901010 代表广东健力宝公司，10109 是广东健力宝公司分配给听装饮料的商品项目代码。这样的编码方式保证了无论在何时何地，6901010101098 唯一对应该类商品。

（2）UPC 条码

UPC 条码是美国统一代码委员会制定的一种商品用条码，它是世界上最早出现并投入应用的商品条码，在北美地区得以广泛应用。UPC 条码在技术上与 EAN 条码完全一致，其编码方法也是模块组合法，也属于定长、纯数字型条码。UPC 条码有 5 种版本，常用的商品条码版本为 UPC-A 条码和 UPC-E 条码。

UPC-A 条码是标准的 UPC 通用商品条码版本（见图 8-2），可供人识读的数字代码只有

12 位。它的代码结构由厂商识别代码 6 位（包括企业代码 5 位、系统码 1 位）、商品代码 5 位和校验码 1 位共 3 部分组成。UPC-A 条码的代码结构中没有前缀码，它的系统码为一位数字，用以标识商品类别。带有规则包装的商品，其系统码一般为 0、6 或 7。

UPC-E 条码是 UPC-A 条码的缩短版，是 UPC-A 条码系统字符为 0 时，通过一定规则压缩而得到的。

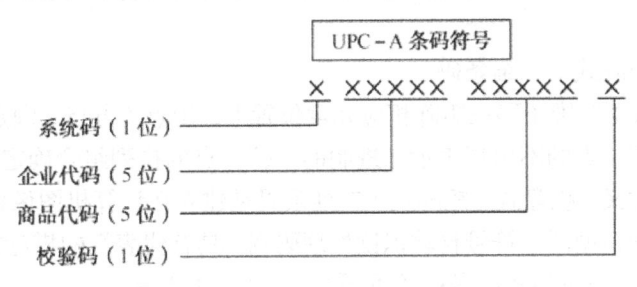

图 8-2 标准 UPC-A 代码结构

（3）ITF 条码

ITF 条码，又称交叉二五条码，主要用于运输包装，是印刷条件较差、不允许印刷 EAN-13 条码和 UPC-A 条码时选用的一种条码。在商品运输包装上使用的主要是由 14 位数字字符代码组成的 ITF-14 条码。

2）二维条码

在条码得到大范围应用之后，人们发现通常使用的一维条码由于受信息容量的限制，通常只能对物品进行标识，而不能对物品进行描述。所谓对物品进行标识，就是给某物品分配一个代码，该代码只能代表该物品，代码本身并不对该商品进行描述。一维条码就是这样的，它标识在物品上，用以在扫描器识读时代表该物品，而该物品的相关信息是由与扫描器相连的数据库保证的。因此一维条码的使用受到很大的限制，它在没有数据库或不便联网的情况下难以使用。二维条码技术正是在一维条码无法满足实际需要的情况下产生的。二维条码具有高密度、高可靠性等特点，它可以表示大容量的数据文件，如汉字和图像等。二维条码是指在二维方向上表示信息的条码符号。它利用与二进制对应的几何图形规律分布于二维方向上，形成黑白相间的图形来表示信息。2009 年 12 月 10 日，我国对火车票进行了升级改版。新版火车票应用了二维防伪条码。在进站口检票时，检票人员通过二维条码识读设备对火车票上的二维条码进行识读，系统将自动辨别车票的真伪并将相应信息存入系统中，如图 8-3 所示。

（a）二维条码示例　　　　　　　　（b）二维条码在火车票上的应用

图 8-3 二维条码

根据二维条码实现原理、结构形状的差异，二维条码可分为堆积式（层排式）二维条码（Stacked Barcode）和棋盘式（矩阵式）二维条码（Dot Matrix Barcode）两大类。

(1) 堆积式（层排式）二维条码

堆积式（层排式）二维条码建立在一维条码的基础之上，按需要堆积成两行或多行。它在编码设计、校验原理、识读方式等方面继承了一维条码的特点，识读设备、条码印刷与一维条码技术兼容。但由于行数的增加，行的鉴定、译码算法与软件不完全与一维条码相同。具有代表性的堆积式（层排式）二维条码有 Code 49 条码、PDF 417 条码（见图 8-4）、Code 16K 条码等。

(2) 棋盘式（矩阵式）二维条码

棋盘式（矩阵式）二维条码在矩阵相应元素位置上，用点（方点、圆点或其他形状）的出现表示二进制的"1"，点的不出现表示二进制的"0"，点的排列组合确定了棋盘式（矩阵式）二维条码所代表的意义。棋盘式（矩阵式）二维条码是建立在计算机图像处理技术、组合编码原理等基础上的一种新型图形符号自动识读处理码制。具有代表性的棋盘式（矩阵式）二维条码有 Code One 条码、Data Matrix 条码（见图 8-5）、CP 条码等。

图 8-4　PDF 417 条码

图 8-5　Data Matrix 条码

一维条码和二维条码都是便于携带的识读的信息符号，这种信息符号将所需信息以一定的编码原则隐藏在条码符号中，需要时再将其解码成我们所需要的信息。实际应用时，我们可选择其中一种来满足实际要求。由于一维条码和二维条码具有不同的特征，所以它们各有侧重点。

8.2.2　条码识别系统与设备

1. 条码识别系统

条码识别系统是一个以信息处理为主的技术系统，它的输入端是尚未被识别的信息，输出端是已识别的信息。条码识别系统的输入信息为特定格式信息，即采用规定的表现形式来表示规定的信息。特定格式信息由于其信息格式固定且具有量化特征，数据量相对较小，所对应的条码识别系统模型也较为简单，其模型如图 8-6 所示。

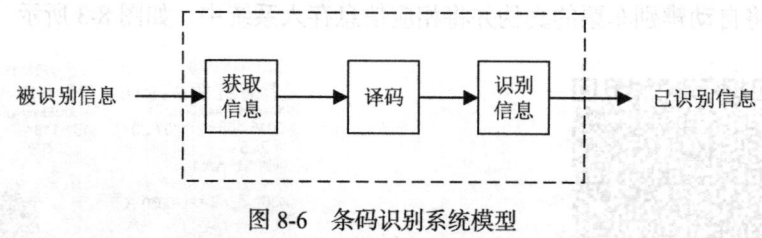

图 8-6　条码识别系统模型

从系统结构和功能上讲，条码识别系统是由扫描系统、信号整形和译码 3 部分组成，如图 8-7 所示。

扫描系统由光学系统及探测器（光电转换器件）组成，它完成对条码符号的光学扫描，并通过光电探测器将条码"条""空"图案的光信号转换为电信号。信号整形部分由信号放大、滤波和波形整形组成，它的功能在于将条码的光电扫描信号处理成标准电位的矩形波信号，其高低电平的宽度和条码符号的"条""空"尺寸相对应。译码部分一般由嵌入式微处理器组成，它的功能就是对条码的矩形波信号进行译码，其结果通过接口电路输出到条码应用系统中的数据终端。

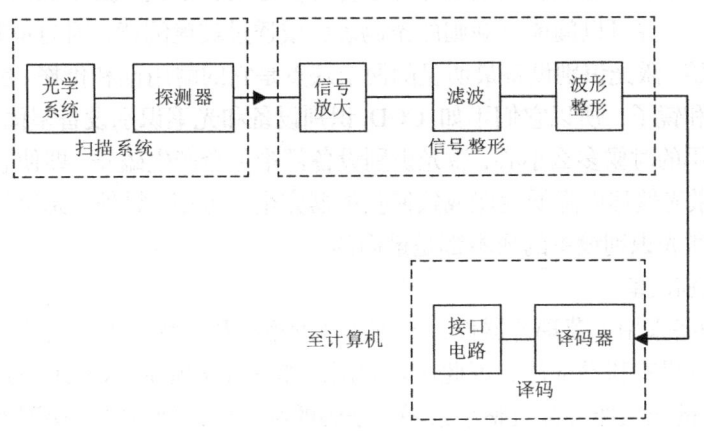

图 8-7　条码识别系统的组成

2．条码识别设备

条码识别设备是用来读取条码信息的设备。它使用一个光学装置将条码的"条""空"信息转换成电平信息，再由专用译码器翻译成相应的数据信息。条码识别设备一般应用于联机工作场合，即设备扫描条码后，经过接口电路直接将数据传送给计算机，条码识别设备主要有以下几种。

（1）光笔识别设备

光笔识别设备是最先出现的一种手持接触式条码识别设备，它也是最为经济的一种条码识别设备。使用时，操作者需要将光笔识别设备接触条码表面，通过光笔识别设备的镜头发出一个很小的光点，当这个光点从左向右划过条码时，光线在"空"部分被反射，光线在"条"部分被吸收，因此在光笔识别设备内部产生一个变化的电压，这个电压被放大、整形后用于译码。

光笔识别设备的优点主要包括：与条码接触识别，能够明确哪一个是被识别的条码；识别条码的长度可以不受限制；与其他的识别设备相比成本较低；内部没有移动部件，比较坚固；体积小，重量轻。但使用光笔识别设备也会受到各种限制。比如，在一些场合不适合接触识别条码，但只有在比较平坦的表面上识别指定密度的、打印质量较好的条码时，光笔识别设备才能发挥它的作用；操作人员需要经过一定的训练才能使用光笔识别设备，如识别速度、识别角度及使用的压力不当都会影响它的识别性能；光笔识别设备必须接触条码才能识别，当条码因保存不当而产生损坏或条码上面有一层保护膜时，光笔识别设备便不能使用。

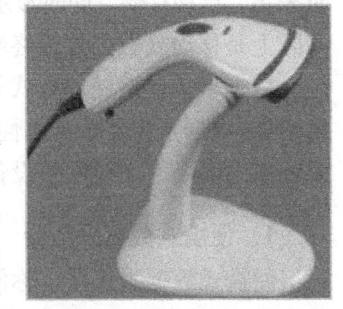

（2）激光识别设备

激光识别设备是各种识别设备中价格最昂贵的，但它所能提供的景深最长，因此在长距离识别中被广泛使用，如图 8-8 所示。激光识别设备的基本工作原理如下：手持式激光识别设备通过一个激光二极管发出一束光线，照射到一个旋转的棱镜或来回摆动的镜子上，反射后的光线穿过识别窗照射到条码表面，光线经过"条"或"空"的反射后返回识别器，由一个镜子进行采集、聚焦，

图 8-8　激光识别设备

通过光电转换器转换成电信号，该信号将通过扫描器或终端上的译码软件进行译码。

激光识别设备可以较好地用于非接触扫描，通常情况下，在阅读距离超过 30cm 时，激光识别设备是唯一的选择。激光识别设备分为手持与固定两种形式。激光识别设备容易使用，阅读条码密度范围广，并可以阅读不规则的条码表面或透过玻璃阅读，因为是非接触阅读，所以不会损坏条码标签。激光识别设备最明显的两个缺点是它的耐用性和价格。因为激光识别设备采用了移动部件和镜子，所以它们不如 CCD 识别设备和光笔识别设备坚固。在实际使用中，无论操作者在使用的时候多么小心，激光识别设备都难免会产生磕碰。即使它内部的部件没有损坏，也容易因激光偏移而降低性能或致使扫描器完全不可用。另外，无论从产品的造价还是使用寿命来讲，激光识别设备的成本都是最高的。

（3）CCD 识别设备

CCD 识别设备采用了荷耦合器件，比较适合近距离和接触识别。它的价格没有激光识别设备贵，而且内部没有移动部件，因此比较耐用，如图 8-9 所示。CCD 识别设备使用一个或多个 LED，发出的光线能够覆盖整个条码，条码的图像被传到一排光探测器上，被每个单独的光电二极管采样，由邻近的探测器显示探测结果为"黑"或"白"来区分每一个"条"或"空"，从而确定条码的字符。换言之，CCD 识别设备不是阅读每一个"条"或"空"，而是阅读整个条码，并将其转换成可以译码的电信号。

与其他识别设备相比，CCD 识别设备有很多优点。它没有激光识别设备昂贵，但同样有识别条码的密度广泛、容易使用、所需培训量小的优点。它比激光识别设备轻，但比激光识别设备坚固，而且不像光笔识别设备那样只能接触识别。比较新型的 CCD 识别设备的识别景深已经能够满足零售、金融和制造业的使用要求。

图 8-9 CCD 识别设备

CCD 识别设备的局限在于它的识别景深和识别宽度，除上面提到的应用领域外，在一些需要远距离阅读的场合，如仓库，则不是很适合使用 CCD 识别设备；在所要识别的条码比较宽时，CCD 识别设备也不是很好的选择，信息很长或密度很低的条码很容易超出扫描头的识别范围，导致条码不可读。

8.2.3 条码数据采集设备

把条码识别设备和具有数据存储、处理、通信传输功能的手持数据终端设备结合在一起便是条码数据采集设备，简称数据采集器，如图 8-10 所示。当人们强调数据处理功能时，往往将其简称为数据终端。它具备实时采集、自动存储、即时显示、及时反馈、自动处理、自动传输功能。它实际上是移动式数据处理终端和某一类条码识别器的集合体。

数据采集器按处理方式分为两类：在线式数据采集器和批处理式数据采集器。数据采集器按产品性能分为便携式数据采集器、无线数据采集器、无线掌上电脑、无线网络设备。

图 8-10 数据采集器

1. 便携式数据采集器

便携式数据采集器也称便携式数据采集终端（Portable Data Terminal，PDT）或手持终端（Hand-Hold Terminal，HT），是为适应一些现场数据采集和扫描笨重物体的条码符号而设计的，适用于脱机使用的场合。识读时，与在线式数据采集器相反，它的扫描器需要被拿到物体的条码符号前进行扫描。

2．无线数据采集器

便携式数据采集器相对于传统手工操作的优势已经是不言而喻了，然而一种更先进的设备——无线数据采集器，将普通便携式数据采集器的性能进行了进一步的扩展。无线数据采集器除具有普通便携式数据采集器的优点外，还具有在线式数据采集器的优点，它与计算机的通信是通过无线电波来实现的，可以把现场采集到的数据实时传输给计算机。相比普通的便携式数据采集器，无线数据采集器进一步提高了操作员的工作效率，使数据从原来的本机校验、保存转变为远程控制、实时传输。无线数据采集器之所以被称为"无线"，就是因为它不需要像普通便携式数据采集器那样依靠通信座和计算机进行数据交换，而可以直接通过无线网络和服务器进行实时数据通信。要使用无线数据采集器就必须先建立无线网络。无线网络设备的一个登录点（Access Point）相当于一个连接有线局域网和无线网的网桥，它通过双绞线或同轴电缆接入有线网络（以太网或令牌网），无线数据采集器则通过与无线网络设备的登录点的无线通信和局域网的服务器进行数据交换。

8.2.4 条码制作和条码印制设备

1．条码制作

具体条码符号的制作包括两个主要环节，即条码符号生成和条码符号印刷。

（1）条码符号生成

任何一种条码，都是按照预先规定的编码规则和有关标准，由"条"和"空"组合而成的。人们将为管理对象编制的由数字、字母、数字及字母组成的代码序列称为编码。编码规则主要包括编码原则、代码定义等。编码规则是条码技术的基本内容，以及制定条码的标准和对条码符号进行识别的主要依据。为了便于物品跨国家和地区流通，适应物品现代化管理的需要，以及增强条码自动识别系统的相容性，各个国家、地区和行业应尽量遵循并执行国际统一的条码标准。从编码到条码的转化过程，一定要依照相关标准来进行编制。条码的标准化促进了行业间信息的交流、共享，同时为行业间的电子数据交换提供了通用的商业语言。依照国家标准编制条码，使之图形化，既可以通过自己编制软件完成，也可以使用商业化的编码软件，更加迅速、准确地完成条码的图形化编辑。

（2）条码符号印制

根据不同的应用情况，条码的印制方式分为两大类。一是离线印制（非现场印制），即采用传统印刷设备在印刷厂大批量印刷制作，它适用于数量大、标签格式固定、内容相同的标签的印制，如产品包装、图书封面等；二是在线印制（现场印制），即由计算机控制打印机实时打印条码标签，这种方式打印灵活、实时性强，适用于多品种、小批量、需要现场实时印制的场合。

2．条码印制设备

（1）离线印制设备

离线印制设备一般用于两种情况：一是大批量固定号码的条码的重复印制；二是具有连续号码的条码印制。前者采用胶版印刷，后者采用带有条码号码机的印刷机印刷。胶版印刷是一种使用广泛的印刷技术，既可在各种印刷材料上印刷出高质量的图像，也可以用于条码印制。这种印刷方法是先将图像制成印刷版，然后对印刷版进行光学和化学处理，使图像区具有亲油斥水性能。把印刷版固定在压辊的表面上，印刷时先接触水，后接触油墨。印刷版的图像部分粘上油墨，无图像的部分没有油墨，再将油墨转到中间辊子上，最后中间辊子将图像印到符号载体上。

（2）在线印制设备

目前，条码现场印制设备大致分为两类，即通用打印机和专用条码打印机。通用打印机有点阵式打印机、喷墨式打印机、激光打印机等。使用通用打印机打印条码标签一般需要专用软件，通过生成条码的图形进行打印。其优点是设备成本低，打印的幅面较大，用户可以利用现有设备。因为通用打印机并非为打印条码标签专门设计的，因此用它印制的条码在使用上不太方便，实时性较差。专用条码打印机是专为打印条码标签而设计的，具有打印质量好、打印速度快、打印方式灵活、使用方便、实时性强等特点，是印制条码的重要设备。热转印条码打印机就是一种专用条码打印机，如图 8-11 所示。

图 8-11　热转印条码打印机

8.3　射频识别技术

为了高效地获取信息，近年来，越来越多的行业引入了自动识别技术（Auto Identification），条码、磁卡、IC 卡、射频识别技术等在服务行业、金融、购物与配送、制造过程、物流等诸多领域得到越来越广泛的应用。其中，射频识别（Radio Frequency Identification，RFID）技术以其独特的特性和优点占据了越来越重要的地位，在许多领域正在逐步取代其他形式的自动识别技术。射频识别技术是一种非接触式的自动识别技术，它通过射频信号自动识别目标对象并获取相关数据，识别工作无须人工干预，可用于各种恶劣环境。射频识别系统可识别高速移动的物体并可同时识别多个标签，操作快捷、方便。射频识别技术在体育赛事的门票管理中已经得到广泛应用，如内嵌射频识别电子标签的俄罗斯世界足球杯门票，如图 8-12 所示。

图 8-12　内嵌射频识别电子标签的俄罗斯世界足球杯门票

8.3.1　射频识别技术的概念

射频识别技术是从 20 世纪 90 年代兴起的一项非接触式自动识别技术。它以无线通信技术和存储器技术为核心，伴随着半导体、大规模集成电路技术的发展而逐步形成，利用射频方式进行非接触双向通信，以达到自动识别目标对象并获取相关数据的目的，具有精度高、适应环境能力强、抗干扰强、操作快捷等许多优点。

与其他自动识别技术相比，射频识别技术具有可非接触识别（识读距离可以从 10cm 至几十米）、可识别高速运动物体、抗恶劣环境、保密性强、可同时识别多个识别对象等突出特点，因此广泛应用于物料跟踪、车辆识别、生产过程控制等方面。近年来，随着大规模集成电路、网络通信、信息安全等技术的发展，射频识别技术进入商业化应用阶段。这一技术由于具有高速移动物体识别、多目标识别和非接触识别等特点，日益显示出巨大的发展潜力与应用空间，被认为是 21 世纪最有发展前途的信息技术之一。

射频识别电子标签具有条码所不具备的防水、防磁、耐高温、使用寿命长、读取距离大、标签上的数据可以加密、存储数据容量更大、存储信息可更改等优点。当然，射频识别技术在物流领域的应用不仅涉及射频识别技术本身，还涉及技术、管理、硬件软件、网络、系统安全、无线电频率等许多方面，这是一个庞大的应用系统。

射频识别技术之所以被重视，一方面在于其可以让物品实现真正的自动化管理，不再像条码那样需要扫描。在射频识别标签中存储着规范、可以互用的信息，通过无线数据通信网络可以将其自动采集到中央信息系统，射频识别电子标签可以以任意形式附带在包装中，不需要像条码那样占用固定空间。另一方面，射频识别电子标签不需要人工识别，读写器每 250ms 就可以从射频识别电子标签中读出位置及与物品相关的数据。

射频识别系统在工作时，读写器发出微波查询（能量）信号，电子标签（无源）收到微波查询能量信号后，将其一部分整流为直流电源供电子标签内的电路工作，另一部分微波能量信号被电子标签内保存的数据信息调制（ASK）后反射回读写器。读写器接收反射回的幅度调制信号，从中提取出电子标签中保存的标识性数据信息。在射频识别系统工作过程中，读写器发出的微波信号与接收反射回的幅度调制信号是同时进行的。反射回的信号强度较发射信号要弱得多，因此，在技术实现上的难点在于同频接收。

射频识别的优点突出体现在以下几个方面。

① 无接触识别距离远。射频识别技术的传送距离由许多因素决定，如传送频率、天线设计等。

② 识别速度快，读取 12 位数据仅需 0.3～0.5s。

③ 适应物体的高速移动，可以识别高速移动中的物体。

④ 可穿过布、皮、木等材料进行阅读。由于采用非接触式设计，所以不必直接接触电子标签，可以隔着非金属物体进行识别。

⑤ 抗恶劣环境工作能力强，可全天候工作。

8.3.2 射频识别系统的工作原理和组成部分

1. 射频识别系统的工作原理

射频识别系统所采用的技术被称为微波反射技术，它基于电子标签内微波天线的负载阻抗随存储的电子数据而变化的特点来实现对电子标签内电子数据的读取。

射频识别系统的基本工作流程如图 8-13 所示。读写器通过发射天线发送一定频率的射频信号，当电子标签进入发射天线工作区域时产生感应电流，电子标签获得能量被激活；电子标签将自身编码等信息通过内置发射天线发送出去；系统接收天线接收到从电子标签发送来的载波信号，经天线调节器传送到读写器，读写器对接收的信号进行解调和解码后将其送到后台主系统进行相关处理；主系统根据逻辑运算判断该电子标签的合法性，针对不同的设定做出相应的处理和控制,发出指令信号控制执行机构的动作。在耦合方式(电感—电磁)、通信流程(FDX、HDX、SEQ)、从电子标签到读写器的数据传输方法(负载调制、反向散射、高次谐波),以及频率范围等方面,不同的非接触传输方法有根本的区别,但所有的读写器在功能原理上及由此决定的设计构造上都很相似,所有读写器均可简化为高频接口和控制单元两个基本模块。高频接口包含发送器和接收器,其功能包括:以高频发射功率启动电子标签并提供能量;对发射信号进行调制,将数据传送给电子标签;接收并解调来自电子标签的高频信号。

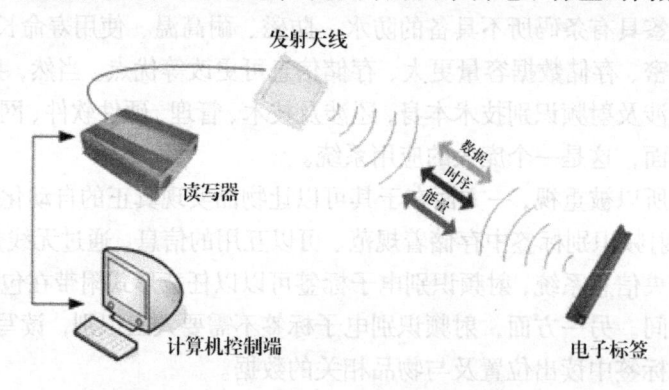

图 8-13 射频识别系统的基本工作流程

物流过程应用的射频识别系统一般是感应耦合式射频识别系统。感应耦合式射频识别系统的工作过程通常是,读写器的天线在其作用区域内发射能量形成电磁场,载有射频识别电子标签的物品在经过这个区域时被读写器发出的信号激发,将存储的数据发送给读写器,读写器接收射频识别电子标签发送的信号,解码获得数据,达到识别目的。由于射频识别技术的应用涉及使用频率、发射功率、标签类型等诸多因素,目前尚没有像条码那样形成在开环系统中应用的统一标准,因此其主要在一些闭环系统中使用。

2. 射频识别系统的组成部分

虽然在实际应用中,射频识别系统的组成部分可能会因为应用目的和应用环境的不同而有所不同,但是根据其工作原理来分析,射频识别系统一般由应答器(信号发射机)、读写器(信号接收机)、天线几部分组成,如图 8-14 所示。

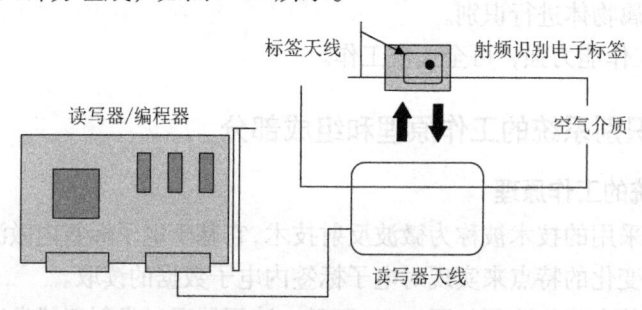

图 8-14 射频识别系统的组成部分

1)应答器

应答器既是射频识别系统的数据载体,又具有信号发射功能。应答器一般要粘贴或固定在被识别的对象上,通过读写器实现信息交换。在射频识别系统中,应答器具有多种表现形式,随应用目的和应用场合的不同而有所不同，常用的形式是电子标签。电子标签相当于条码技术中的条码符号，用来存储需要识别、传输的信息。与条码不同的是，电子标签必须能够自动或在外力的作用下把存储的信息发射出去。电子标签一般是带有线圈、天线、存储器与控制系统的低功耗集成电路系统。常见的射频识别电子标签可以有各种形状和形式，如图 8-15 所示。

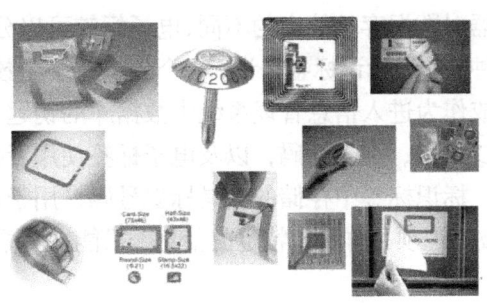

图 8-15　常见的射频识别电子标签外观

（1）主动式标签和被动式标签

在实际应用中，必须给电子标签供电它才能工作，虽然它的电能消耗是非常低的（一般是百万分之一毫瓦级别）。按照电子标签获取电能的方式不同，电子标签可以分成主动式标签与被动式标签。主动式标签内部自带电池，它的电能充足、工作可靠性高、信号传送的距离远（可达几米）。另外，主动式标签可以通过设计电池的不同寿命对电子标签的使用时间或使用次数进行限制，它可以用在需要限制数据传输量或使用数据有限制的地方。比如，一年内，电子标签只允许读写有限次。主动式标签的缺点主要是电子标签的使用寿命受到限制且价格较高，而且随着电子标签内电池电力的消耗，数据传输的距离会越来越短，影响系统的正常工作。

被动式标签内部不带电池，要靠外界提供能量才能正常工作。被动式标签典型的产生电能的装置是天线与线圈，当电子标签进入系统的工作区域，天线接收到特定的电磁波，线圈就会产生感应电流，再经过整流电路给电子标签供电。被动式标签具有永久的使用期，常常用在电子标签信息需要每天读写或频繁读写的地方，而且被动式标签支持长时间的数据传输和永久性的数据存储。被动式标签的缺点主要是数据传输的距离要比主动式标签短。因为被动式标签依靠外部的电磁感应来供电，它的电能比较弱，数据传输的距离和信号强度因此受到限制，需要敏感性比较高的信号接收机（读写器）才能可靠识读。

（2）只读标签与可读写标签

根据内部使用存储器类型的不同，电子标签可以分成只读标签与可读写标签。只读标签内部仅有只读存储器（Read Only Memory, ROM）和随机存储器（Random Access Memory, RAM）。只读存储器用于存储发射器操作系统和安全性要求较高的数据，它与内部的处理器或逻辑处理单元共同完成内部的操作控制功能，如响应延迟时间控制、数据流控制、电源开关控制等。另外，只读标签的只读存储器中还存储有电子标签的标识信息。这些信息可以在电子标签制造过程中由制造商写入只读存储器中，也可以在电子标签开始使用时由使用者根据特定的应用目的写入特殊的编码信息。这种信息既可以只简单地代表二进制中的"0"或"1"，也可以像二维条码那样，包含相当丰富的复杂信息。但这种信息只能一次写入，多次读出。只读标签中的随机存储器用于存储电子标签反映的和数据传输过程中临时产生的数据。另外，只读标签中除了只读存储器和随机存储器，一般还有缓冲存储器，用于暂时存储调制后等待天线发送的信息。

可读写标签内部的存储器除了只读存储器、随机存储器和缓冲存储器,还有非活动可编程记忆存储器。这种存储器除具有存储数据功能外,还具有在适当的条件下允许多次写入数据的功能。非活动可编程记忆存储器有许多种,EEPROM(电可擦除可编程只读存储器)是比较常见的一种,这种存储器在通电的情况下,可以实现对原有数据的擦除及对数据的重新写入。

(3)标识标签与便携式数据文件

根据电子标签中存储器对数据存储能力的不同,电子标签可以分成仅用于标识目的的标识标签与便携式数据文件两种。对于标识标签来说,一个数字或多个数字或字符串存储在电子标签中,可用于读写器识别或作为进入信息管理系统中数据库的钥匙(KEY)。条码技术中标准码制的号码,如 EAN/UPC 条码、混合编码,以及电子标签使用者按照特别的方法编的号码,都可以存储在标识标签中。标识标签中存储的只是标识号码,用于对特定的标识项目,如人、物、地点进行标识,关于被标识项目详细、特定的信息,只能在与系统相连接的数据库中进行查找。

顾名思义,便携式数据文件就是指标签中存储的数据非常大,足以看作一个数据文件的电子标签。这种电子标签一般都是用户可编程的,电子标签中除了存储标识码,还存储大量的被标识项目其他的相关信息,如包装说明、工艺过程说明等。在实际应用中,关于被标识项目的所有信息都是存储在电子标签中的,识读电子标签就可以得到关于被标识项目的所有信息,而不用再连接数据库进行信息读取。另外,随着存储能力的提高,便携式数据文件可以提供组织数据的功能,即在识读标签的过程中,可以根据特定的应用目的控制数据的读出,实现在不同的情况下读出不同的数据部分的目的。

2)信号接收机

信号接收机又称读写器(Reader)。根据支持的电子标签类型与完成的功能不同,读写器的复杂程度是显著不同的。读写器的基本功能就是与电子标签进行数据交换。另外,读写器还提供相当复杂的信号状态控制、奇偶错误校验与更正功能等。电子标签中除存储需要传输的信息外,还必须含有一定的附加信息,如错误校验信息等。识别数据信息和附加信息按照一定的结构编制在一起,并按照特定的顺序向外发送。读写器通过接收到的附加信息来控制数据流的发送。一旦到达读写器的信息被正确接收和译解,读写器将通过特定的算法决定是否需要发射机对发送的信号进行重发,或者感知发射器停止发信号,这就是"命令响应协议"。使用这种协议,即便在很短的时间内、很小的空间中阅读多个电子标签,也可以有效地防止"欺骗问题"的产生。

一台典型的读写器包含高频模块(发射器和接收器)、控制单元,以及与应答器连接的耦合元件。此外,许多读写器还带有附加的接口(如 RS-232、RS-485 等),以便将所获得的数据进一步传输给另外的系统(个人计算机、机器人控制装置等)。读写器又称读出装置,可无接触地读取并识别应答器(电子标签)中所保存的电子数据,从而达到自动识别物体的目的,并可进一步通过计算机及计算机网络实现对物体识别信息的采集、处理及远程传送等管理功能。

3)编程器

只有可读写标签系统才需要编程器,编程器是向电子标签写入数据的装置。编程器写入数据一般来说是离线(OFF-LINE)完成的,即预先在电子标签中写入数据,开始应用时直接把标签黏附在被标识对象上。也有一些射频识别系统的数据编程是在线(ON-LINE)完成的,尤其是在生产环境中作为交互式便携数据文件来处理时。随着技术的发展,越来越多的射频识别系统用计算机直接对可读写标签进行编程。

4）天线

天线是电子标签与读写器之间传输数据的发射与接收装置。在实际应用中，除系统功率外，天线的形状和相对位置也会影响数据的发射和接收。因此，需要专业人员对射频识别系统的天线进行设计、安装。

8.4 地理信息系统和全球定位系统

8.4.1 地理信息系统

地理信息系统（Geographic Information System，GIS）是人类在不断的生产实践中，为了描述和处理与地理相关的信息而研发的一套综合应用系统。它把各种和地理位置有关的信息试图结合起来，并把计算机科学、地理地质学、几何学、环境科学、空间科学、管理科学、CAD技术、遥感技术、全球定位技术、Internet、多媒体技术、虚拟技术等融为一体，利用计算机图形与数据库技术来采集、编辑、存储、管理、分析、描述和输出整个或部分地球表面（包括大气层在内）与空间和地理分布有关的数据的空间信息系统。随着信息及网络技术的不断发展，地理信息系统已在许多部门和领域得到应用，并引起了社会的高度重视。从应用方面看，地理信息系统已在资源开发、环境保护、城市规划建设、土地管理、农作物调查、交通、能源、通信、地图测绘、林业、房地产开发、自然灾害的监测与评估、金融、保险、石油与天然气、军事、犯罪分析、运输与导航、110报警系统、公共汽车调度等方面得到了具体应用。

1. 地理信息系统的定义与功能

（1）地理信息系统的定义

地理信息系统是在20世纪60年代开始迅速发展起来的地理学研究新成果，是由地理学、计算机科学、测绘科学、遥感、城市科学、环境科学、信息科学、空间科学、管理科学等融为一体的技术系统。地理信息系统由多学科集成并应用于多领域的基础平台，这种集成是对信息的各种加工、处理过程的应用、融合和交叉渗透，并实现各种信息的数字化的过程，具有数据采集、输入、编辑、存储、管理、空间分析、查询、输出和显示功能，为用户进行预测、监测、规划管理和决策提供科学依据。

虽然地理信息系统是一门多学科综合的边缘学科，但其核心是计算机科学，基本技术是数据库、地图可视化及空间分析。因此，可以这样简单定义：地理信息系统是处理地理数据的输入、输出、管理、查询、分析和辅助决策的计算机系统。

（2）地理信息系统的功能

地理信息系统的基本功能是对空间信息及其相关的属性信息的处理，将各种详细的地理资料（包括和地理空间有关的图形资料及属性资料）整合成综合性的地理信息资料库，通过应用软件（如电子表格、软件系统、绘图软件等），将各种相关信息以文字、数字、图表、声音、图形或配以地图的形式，提供给规划者及决策者使用。地理信息系统显示的范围具有比较大的灵活性，可以根据使用者提出的要求选择区域，大到一个洲际，小到一个街区，显示出区域内人口的数量和分布情况、商品的销售情况、运输路线的设置、资源的分布情况及其他内容。

大多数地理信息系统软件具备5项基本功能，即数据输入、数据编辑、数据存储与管理、空间查询与分析、可视化表达与输出。

2. 地理信息系统的组成部分

地理信息系统由硬件、软件、数据、方法和人员 5 部分组成。硬件和软件为地理信息系统建设提供环境；数据是地理信息系统的重要内容；方法为地理信息系统建设提供解决方案；人员是地理信息系统建设中的关键和能动性因素，直接影响和协调其他几个组成部分。

3. 地理信息系统在物流中的应用

地理信息系统在近些年获得了惊人的发展，广泛应用于资源调查、环境评估、灾害预测、国土管理、城市规划、邮电通信、交通运输、水利电力、公共设施管理、农林牧业、统计、商业金融等领域。

其中，地理信息系统在物流业务中的应用，主要是指利用地理信息系统强大的地理数据功能来完善物流分析技术。已有公司开发出利用地理信息系统为物流分析提供专门分析的工具软件。完整的地理信息系统物流分析软件集成了车辆路线模型、最短路径模型、网络物流模型、分配集合模型和设施定位模型等。

（1）车辆路线模型

车辆路线模型用于解决在一个起始点、多个终点的货物运输中如何降低物流作业费用，并保证服务质量的问题，包括决定使用多少辆车、每辆车的路线等。

（2）网络物流模型

网络物流模型用于解决寻求最有效的分配货物路径问题，也就是物流网点的布局问题。例如，将货物从 N 个仓库运往 M 个商店，每个商店都有固定的需求量，因此需要确定由哪个仓库提货送给哪个商店，所耗费的运输代价最小。

（3）分配集合模型

分配集合模型可以根据各个要素的相似点把同一层上的所有或部分要素分为几个组，用以解决服务范围和销售市场范围等问题。例如，某公司要设立 X 个分销点，要求这些分销点能覆盖某一地区，而且要使每个分销点的客户数目大致相等。

（4）设施定位模型

设施定位模型用于确定一个或多个设施的位置。在物流系统中，仓库和运输线共同组成了物流网络，仓库处于网络的节点上，节点决定着线路。根据供求的实际需要并结合经济效益等原则，在既定区域内设立多少个仓库、每个仓库的位置、每个仓库的规模，以及仓库之间的物流关系等问题，运用此模型均能很容易地得到解决。

8.4.2 全球定位系统

1. 全球定位系统的含义及特点

1）全球定位系统的含义

全球定位系统（Global Positioning System，GPS），最早由美国从 20 世纪 70 年代开始研制，历时 20 年，耗资 200 亿美元，于 1994 年全面建成，是具有在海、陆、空进行全方位实时三维导航和定位能力的新一代卫星导航与定位系统。全球定位系统通过与各种现代物流信息技术的结合，能为现代物流带来崭新的运营方式。

全球定位系统能对静态、动态对象进行动态空间信息的获取，可以快速、精度均匀、不受天气和时间的限制反馈空间信息。当前有两个公开的全球定位系统可以利用，一是 NAVSTAR 系统，由美国研制，归美国国防部管理和操作；二是 GLONASS 系统，为俄罗斯所拥有。因为通常首先可利用的是 NAVSTAR 系统，故又将这一全球定位系统简称为 GPS。

2）全球定位系统的特点

（1）定位精度高

全球定位系统卫星发送的导航定位信号能够进行厘米级至毫米级精度的静态定位，米级至亚米级精度的动态定位，亚米级至厘米级精度的速度测量和毫微秒级精度的时间测量。

（2）全天候作业

全球、全天候连续导航定位，为用户提供位置、速度和时间，全球定位系统观测可在一天 24h 内的任何时间进行，不受起雾刮风、下雨下雪等天气的影响。

（3）观测时间短

随着全球定位系统的不断完善、软件的不断更新，目前，20km 以内相对静态定位仅需 15～20min；快速静态相对定位测量时，当每个流动站与基准站相距在 15km 以内时，流动站观测时间只需 1～2min，然后可随时定位，每站观测只需几秒。

（4）测站间无须通视

全球定位系统测量不要求测站（点）之间互相通视，只要求测站上空开阔，因此可节省大量的造标费用。由于无须点间通视，点位位置根据需要可稀可密，使选点工作甚为灵活，也可省去经典大地网中的传算点、过渡点的测量工作。

（5）可提供三维坐标

经典大地测量将平面与高程采用不同方法分别施测。全球定位系统可同时精确测定测站点的三维坐标。目前，全球定位系统水准可满足四等水准测量的精度。

（6）抗干扰性能好，保密性强

全球定位系统采用扩频技术和伪码技术，用户不发射信号，因而全球定位系统卫星所发送的信号具有良好的抗干扰性和保密性，在战时不易受到电子战的影响。

（7）操作简便

随着全球定位系统接收机不断改进，自动化程度越来越高，有的已达到"傻瓜化"的程度；接收机的体积越来越小，重量越来越轻，极大地减轻了测量工作者的工作紧张程度和劳动强度，使野外工作变得相对轻松。

（8）功能多，应用广

全球定位系统不仅可以用于测量、导航，还可以用于测速、测时。测速的精度可达 0.1m/s，测时的精度可达几十毫微秒，其应用领域不断扩大。

2. 全球定位系统的组成部分

全球定位系统主要包含三大部分，即由全球定位系统卫星组成的空间部分、由若干地面站组成的地面监控部分和以接收机为主体的用户部分，如图 8-16 所示。

（1）空间部分

全球定位系统空间部分是指全球定位系统工作卫星及其星座，是由 21 颗工作卫星和 3 颗在轨备用卫星组成的全球定位系统卫星星座，如图 8-17 所示。24 颗卫星均匀分布在 6 个轨道平面内（称为满星座），轨道倾角为 55°，轨道的升交点（与赤道交点）之间的角距为 60°，每个轨道面均匀分布 4 颗卫星，相邻轨道之间的卫星还要彼此错开 40°，以保证全球各处每时每刻至少能观测到高度角为 15°以上的 4 颗卫星。对于地面观测者来说，每颗卫星每天约有 5h 在地平面以上，同时位于地平面以上的卫星颗数随着时间和地点的不同而不同，最少可观察到 4 颗，最多可观察到 11 颗。每颗卫星的发射信号能覆盖地球面积的 38%，卫星运行到轨道的任何位置上，它同地面的距离和波束的覆盖面积都基本不变。同时，在波束覆盖区域内，用户接收到的卫星信号强度近乎相等。这对提高定位精度十分有利，这样，在全球任何地方、任何恶劣气候条件下，全球定位系统都能为用户提供 24h 不间断服务。

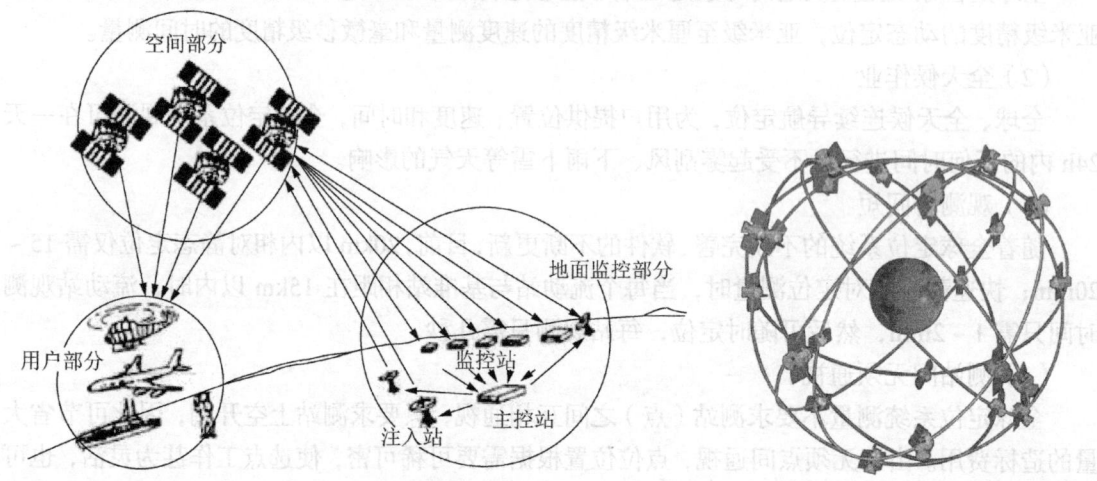

图 8-16 全球定位系统的组成部分   图 8-17 全球定位系统卫星星座

在全球定位系统中，全球定位系统卫星的作用主要包括：用 L 波段的两个无线载波向广大用户连续不断地发送导航定位信号，根据导航电文可以知道该卫星当前的位置和卫星的工作情况；在卫星飞越注入站上空时，接收由地面注入站用 S 波段（10cm 波段）发送到卫星的导航电文和其他有关信息，并通过全球定位系统信号电路，适时发送给广大用户；接收地面主控站通过注入站发送卫星的高度命令，适时改正运行偏差或启用备用时钟等。全球定位系统卫星的核心部件是高精度的时钟、导航电文存储器、双频发射和接收机、微处理机。

（2）地面监控部分

全球定位系统地面监控部分的主要功能是对空间的卫星系统进行监测、控制，并向每颗卫星注入更新的导航电文。全球定位系统的地面监控部分目前主要由分布在全球的若干个跟踪站所组成的监控系统构成。按照其作用的不同，这些跟踪站又被分为主控站、注入站和监控站。

（3）用户部分

全球定位系统用户部分包括以全球定位系统信号接收机为主体的用户设备部分，以及相应的用户系统部分。全球定位系统信号接收机是一种特制的无线电接收机，用来接收导航卫星发射的信号，并以此计算出定位数据。全球定位系统信号接收机能够捕捉到按一定卫星高度截止角所选择的待测卫星的信号，并跟踪这些信号的运行，对所接收到的全球定位系统信号进行变换、放大和处理，测量出全球定位系统信号从卫星到接收机天线的传播时间，解译出全球定位系统卫星所发送的导航电文，实时地计算出监控站的三维位置，甚至三维速度和时间，最终实现利用全球定位系统进行导航和定位的功能。

全球定位系统卫星发送的导航定位信号，是一种可供无数用户共享的信息资源。只要用户拥有能够接收、跟踪、变换和测量全球定位系统信号的接收设备，即全球定位系统信号接收机，就可以在任何时候用全球定位系统信号进行导航定位测量。根据不同的分类标准,可将全球定位系统信号接收机分为多种,用户可以根据自己的使用目的,配置不同的全球定位系统信号接收机。但就结构而言,各种全球定位系统信号接收机的结构基本一致,分为天线单元和接收单元两部分。天线单元由接收天线和前置放大器两部分组成,接收天线的作用是将全球定位系统卫星信号极微弱的电磁波能转化为相应的电流,而前置放大器的作用是将全球定位系统信号电流予以放大。接收单元主要由变频器、信号通道、微处理器、存储器、输入/输出设备和电源组成,其中信号通道是接收机的核心部分。接收机硬件和机内软件,以及全球定位系统数据的后处理软件包,构成完整的全球定位系统用户设备。

3. 全球定位系统的定位原理

按照被定位的物体的运动状态,全球定位系统的定位分为静态定位和动态定位。

静态定位按照定位方式,又可分为单点定位和相对定位。单点定位就是根据一台接收机的观测数据来确定接收机位置的方式,可用于车、船等的概略导航定位。相对定位(差分定位)是根据两台以上接收机的观测数据来确定观测点之间的相对位置的方法,它相对于单点定位要精确得多。这是由于全球定位系统测量中包含了卫星和接收机的时间差、大气对光速的影响、非直线路径效益等误差,在进行相对定位时大部分公共误差被抵消或削弱,因此定位精度大大提高。

在定位观测过程中若接收机相对于地球表面运动,则称为动态定位。实际上,动态定位相较于静态定位在智能交通领域有着更为广泛的应用。这是由于在交通领域中大多是对运动着的车辆进行信息采集。动态定位的原理相较于静态定位只是深入了一步而已。在动态定位过程中实际上运用了静态定位加上速度测量仪的原理。在被观测的车辆运动过程中全球定位系统间隔相对的时间对车辆信息进行采集,然后根据光速和间隔时间内车辆运动的路程就能算出车辆的速度。当然,这些都是接收机在很短时间内根据特定的程序就能计算出来的。

8.4.3　北斗卫星导航系统

中国北斗卫星导航系统(BeiDou Navigation Satellite System,BDS)是中国自行研制的全球卫星导航系统,北斗卫星导航系统和美国全球定位系统、俄罗斯 GLONASS、欧盟 GALILEO 是联合国卫星导航委员会已认定的供应商。

北斗卫星导航系统由空间段、地面段和用户段 3 部分组成,可在全球范围内全天候、全天时为各类用户提供高精度、高可靠的定位、导航、授时服务,并且具备短报文通信能力,已经初步具备区域导航、定位和授时能力,定位精度为分米、厘米级别。2020 年 7 月 31 日上午,北斗三号全球卫星导航系统正式开通。目前,全球范围内已经有 137 个国家与北斗卫星导航系统签下了合作协议。随着全球组网的成功,北斗卫星导航系统未来的国际应用空间将会不断扩展。

1. 北斗导航技术的概念

北斗卫星导航系统是中国着眼于国家安全和经济社会发展需要,自主建设运行的全球卫星导航系统,是为全球用户提供全天候、全天时、高精度的定位、导航和授时服务的国家重要时空基础设施。

北斗卫星导航系统自提供服务以来,已在交通运输、农林渔业、水文监测、气象测报、通信授时、电力调度、救灾减灾、公共安全等领域得到广泛应用，服务国家重要基础设施，产生了显著的经济效益和社会效益。基于北斗卫星导航系统的导航服务已被电子商务、移动智能终端制造、位置服务等厂商采用，广泛进入中国大众消费、共享经济和民生领域，应用的新模式、新业态、新经济不断涌现，深刻改变着人们的生产生活方式。中国将持续推进北斗卫星导航系统的应用与产业化发展，服务国家现代化建设和百姓日常生活，为全球科技、经济和社会发展做出贡献。

北斗卫星导航系统秉承"中国的北斗、世界的北斗、一流的北斗"发展理念，愿与世界各国共享北斗卫星导航系统的建设发展成果，促进全球卫星导航事业蓬勃发展，为服务全球、造福人类贡献中国智慧和力量。北斗卫星导航系统为经济社会发展提供重要时空信息保障，是中国实施改革开放40余年来取得的重要成就之一，是中华人民共和国成立70多年来重大科技成就之一，是中国贡献给世界的全球公共服务产品。中国将一如既往地积极推动国际交流与合作，实现与世界其他卫星导航系统的兼容与互操作，为全球用户提供更高性能、更加可靠和更加丰富的服务。

2. 北斗导航系统的组成部分

北斗卫星导航系统由空间段、地面段和用户段3部分组成。

（1）空间段

北斗卫星导航系统空间段是由GEO卫星、IGSO卫星、MEO卫星组成的混合星座。北斗卫星导航系统是全球四大卫星导航系统中唯一采用IGSO/GEO/MEO异构星座的导航系统，其主要任务是向各类导航用户提供导航服务。北斗卫星导航系统的空间卫星一般运行在距离地面20 000km左右的太空，相邻轨道间的夹角相同。为保证系统的连续运行，一般在每个轨道上部署一颗备份卫星，一旦有卫星发生故障，则可以立即替代。

（2）地面段

北斗卫星导航系统的地面段由主控站、注入站和监测站组成。

① 主控站从监测站接收数据并进行处理，生成卫星导航电文和差分完好性信息，而后交由注入站执行信息的发送。同时，主控站还负责管理、协调整个地面控制系统的工作。

② 注入站用于向卫星发送信号，对卫星进行控制管理，在接收主控站的调度信号后，将卫星导航电文和差分完好性信息发送给卫星。

③ 监测站用于接收卫星的信号，并发送给主控站，实现对卫星的跟踪、监测，为卫星轨道确定和时间同步提供观测资料。

（3）用户段

用户段即用户的终端，既可以是专用于北斗卫星导航系统的信号接收机，也可以是兼容其他卫星导航系统的接收机。接收机需要捕获并跟踪卫星的信号，即可测量出接收天线至卫星的伪距离和距离的变化率，解调出卫星轨道参数等数据。接收机中的微处理计算机根据这些数据按一定的方式进行定位计算，最终得到用户的经纬度、高度、速度、时间等信息。北斗卫星导航系统采用卫星无线电测定（RDSS）与卫星无线电导航（RNSS）集成体制，既能像其他导航系统一样为用户提供卫星无线电导航服务，又具备位置报告及短报文通信功能。卫星信号接收机有各种类型，既有用于航天、航空、航海的机载导航型接收机，也有用于测定定位的测量型接收机，还有普通大众使用的车载、手持型接收机。接收机也可嵌入其他设备中构成组合型导航定位设备,如导航手机、导航相机等。

3. 北斗卫星导航系统在物流中的应用

北斗卫星导航系统是我国自行研制的全球卫星定位与通信系统,是继美国全球定位系统和俄罗斯 GLONASS 之后第三个成熟的卫星导航系统。北斗卫星导航系统在物流方面的应用体现在以下几个方面。

(1) 道路交通管理

利用北斗卫星导航系统将有利于减缓交通阻塞,提升道路交通管理水平。通过在车辆上安装卫星导航接收机和数据发射机,车辆的位置信息就能在几秒内自动转发到中心站。

(2) 铁路智能交通

利用北斗卫星导航系统将促进传统运输方式实现升级与转型。例如,在铁路运输领域,通过安装卫星导航终端,可极大地缩短列车行驶间隔时间,降低运输成本,有效提高运输效率。未来,北斗卫星导航系统将提供高可靠、高精度的定位、测速、授时服务,促进铁路交通的现代化,实现传统调度模式向智能交通管理模式转型。

(3) 海运和水运

海运和水运是全世界最广泛的运输方式之一,也是卫星导航最早应用的领域之一。目前,在世界各大洋和江河湖泊行驶的各类船舶大多都安装了卫星导航终端设备,使海上和水路运输更为高效和安全。北斗卫星导航系统将在任何天气条件下,为水上航行船舶提供导航定位和安全保障。同时,北斗卫星导航系统特有的短报文通信功能将支持各种新型服务的开发。

(4) 航空运输

当飞机在机场跑道着陆时,最基本的要求是确保飞机相互间的安全距离。利用北斗卫星导航系统精确定位与测速的优势,我们可实时确定飞机的瞬时位置,有效保证飞机之间的安全距离,甚至在大雾天气情况下,飞机可以实现自动盲降,极大地提高了飞行安全和机场运营效率。北斗卫星导航系统与其他系统的有效结合,将为航空运输提供更多的安全保障。

8.5 物联网技术

物联网的概念最早是在 1995 年提出的。物联网是在互联网技术的基础上,利用感知手段将物的属性转化为信息,在相关标准规范的约束下通过传输介质进行物与物之间的信息交互,进而实现物与物之间的控制与管理的一种网络。在信息技术产业飞速发展过程中,物联网成为下一轮世界经济发展的技术驱动力,被世界各国当作应对国际金融危机、振兴经济的重点技术领域。物联网的发展将使人类迈入全新的信息时代。

8.5.1 物联网的概念

目前,物联网(Internet of Things,IoT)的精确定义并未统一。从广义来讲,物联网是一个未来发展的愿景,等同于"未来的互联网"或"泛在网络",能够实现人在任何时间、地点,使用任何网络与任何人、物的信息交换,以及物与物之间的信息交换;从狭义来讲,物联网是物品之间通过传感器连接起来的局域网,不论接入互联网与否,都属于物联网的范畴。

关于物联网比较准确的定义之一是,物联网是通过各种信息传感设备及系统(传感器、射频识别系统、红外感应器、激光扫描器等)、条码、全球定位系统,按约定的协议,将物与物、人与物、人与人连接起来,通过各种接入网、互联网进行信息交换,以实现智能化识别、定位、跟踪、监控和管理的一种网络。该定义的核心是,物联网的主要特征是每一个物品都可以寻址,每一个物品都可以控制,每一个物品都可以通信。

8.5.2 物联网的原理和组成

1. 物联网的原理和本质

物联网的关键不在于"物",而在于"网"。实际上,早在"物联网"这个概念被正式提出之前,网络就已经将触角伸到了"物"的层面,如交通警察通过摄像头对车辆进行监控,通过雷达对行驶中的车辆进行车速的测量等。然而,这些都是互联网范畴之内的一些具体应用。此外,人们在多年前就已经实现了对物的局域性联网处理,如自动化生产线等。物联网实际上指的是在网络的范围之内,可以实现人对人、人对物,以及物对物的互联互通,在方式上既可以是点对点,也可以是点对面或面对点。这些对象经由互联网,通过适当的平台,可以获取相应的资讯或指令,或者传递相应的资讯或指令。比如,通过搜索引擎来获取资讯或指令,当某一数字化的物体需要补充电能时,它可以通过网络搜索到自己的供应商,并发出需求信号,当收到供应商的回应时,能够从中寻找到一个优选方案来满足自我需求。而这个供应商,既可以由人控制,也可以由物控制。这样的情形类似于人们利用搜索引擎进行查询,得到结果后再进行处理。具备了数据处理能力的传感器,可以根据当前的状况做出判断,从而发出供给或需求信号,而在网络上对这些信号的处理,成为物联网的关键所在。仅仅将物连接到网络上,还远远没有发挥出它最大的威力。"网"的意义不仅是连接,更重要的是交互,以及通过互动衍生出来的种种可利用的特性。

物联网的精髓不仅是对物实现连接和操控,它还通过技术手段的扩张,赋予网络新的含义,实现人与物、物与物之间的相融与互动,甚至是交流与沟通。物联网并不是互联网的翻版,也不是互联网的一个接口,而是互联网的一种延伸。作为互联网的扩展,物联网既具备互联网的特性,也具备互联网当前所不具备的特征。物联网不仅能够实现由人找物,而且能够实现以物找人,甚至能够通过对人的规范性回复进行识别,做出方案性的选择。

另外,合作性与开放性,以及长尾理论的适用性,是互联网在应用中的重要特征,引发了互联网经济的蓬勃发展。对物联网来说,通过人物一体化,就能够在性能上对人和物的能力进行进一步的扩展,这就犹如一把宝剑能够极大地增加人类的攻击能力与防御能力。物联网还可以增加人与人之间的接触,从中获得更多的商机。比如,通信工具的出现,可以增加人们之间的交流与互动,而伴随着这些交流与互动的增加,产生了更多的商业机会。物联网如同在人物交汇处建立起新的节点平台,使得长尾在节点处显示出最高的效用。在互联网时代,各式各样的大型网站由于汇聚了大量的人气,从而形成了一个个的节点,通过对这些节点进行利用,使得长尾理论的效应得到大幅的提高,就像亚马逊作为一个节点对其图书销售业务所起到的作用一样。

2. 物联网的技术体系框架

物联网系统复杂,不仅涉及射频识别、硬件、软件、网络等众多技术领域,而且涉及IPv6、IPv9等新一代互联网,还涉及新的跨网运行技术,以及云计算、云服务等创新技术。物联网的技术体系框架包括感知层、网络层、应用层和公共技术，如图 8-18 所示。

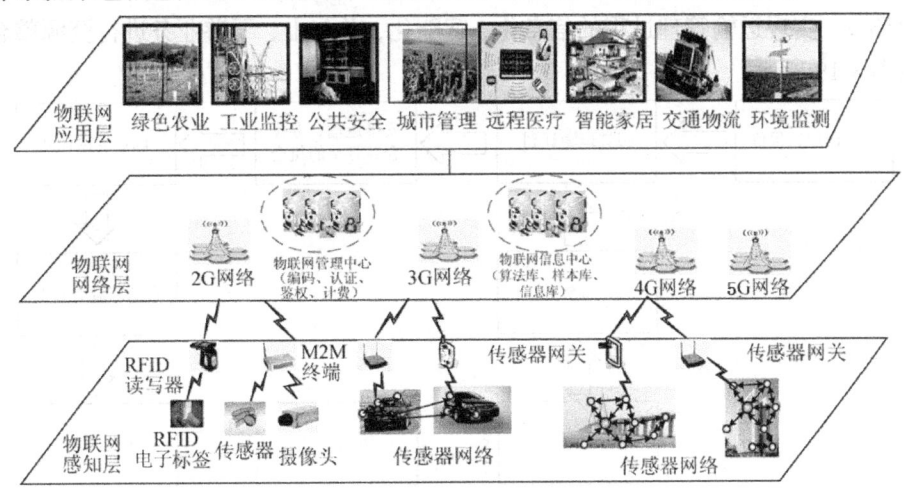

图 8-18　物联网的技术体系框架

（1）感知层

感知层通过传感器、射频识别、二维码、多媒体信息采集和实时定位等技术，采集物理世界中发生的物理事件和数据信息，利用组网和协同信息处理技术实现信息的短距离传输、自组织组网，以及多个传感器对数据的协同信息处理。感知层的作用相当于人的眼、耳、鼻、喉和皮肤等神经末梢，它是物联网识别物体、采集信息的来源，其主要功能是识别物体、采集信息，并且将信息传递出去。

（2）网络层

网络层主要指由移动通信网、互联网和其他专网组成的网络体系，实现更加广泛的互联功能，能够把感知到的信息无障碍、高可靠性、高安全性地进行传递。网络层的作用相当于人的神经中枢和大脑，负责传递和处理感知层获取的信息。

（3）应用层

应用层包括物联网应用的支撑平台子层和应用服务子层。应用支撑平台子层用于支撑跨行业、跨应用、跨系统之间的信息协同、共享和互通；应用服务子层包括环境监测、智能电力、智能医疗、智能家居、智能交通和工业监控等。应用层实现了物联网的最终目的，将人与物、物与物紧密结合在一起。

（4）公共技术

公共技术不属于物联网技术的某个特定层面，而是与物联网技术架构的 3 个层面都有关系，它包括标识与解析、安全技术、服务质量（QoS）管理和网络管理。

8.5.3　物联网技术在物流领域的应用

物联网技术主要应用于物流领域四大业务（运输、仓储、配送、信息）中，根据相关物联网应用方案，形成物联网环境下的智能运输、自动仓储、动态配送、信息控制等新物流业务。

1. 物联网在运输业务中的应用

利用物联网技术实施运输业务升级的物流企业，需要以深度覆盖所服务区域的运输网络平台为基础，提供快捷、准时、安全、优质的标准化服务。通过整合内外物流资源，提供"一站式"综合物流服务,以满足客户对运输业务的个性化需求。物联网技术将用于优化运输业务的各个作业环节,实现运输管理过程的信息化、智能化,并与上、下游业务进行资源整合和无缝衔接,如图 8-19 所示。

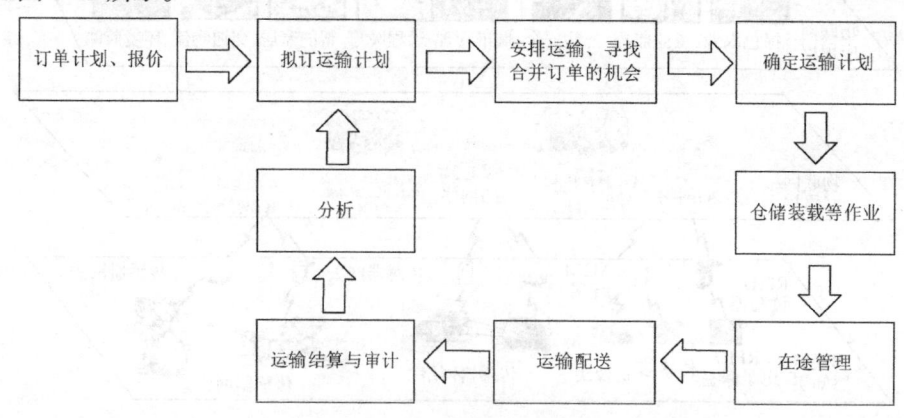

```
订单计划、报价 → 拟订运输计划 → 安排运输、寻找合并订单的机会 → 确定运输计划
                    ↑                                              ↓
                   分析                                        仓储装载等作业
                    ↑                                              ↓
              运输结算与审计 ← 运输配送 ← 在途管理
```

图 8-19 物流智能运输流程

2. 物联网在仓储业务中的应用

物流企业的仓储物流业务以供应商库存管理为基础,将服务作为其标准化产品。物联网技术被应用于仓储物流业务中,可实现仓储物流管理中的货物自动分拣、智能化出/入库管理、货物自动盘点及"虚拟仓库"管理,从而形成自动仓储业务。通过智能及自动化的仓储物流管理,可有效地降低物流成本,实现仓储物流作业的可视化、透明化管理,提高仓储物流服务水平,最终实现智能化、网络化、一体化的管理模式。

3. 配送业务的物联网应用分析

在传统的配送过程中,交通条件、价格因素、用户数量,以及分布和用户需求等因素的变化,会对配送方案、配送过程产生影响,如何及时、有效、精确地传递信息已成为衡量配送服务水平的重要标准,物联网的引入很好地解决了这一问题。对以上涉及的影响因素,利用物联网感知布点进行信息采集并有效反馈,可形成动态的配送方案,从而提高配送效率、提升服务质量;此外,这样还可以为客户提供实时的配送状态信息。

4. 信息服务的物联网应用分析

信息流在物流企业开展的物流业务中的作用尤为重要,物流企业之间的竞争可以归结为对信息流控制能力的竞争。物联网的应用可显著提高物流企业的信息传输速度、信息获取能力和信息处理能力,以及使物流企业更好地掌控信息传输方向,实现物流企业信息流活动的升级,从而提高整个物流活动的反应速度和准确度,实现物流信息管理与控制的飞跃。

关键术语

物流信息技术　　　　　条码技术与设备
射频识别技术　　　　　地理信息系统(GIS)
全球定位系统(GPS)　　北斗卫星导航系统
物联网技术

本章小结

物流信息技术是指运用于物流领域的信息技术，是物流技术中发展最快的领域。物流信息化被认为是物流现代化的重要标志。目前根据物流的功能及特点，物流信息技术主要包括计算机网络技术、数据库技术、条码及射频识别技术、电子数据交换、地理信息系统、全球定位系统，以及物联网技术等。随着飞速发展的计算机网络技术的应用，物流信息技术达到新的水平，从自动数据采集的条码及射频识别技术，到自动定位跟踪的全球定位系统、地理信息系统技术，以及物联网技术，各种物流信息技术与设备等都在日新月异地发展。同时，随着物流信息技术的不断发展，产生了一系列新的物流理念和新的物流管理模式，它们推动着现代物流不断变革与发展。

复习思考题

1. 填空题

（1）物流信息技术通常由_____、_____、_____、_____、地理信息系统、全球定位系统等部分组成。

（2）条码识别系统通常包括_____、_____、_____3部分。

（3）北斗卫星导航系统在物流领域的应用主要体现在_____、_____、_____、_____4个方面。

（4）射频识别系统一般包括3个构件：_____、_____和_____。

2. 简答题

（1）简述条码识别设备的种类及各自的优点。

（2）查询相关资料，对比美国全球定位系统与中国北斗导航系统的优劣。

（3）简述物联网技术在物流领域的应用。

（4）查阅资料，说说还有哪些物流信息技术。

（5）试列举几种常用的一维条码的码制。

（6）简述射频识别系统的基本组成部分及工作原理。

（7）举例说明地理信息系统与北斗卫星导航系统在物流活动中的应用。

第9章 现代物流配送中心技术与设备

本章学习目标

- 了解现代物流配送中心的作用及基本构成；
- 掌握物流配送中心的基本作业流程；
- 熟悉常见的自动化存储设备、自动化装卸搬运设备及自动化分拣设备。

案例导入

以北京、上海、广州、成都、武汉、沈阳、西安和杭州为中心，"亚洲一号"智能物流中心全部投入运营，形成了京东物流八大物流枢纽。围绕长三角、珠三角、京津冀、中部经济圈、海西经济圈、西南经济圈、东北经济圈、西北经济圈全国八大经济圈，实力非凡的"亚洲一号"智能物流中心正带来供应链效率的全面提升。"亚洲一号"智能物流中心涵盖3C、数码、家电、日用百货、美妆、生鲜等品类，日均订单处理能力在10万个以上，广州、武汉、昆山等智能物流中心的日均处理能力甚至可达百万量级，可为广大消费者带来前所未有的智能物流体验。除了以上八大物流枢纽，京东物流在全国范围内布局的"亚洲一号"智能物流中心已达25座，不仅形成了亚洲电商物流领域规模最大的智能仓群，在世界范围内也成为智能物流发展的标杆。

思考题：相对于一般仓库而言，现代物流配送中心的功能有哪些？案例中的智能物流中心应用了哪些自动化物流设备？

案例解读

1. 现代物流配送中心的功能与一般仓库不同，一般仓库注重货物的存储、保管功能，而现代物流配送中心除完成货物的存储、保管外，还提供流通加工、拣选配送、包装、信息管理等全方位功能。同时，现代物流配送中心还可以提供商品展示与贸易、结算、供需预测、教育与培训及参观等增值服务。

2. 案例中的智能物流中心应用了密集存储技术、自动化立体仓库、自动化装卸搬运技术、自动化输送技术及自动化分拣技术等。

9.1 现代物流配送中心概述

物流配送中心可理解为生产企业、商业企业、物流企业等从事大规模、多功能物流活动的业务实体。它的主要功能是大规模集结、吞吐货物，具备仓储、拣选、装卸搬运、包装、流通加工、信息传递、结算等功能，可划分为业务功能区域、物流设备、信息管理系统及辅助设施。

现代物流配送中心的业务功能区域包括进货区、存储区、理货区、加工区、拣选区、包装区、发货区、退货处理区、不合格品处理区、废弃物处理区、管理区、设备存放及维护区等；现代物流配送中心所使用的物流设备包括收发货设备、存储设备、装卸搬运设备、输送设备、分拣设备等。

9.1.1 现代物流配送中心的作用

现代物流配送中心需要提供货物的存储、保管、流通加工、拣选配送、信息管理等全方位的功能。现代物流配送中心的功能大体可分为两大类：基本功能及增值服务功能。

1. 基本功能

① 集货功能。集货功能就是将小批量的货物集中起来存储或发货，以匹配、满足配送中心复杂的订单结构。

② 存储功能。存储功能包括在物流配送中心对货物的存储、盘点、保养、维护等。在存储货物时，物流配送中心可通过供需预测、库存预测，调节库存量，更好地满足客户需求。

③ 流通加工功能。物流配送中心一般处于供应链的下游环节，通常会根据存储货物的物流特性，对库存货物进行一定的流通加工，如分类、更换包装、产品组合包装、商标和标签粘贴作业等，以提升物流配送中心的服务品质。

④ 拣选功能。物流配送中心在发货前，需要按照订单将货物从仓储区拣选到指定的包装中或位置上。对物流配送中心而言，拣选环节的效率直接影响物流配送中心的效率及经营效益，这是评估物流配送中心服务水平的重要因素。

⑤ 包装功能。物流配送中心在发货前通常需要按照订单结构将多种/多个单品货物组合至一个包装单元。

⑥ 装卸搬运功能。现代物流配送中心应具备专业化的装卸搬运设备，以提高货物的装卸搬运效率，并减少人力劳动。

⑦ 信息管理功能。物流配送中心具备信息管理功能，且物流配送中心内各个环节均涉及信息的处理，因此除物流配送中心自身库存及周转信息外，物流配送中心还需要对上游供应商及下游客户的信息进行处理，以保障货物供应链的顺畅运行。

2. 增值服务功能

① 商品展示与贸易功能。现代物流配送中心提供商品的展示和贸易功能，这是物流配送中心顺应现代物流发展、走向高级发展阶段的必然趋势。

② 结算功能。结算功能是物流配送中心对物流功能的一种延伸，现代物流配送中心的结算不仅是物流费用的结算，在从事代理、配送业务的情况下，物流配送中心还可替货主向收货

人结算货款，并提供物流金融等服务。

③ 供需预测功能。物流配送中心通过对过去一段时间的货物进货、发货信息的分析，可对未来一段时间内的货物供需情况做出预测，达到预测市场需求的目的。

④ 教育与培训功能。通过对货主提供物流培训服务，可增加货主对物流配送中心的认同感，提高货主的物流管理水平。

⑤ 参观功能。很多企业在建设物流配送中心后，为进一步提升企业和品牌影响力，会设置物流参观功能。这些物流配送中心可接待来自学校或社会的人员参观，从而提升社会影响力、增加品牌价值。

3. 物流配送中心对供应企业和生产企业的作用

① 有助于降低企业的物流成本。物流配送中心可将"多品种、高频次、小批量"货物集中处理，对相同运输方向的货物统一运输，降低运输成本。同时，物流配送中心的存在可以大大降低人工成本，节约管理费用。

② 可提高物资的利用率和库存周转率。物流配送中心可以使有限的库存为更多客户所利用，满足更多的客户需求，使企业获得更广阔的市场。

③ 物流配送中心的运营可以提高企业的服务质量、提高货物的周转效率、提升货物流通加工质量、提高货物供货频次，从而提升市场占有率。

4. 物流配送中心对需方的作用

① 降低进货成本。物流配送中心可以降低进货成本（运输、管理费用等），使产品的成本降低，利润率增加。

② 改善商品的库存水平。通过物流配送中心进货可以及时配送，店铺可无库存经营。

③ 促进信息沟通。物流配送中心在供需双方之间起到了中介作用，掌握供方的产品信息和需方的需求信息。通过物流配送中心，可有效促进双方的信息交流。

9.1.2 物流配送中心的基本构成

物流配送中心大体可划分为业务功能区域、物流设备、信息管理系统及辅助设施等。

1. 业务功能区域

① 收货区：货物的卸货、收货、检验、搬运及暂存的场所。

② 存储区：物流配送中心存储货物的场所。存储区通常配置有多层货架、用于集装化单元存储的载具（托盘、料箱等），对需要保管货物或暂时不发货货物进行保管和养护。

③ 理货区：对收货的货物进行简单处理的场所。货物在此被划分去向，如直接拣选发货、代加工、入库存储、检测不合格品等，分别输送至不同的功能区。

④ 加工区：对收货的货物进行必要的生产性、流通性加工的场所。

⑤ 拣选区：对发货前的货物进行分拣、配货的场所。

⑥ 包装区：对发货前货物进行必要的生产性、流通性包装的场所。

⑦ 发货区：对需要发货的货物进行检验、复核、集货、暂存的场所。

⑧ 退货处理区：对发货后由于质量或其他原因退回的货物进行暂存、处理的场所。

⑨ 不合格品处理区：损坏、检测不合格或剔除物流线货物处理的场所。

⑩ 废弃物处理区：对废弃包装物、废弃货物等废弃物进行处理的场所。
⑪ 管理区：进行物流配送中心的业务管理、订单处理，以及发布指令的场所。
⑫ 设备存放及维护区：存放人工作业设施及维护工具的场所。

2. 物流设备

① 收发货设备：使月台与运输车辆对接的设备，如伸缩输送机、人工叉车等。
② 存储设备：用于存储、保管货物的设备，如货架、托盘、料箱、货柜等。
③ 装卸搬运设备：将货物存储至货架中的设备，如堆垛机、叉车、四向车、AGV 等。
④ 输送设备：连通各工艺环节、满足货物的准时输送的设备，如皮带输送机、辊道输送机、皮带输送机、链式输送机、升降输送机、垂直提升机等。
⑤ 分拣设备：在输送过程中对货物分流的设备，如浮动式分类机、推杆式分类机、摆杆式分类机、滑块式分拣机、交叉带式分拣机等。

3. 信息管理系统

信息管理系统指管理物流配送中心所有运转信息的系统，包括 WMS（仓储物流管理系统）、WCS（仓库控制系统）及生产管理类信息系统。

4. 辅助设施

辅助设施包括停车场、站台、园区道路等。

9.2 现代物流配送中心的基本作业流程

从物流系统整体角度出发，不同类型的物流配送中心，其作业流程有很大不同。一般而言，物流配送中心没有生产制造形态的作业，因此出入库、存储、拣选、配送等业务成为物流配送中心的主要活动，其基本作业流程如图 9-1 所示。

1. 发货需求处理

物流配送中心按照客户订单上的数量和时间要求，进行询价、排产、安排发货或配送时间，以满足客户需求。

2. 进货采购作业

物流配送中心依据库存量需求，对供应商提出采购订单，并及时跟踪收货工作。

3. 入库作业

采购订单发出后，物流配送中心应与供应商协调时间，安排收货、入库作业。入库时，物流配送中心需要对货物进行质量检验，当货物的质量或数量与订单不符时应及时向采购及相关部门反馈信息，检验合格后安排卸货并输送至仓储区进行入库。对于物流配送中心，货物入库有 3 种模式：首先将需要入库存储的货物存入仓储区，后续再出库进行拣选；小批量货物直接运输至拣选区，进行拣选后发货；不入库直接转运至发货区进行集货、准备发货，不进入仓储区。

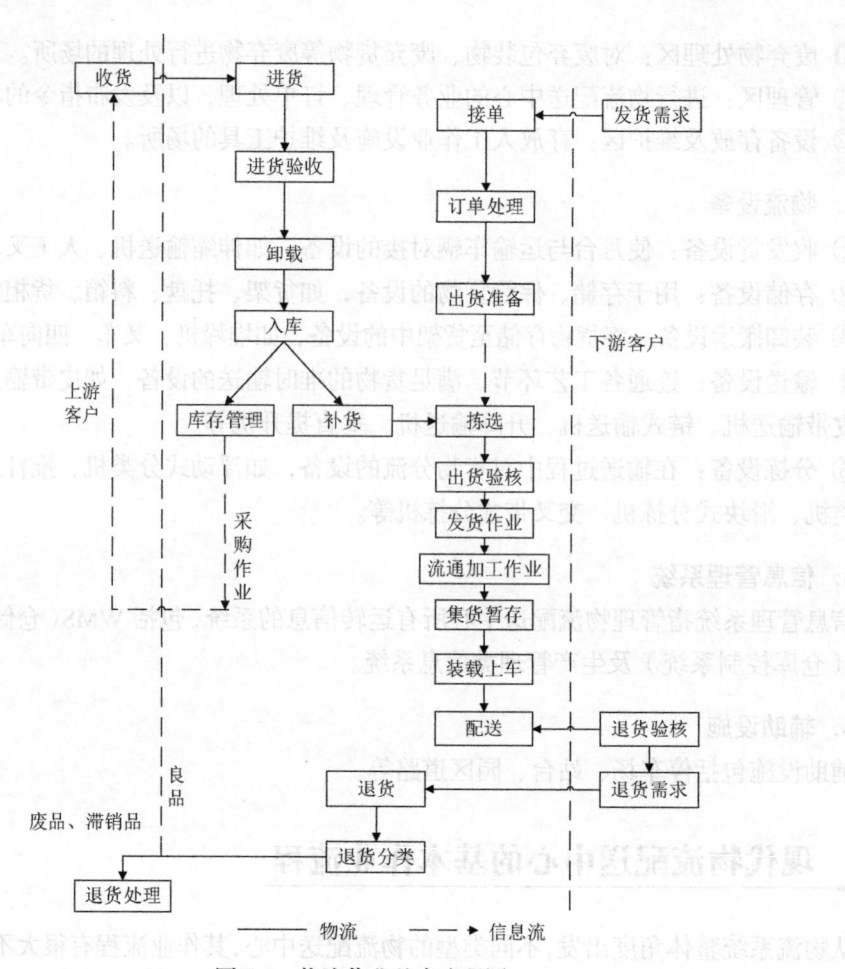

图 9-1　物流作业基本流程图

4．库存管理

库存管理包括：货物在仓储区内的存放方式、货位分布、货位数量等规划；货物的收/发货规则——先进先出或先进后出；入库设备的方式及其调度；货物的定期盘点——指定盘点清单、根据清单清查库存、修正库存账目并制作报表等。

5．拣选作业

拣选作业按照相关规范的要求，依据发货订单或发货路线进行拣选。此外，物流配送中心还需要进行拣选区域规划布置、工具选用及人员调派，以及拣选区的补货作业。

6．流通加工作业

流通加工作业包括货物的分类、称重、重新包装、贴标签及组合包装等。另外，物流配送中心还需要进行包装材料及容器管理、组合包装规则制定、包装工具选用作业，以及作业人员调派等。

7．发货作业

发货作业指在流通加工作业后、装车前的准备工作，包括发货文件准备（如客户所需的单据、发票）、进行发货调度、打印装车单等。一般由仓库管理人员决定发货方式，选用发货工具、调派发货工作人员。

8. 配送作业

配送作业包括装车、发货后运输车辆的路线规划（包括货物的装车顺序、配送过程中进行跟踪、控制），配送途中异常状况处理，送达后回单的确定等。

9. 退货作业

退货作业是当配送货物出现质量问题或其他问题时，客户要求退货时的作业，主要包括货品的接收、责任确认、保管和退回等。

9.3 自动化存储设备

自动化存储设备包含自动化立体仓库、货架、托盘码垛机、密集存储系统等。自动化立体仓库、货架已在第3章中介绍过，本节将重点介绍托盘码垛机和密集存储系统。

9.3.1 托盘码垛机

码垛机是将已装入容器的纸箱，按一定排列码放在托盘、栈板（木质、塑胶）上，进行自动堆码，可堆码多层，然后推出，便于叉车运至仓库存储的机械。

托盘码垛机可实现将整垛空托盘分为单个空托盘，或者将多个空托盘码成一个空托盘组并向下游输送的功能，如图9-2所示。

图 9-2　托盘码垛机

9.3.2 密集存储系统

近年来，我国的土地成本和人工成本上涨，制造业转型升级，自动化立体仓库的应用越来越广泛。密集存储系统的市场需求旺盛，集中体现在密集存储、自动化、安全、稳定、可靠、智能等方面。在密集存储领域，穿梭式货架系统、自动化立体仓库等技术发展迅速。

自动化立体仓库在国民经济中发挥着重要作用，它不仅提高了物资收发的自动化程度和效率，而且节省了土地面积。但目前的立体仓库多采用巷道式货架，一般具有多条巷道，每条巷道里有一台堆垛机，两边各有一排货架。然而，巷道占用了库房大量的使用面积，严重地浪费了立体仓库内的宝贵空间；而且，多台堆垛机同时工作的机会较少，导致设备闲置，造成了资源浪费。随着巷道数的增加，堆垛机的数量也越来越多，投资效率急剧下降。

按自动化程度来分，密集存储系统可分为三大类：全自动化密集存储系统、半自动化密集存储系统、普通密集存储系统。按照功能种类来分，密集存储系统可分为子母穿梭车自动化密集存储系统、四向穿梭车自动化密集存储系统、多层穿梭车密集存储系统、电动移动货架系统、穿梭车货架系统、压入式货架系统、重力式货架系统、驶入式货架系统、流利式货架系统、手摇移动密集架系统、悬臂式货架系统等。

1. 子母穿梭车自动化密集存储系统

子母穿梭车自动化密集存储系统主要由轨道贯通式货架、固定式堆垛机、穿梭子/母车、集放输送机等设备和通信控制网络组成（见图 9-3）。这样，系统中仅使用一至两台堆垛机，堆垛机的两边可以密集地设置多排货架。

2. 四向穿梭车自动化密集存储系统

四向穿梭车自动化密集存储系统是集自动搬运、无人引导、智能控制为一体的高科技仓储物流设备，为工业 4.0 提供智能高效的货物输送。四向穿梭车自动化密集存储系统利用可 4 个方向穿梭的穿梭车在网格状货架中穿行、搬运货物，大大提升仓库智能化程度和仓库空间利用率，如图 9-4 所示。

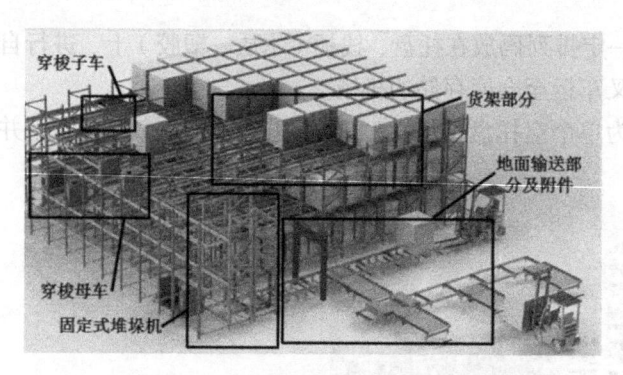

图 9-3　子母穿梭车自动化密集存储系统　　图 9-4　四向穿梭车自动化密集存储系统

四向穿梭车自动化密集存储系统的特点如下。
① 可在交叉轨道上沿纵向或横向轨道方向行驶，到达仓库任意一个指定货位。
② 实现单深位、多深位组合存储，根据货物品规复杂程度给出更大存储方案。
③ 仓库控制系统调度车辆作业，实时监控车辆坐标位置、速度、电量等状态。

3. 多层穿梭车密集存储系统

多层穿梭车密集存储系统主要由多层穿梭车、提升机、存储货架、出入库站台等组成，如图 9-5 所示。多层穿梭车密集存储系统是一个同时具有存储、搬运和分拣功能的立体分拣系统。它既可以灵活保管箱子，并将箱子成组出库配送，也可以根据不同的要求将货物按一定的顺序排列出货，具备高速入库、高速出库、高速按序排列出库，以及按照产品的布局同时分拣出库的灵活性。多层穿梭车专门针对自动化轻型物料操作中的特定应用而设计，尤其适合产品组合复杂多变的快速增长型企业。多层穿梭车密集存储系统便于升级，因此可以随时进行扩展。无论是作为补给工作区的高性能解决方案、缓冲仓库，还是在生产和安装中有序提供产品，多层穿梭车密集存储系统都有着非常高效的表现，广泛用于存储轻型物料、灵活分级拣选、生产补给或物料的临时存放，以及用作高密度仓储等领域、在线交易中的拣选系统。

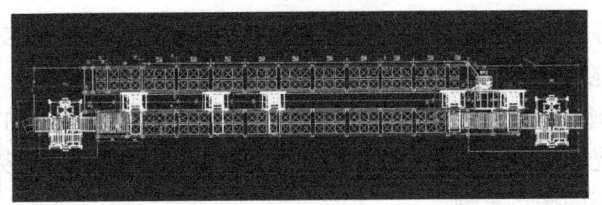

图 9-5 多层穿梭车密集存储系统

（1）件箱进出货架的工作原理

件箱首先从上游输送设备输送到料箱提升机，根据系统分配信号分配到货架某一层，接着件箱就在料箱提升机的作用下输送到了货架上的积放辊道输送机第一工位，再接着件箱从第一工位输送到第二工位，然后多层穿梭车收到系统分配的件箱入库信号到货架内积放辊道输送机第二工位叉取件箱，最后件箱在多层穿梭车的作用下送到货架内存放货位上完成入库工作流程。如果件箱需要从多层穿梭车密集存储系统内输送到下流输送设备，其出库工作流程为入库工作流程的逆过程。

（2）多层穿梭车换层的工作原理

当上位下发执行任务的货架层无多层穿梭车时，调度系统需要根据各台多层穿梭车的任务情况，采取最优策略调动其中一台多层穿梭车从货架内行走至货架端头，同时调动换层提升机升降至需要换层的设备层。当换层提升机停稳后，其活动限位装置自动释放，多层穿梭车能顺利地从货架移动至换层提升机上，并将多层穿梭车提升至执行任务层以使多层穿梭车执行出入库任务。

（3）多层穿梭车的工作原理

多层穿梭车车体两侧分别装有一组主动轮、一组被动轮及两组导向轮。主动轮和被动轮支承在轨道表面上，走行电机驱动主动轮使多层穿梭车沿轨道水平直线往复行走，导向轮分别夹持在轨道内和轨道外；车体上安装有货叉，货叉电机驱动传动机构，使叉体完成左右平移动作；叉体上装有钩叉，钩叉电机驱动钩叉完成旋转动作，放下钩叉将物料钩至多层穿梭车上或推至货架及输送机上。在电控系统协调控制下，多层穿梭车进行走行、伸叉、夹抱和钩叉旋转运动，完成本层货架上货物的出入库工作。

（4）料箱提升机的工作原理

料箱提升机主要用于将件箱平稳、无冲突、无损伤地在高低方向上进行连续输送，实现物料的垂直合流、分流输送。

（5）换层提升机的工作原理

换层提升机是一种固定装置，主要用于多层穿梭车在立体仓库的多层巷道内的换层。在立体仓库内，并不是每层都布置多层穿梭车，为了实现多层穿梭车在不同层之间切换取放货物，会在立体仓库的每条巷道一端配置一台换层提升机，从而实现多层穿梭车在立体仓库的不同层高之间切换取放货物。

9.4 自动化装卸搬运设备

9.4.1 AGV

根据美国物流协会的定义，AGV（Automated Guided Vehicle）是指装有电磁或光学导引装置，能够按照规定的导引路线行驶，具有小车运行和停车装置、安全保护装置，以及具有各种移载功能的运输小车。

我国国家标准《物流术语》（GB/T 18354—2021）对 AGV 的定义如下：在车体上设备有电磁学或光学等导引装置、计算机装置、安全保护装置，能够沿设定的路径自动行驶，具有物品移载功能的搬运车辆。

AGV 以电池为动力，并装有非接触导航（导引）装置，可实现无人驾驶的运输作业。它的主要功能表现为能在计算机监控下，按路径规划和作业要求，精确地行走并停靠到指定地点，完成一系列作业功能。AGV 以轮式移动为特征，较之步行、爬行或其他非轮式的移动机器人具有行动快捷、工作效率高、结构简单、可控性强、安全性好等优势。与物料输送中常用的其他设备相比，AGV 的活动区域无须铺设轨道、支座架等固定装置，不受场地、道路和空间的限制。因此，在自动化物流系统中，最能充分地体现其自动性和柔性，实现高效、经济、灵活的无人化生产，所以人们形象地把 AGV 称作现代物流系统的动脉。

1. AGV 的导引方式

（1）直接坐标导引技术

用定位块将 AGV 的行驶区域分成若干坐标小区域，通过对小区域的计数实现导引，一般有光电式（将坐标小区域以两种颜色划分，通过光电器件计数）和电磁式（将坐标小区域以金属块或磁块划分，通过电磁感应器件计数）两种形式。其优点是可以实现路径的更改，导引可靠性好，对环境无特别要求；缺点是地面测量安装复杂，工作量大，导引精度和定位精度较低，且无法满足复杂路径的要求。

（2）电磁导引技术

电磁导引是较为传统的导引方式之一，目前仍被许多系统采用。其原理为在 AGV 的行驶路径上埋设金属引线，并在金属引线上加载导引频率，通过对导引频率的识别来实现导引。其主要优点是引线隐蔽，不易污染和破损，导引原理简单而可靠，便于控制和通信，对声光无干扰，制造成本较低；缺点是路径难以更改扩展，对复杂路径的局限性大。

（3）磁带导引技术

磁带导引与电磁导引相近，用在路面上贴磁带替代在地面下埋设金属引线，通过磁感应信号实现导引。其灵活性比较好，改变或扩充路径较容易，磁带铺设简单易行，但此导引方式易受环路周围金属物质的干扰，对磁带的机械损伤极为敏感，因此磁带导引的可靠性受外界影响较大。

（4）光学导引技术

光学导引，即在 AGV 的行驶路径上涂漆或粘贴色带，通过对摄像机采集的色带、图像信号进行简单处理而实现导引。其灵活性比较好，地面路线设置简单易行，但对色带的污染和机械磨损十分敏感，对环境要求过高，导引可靠性较差，且很难实现精确定位。

（5）激光导引技术

激光导引是在 AGV 行驶路径的周围安装位置精确的激光反射板，AGV 通过发射激光束，同时采集由反射板反射的激光束，来确定其当前的位置和方向，并通过连续的三角几何运算来实现 AGV 的导引。此项技术最大的优点是，AGV 定位精确；地面无须设置其他定位设施；行驶路径可灵活多变，能够适合多种现场环境。它是目前国外许多 AGV 生产厂家优先采用的先进导引方式，但其核心技术还掌握在个别公司手中。

（6）惯性导航技术

惯性导航，即在 AGV 上安装陀螺仪，在行驶区域的地面上安装定位块，AGV 可通过对陀螺仪偏差信号的计算及地面定位块信号的采集来确定自身的位置和方向，从而实现导引。

（7）图像识别导引技术

图像识别导引是指，对 AGV 行驶区域的环境进行图像识别，实现智能行驶。这是一种具有巨大潜力的导引技术，此项技术已被少数国家的军方采用。但将其应用到 AGV 上还停留在研究阶段中，目前还未出现采用此类技术的实用型 AGV。

（8）全球定位系统导航技术

全球定位系统通过卫星对非固定路面系统中的控制对象进行跟踪和制导。目前，此项技术还处于发展和完善阶段，通常用于室外远距离的跟踪和制导。其精度取决于卫星在空中的固定精度和数量，以及控制对象的周围环境等因素。

2. AGV 的结构

AGV 一般采用两后轮独立驱动差速转向，两前轮为万向轮的四轮结构形式。其结构图如图 9-6 所示。

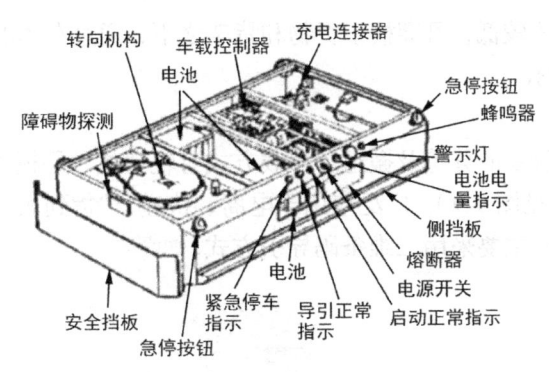

图 9-6　AGV 结构图

（1）车体

车体包括底盘、车架、壳体及承载装置，这是 AGV 的基础部分。车架是 AGV 的机体部分，主要用于安装车轮、感应器、电机等。车架常由钢构件焊接而成，以保证强度。

（2）车轮

后轮为固定式驱动轮，前端随动轮为旋转式万向轮，起支撑和平衡车体的作用。

（3）驱动装置

AGV 的驱动装置包括电机、驱动器等。

（4）电池

常见的电池有铅酸电池、镍铬电池、磷酸铁锂电池、三元锂电池等。AGV 一般根据工况选择不同的电池。

3. 典型 AGV

（1）叉式 AGV

叉式 AGV 主要分为落地叉型、低叉型、前移高举叉型、三向叉型、侧叉型、平衡重型、宽支腿堆垛型，如图9-7所示。人们可以根据物料属性、流程属性、行业特点进行车体、载重、提升高度、充电方式等的选择，并采用不同的型号。

图9-7 叉式AGV

（2）潜伏式AGV

潜伏式AGV的车体较低，可穿梭于货物和货架之下，通过车体的举升动作进行货物的装卸和移载，如图9-8所示。

（3）拣选AGV

拣选AGV适用于货物的分拣及搬运，移载方式有辊道式、翻板式、皮带式、举升式、复合式、多层分拣式等（见图9-9），广泛应用于电商、快递、"货到人"拣选，以及车间物料的自动搬运。该系列AGV主要采用二维条码导引方式。

图9-8 潜伏式AGV

图9-9 拣选AGV

（4）移载式AGV

移载式AGV既具备货物的搬运功能，也具备货物的移载功能，一般在车体上集成移载装置。其在输送线上与其他AGV的衔接及货物的搬运无须人工介入，如图9-10所示。

（5）装配式 AGV

装配式 AGV 多用于生产车间，用于搬运和装载零部件，可在各装配工位间穿梭，减少人力劳动，提升装配效率，如图 9-11 所示。

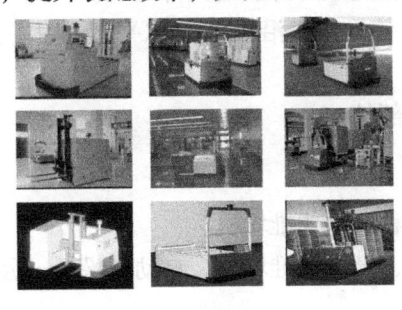

图 9-10　移载式 AGV

图 9-11　装配式 AGV

9.4.2　巷道式堆垛机

巷道式堆垛机是在高层货架的窄巷道内作业的机械设备，其主要用途是在高层货架仓库的巷道内沿轨道运行，将位于巷道口的货物存入货格，或者取出货格内的货物运送到巷道口，完成出入库作业。其结构如图 9-12 所示。

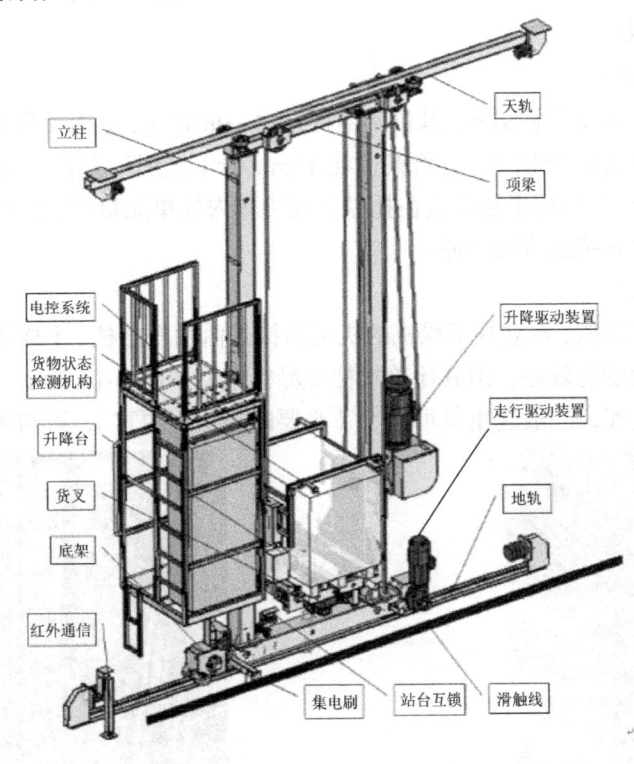

图 9-12　巷道式堆垛机的结构

1. 堆垛机的基本结构

① 立柱：其上安装有升降导轨，支撑升降台的升降运动。

② 电控系统：包括控制系统、电机驱动系统、通信系统、检测系统和机上布线等几部分。

③ 天/地轨：指安装堆垛机的导轨，堆垛机夹持天/地轨沿巷道方向运动。

④ 升降台：由导轮夹持升降导轨沿立柱做上下运动。
⑤ 货叉：可左右伸缩的叉体，用于取放货物。
⑥ 升降驱动装置：升降驱动电机通过钢丝绳传动完成升降台的升降运动。
⑦ 走行驱动装置：走行驱动电机驱动走行轮，使堆垛机沿天/地轨水平运动，在天/地轨设置有导向轮防止堆垛机在运动时摆动。
⑧ 底架：两端有走行轮支架，支持堆垛机其他部件。

2. 堆垛机的分类

① 按照支撑形式，堆垛机可分为地面式堆垛机和悬垂式堆垛机。
② 按照控制方式，堆垛机可分为手动式堆垛机、半自动堆垛机、自动堆垛机、远程控制式堆垛机。
③ 按照移载方式，堆垛机可分为选货式堆垛机及货叉移载式堆垛机、台车移载式堆垛机、输送机移载式堆垛机。
④ 按照使用环境，堆垛机可分为一般堆垛机、低温堆垛机、高温堆垛机、防爆堆垛机等。
⑤ 按照轨道配置，堆垛机可分为直线导轨式堆垛机、曲线导轨式堆垛机、转轨堆垛机等。
⑥ 按照主构件，堆垛机可分为单立柱堆垛机、双立柱堆垛机等。

3. 常用的堆垛机

（1）单立柱堆垛机

单立柱堆垛机采用单立柱结构，其机架结构是由一根立柱、上横梁和下横梁组成的一个矩形框架，适用于起重量在 2t 以下、起升高度在 16m 以下的仓库，如图 9-13 所示。堆垛机在货架之间的巷道内运行，主要用于搬运装在托盘上或货箱内的单元货物，也可运行至相应货格前，由机上人员按出库要求拣选货物出库。

（2）双立柱堆垛机

区别于单立柱堆垛机，双立柱堆垛机的机架结构是由两根立柱、上横梁和下横梁组成的一个矩形框架，结构刚度比较好，但其比单立柱堆垛机重，如图 9-14 所示。双立柱堆垛机适用于各种起升高度的仓库，一般起重量可达 5t（必要时还可以更重），可高速运行。

图 9-13　单立柱堆垛机

图 9-14　双立柱堆垛机

（3）轻型件箱堆垛机

轻型件箱堆垛机是一种高频次、高效率拣选的堆垛机（见图 9-15），适用于较轻料箱物料的搬运和存储，行走速度较快。

（4）重载、超长物料堆垛机

重载、超长物料堆垛机是目前堆垛机发展的另一个主流方向，如图 9-16 所示。普通堆垛机的载重一般为 1t 左右，远不能满足现代工业生产发展的需要，尤其在钢铁生产、机械加工、汽车制造等行业，其需要搬运的物料一般为几吨甚至几十吨。因此，市场对重载、超长物料堆垛机的需求愈加迫切。重载、超长物料堆垛机的额定载重较大，适用于重载、超长物料的搬运和存储。

图 9-15　轻型件箱堆垛机　　　　图 9-16　重载、超长物料堆垛机

（5）转轨堆垛机

使用直道双立柱堆垛机，并在端头布置一台转轨机，堆垛机就可以通过转轨机摆渡到任意巷道，如图 9-17 所示。转轨堆垛机适用于堆垛机能力富余较大的物料搬运和存储。

图 9-17　转轨堆垛机

9.5　自动化输送设备

9.5.1　带式输送机

带式输送机由端部机架组件、中间机架组件、驱动张紧支架、支腿组件、电气装置及输送带等组成，如图 9-18 和图 9-19 所示。

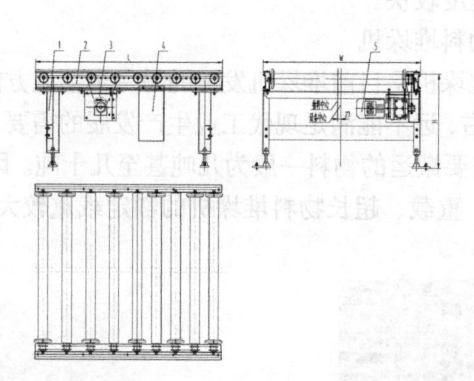

1—端部机架组件　2—驱动张紧支架　3—电气装置　4—中间机架组件　5—输送带　6—减速电机　7—支腿组件

图 9-18　水平带式输送机

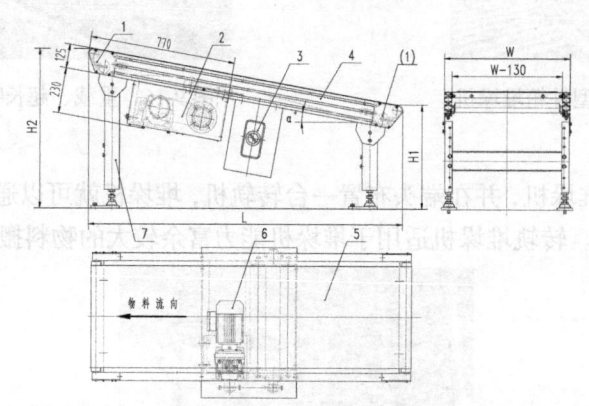

1—端部机架组件　2—驱动张紧支架　3—电气装置　4—中间机架组件　5—输送带　6—减速电机　7—支腿组件

图 9-19　爬坡带式输送机

1. 平带输送机

平带输送机主要用于件箱物料的长距离输送、上下爬坡等功能性输送，通过减速电机带动链轮转动，通过链条带动主动辊转动，通过主动辊与输送带之间的摩擦力使输送带在头尾辊间运动，借助输送带与物料之间的摩擦力，使物料通过本输送机到达下游设备，如图 9-20 所示。

(a)　　　　(b)

图 9-20　平带输送机

2. 弯道皮带输送机

弯道皮带输送机用于纸箱及载具的水平转向输送，通过电机驱动，采用皮带面输送物料，如

图 9-21 所示。

9.5.2 链式输送机

链式输送机主要用于自动化物流系统中输送空托盘、空托盘组和实托盘。物料装载于链式输送机的链条上，输送机的驱动装置驱动链条运动，通过窄链嵌套在宽链内，实现物料的不间断输送。按照输送机的链环数量，链式输送机可分为双链环、三链环、多链环等几种类型。

图 9-21 弯道皮带输送机

链式输送机主要由机架、驱动装置、传输装置、电气装置、导向装置及其他附件组成。其结构如图 9-22 所示。

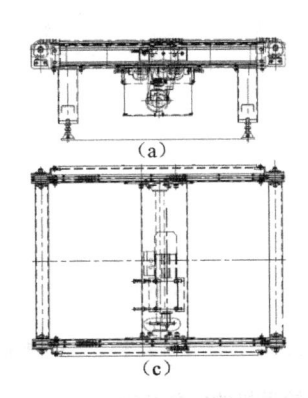

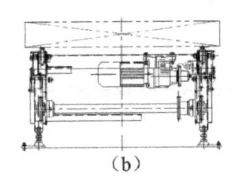

图 9-22 链式输送机的结构

① 机架。这是承载其他各部件的主体，主要由机架、支腿及可调支腿组成。机架与支腿用螺栓连接，可调支腿可实现整个机架在高度、方向上的调整。

② 驱动装置。它由驱动电机、驱动链轮、驱动链条和减速电机支架组成，用以驱动传输装置，实现物料的移动。

③ 传输装置。它由传输链轮、传输链条、输送链导轨、张紧调节机构等组成，通过传输链轮和传输链条的闭环运动，实现物料的移动。

④ 电气装置。它主要由隔离开关、光电开关、接线盒、动力线、穿线管等组成。

⑤ 导向装置。它设置在设备两侧，实现物料的正确导入。

9.5.3 辊道输送机

1. 动力辊道输送机

动力辊道输送机是一种输送箱式物料、托盘物料或包状物料的输送设备，通过电机或电辊驱动，使用链条、驱动带或摩擦带传动，如图 9-23 所示。采用辊道面输送物料，主要用于物料的平稳输送，实现缓存、自动拉距并控制物料节拍。辊道输送机在正常工作状态下，根据实际情况运转，待上游设备送来的物料进入本输送机后，通过减速电机带动链轮转动，经过链条把力传动给相邻的传动辊，传动辊通过交错链条相互传递动力，物料在传动辊上滚动输送，使物料通过本输送机到达下游设备。其主要结构如图 9-24 所示。

(a)　　　　　　　　　　　　(b)

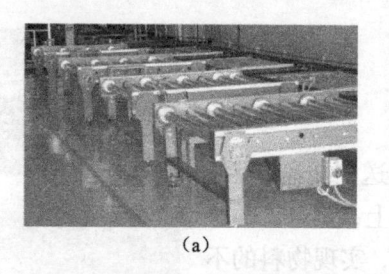

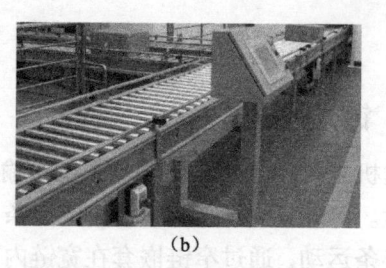

图 9-23　动力辊道输送机

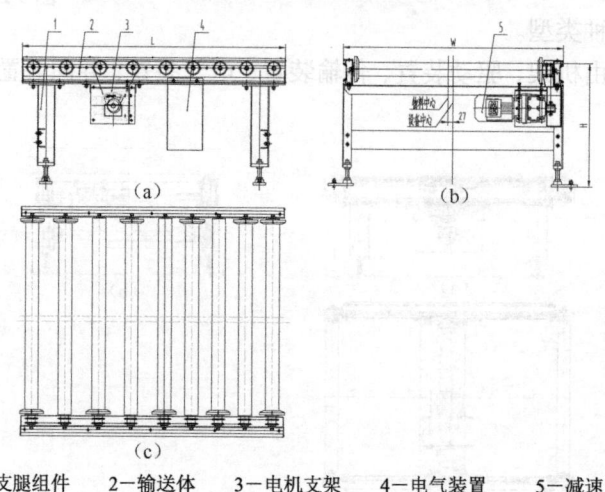

1—支腿组件　2—输送体　3—电机支架　4—电气装置　5—减速电机

图 9-24　动力辊道输送机的主要结构

2. 弯道辊道输送机

弯道辊道输送机是一种物料输送设备，可实现对件箱类物料的转向输送，如图 9-25 所示。弯道辊道输送机之间易于衔接、过渡，可与其他输送设备组成复杂的物流输送系统及分流合流系统，满足多方面的工艺需要。减速电机（电动辊筒）驱动多楔带使辊子组件旋转达到物料在辊子组件表面产生移动的目的，从而实现物料的输送。在输送过程中，由于输送的辊子组件是锥辊，因而利用锥辊在宽度方向上各点线速度的不同可实现物料的转弯输送。其主要结构如图 9-26 所示。

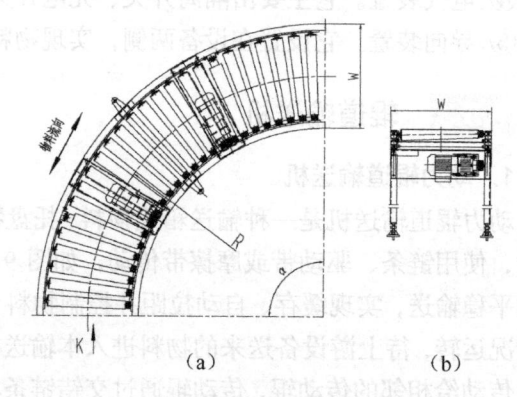

图 9-25　弯道辊道输送机　　　　图 9-26　弯道辊道输送机的主要结构

弯道辊道输送机主要由机架、驱动装置、辊子组件、电气装置等组成。

① 机架。机架是承载设备主要部件的主体，主要由铝型材机架、支腿等组成。铝型材机架由铝型材滚弯成型，支腿通过连接板与铝型材机架连接组合成机架。

② 驱动装置。驱动装置是弯道辊道输送机实现输送功能的动力源，主要由带多楔带轮的减速电机（电动辊筒）及多楔带等组成，减速电机（电动辊筒）通过多楔带驱动多楔带轮，通过多楔带轮的转动带动弯道辊道输送机的辊子组件旋转，从而实现物料的直线和转弯输送。

③ 辊子组件。辊子组件根据物料和使用功能需要，按辊子组件表面处理方式的不同，可分为镀锌辊筒和包胶辊筒两种。

④ 电气装置。电气装置主要由接线盒、隔离开关、驱动电源等组成。其中，接线盒、隔离开关等组件一般默认安装在弯道辊道输送机的操作面一侧，如有特殊需要可安放于其他指定位置。

9.5.4 散货输送机

散货输送机是用于连续输送块状、粉状及颗粒状货物的专用输送机。

1. 带式输送机

带式输送机是指利用带式输送面输送散装货物的输送机，如图 9-27 所示。一般输送带的材质有橡胶带面、纺织带面、树脂带面、钢质带面、金丝网带面等。

图 9-27　带式煤炭输送机

① 平带输送机。其输送带截面为矩形。

② 槽形带输送机。其输送带截面为 V 形或 U 形。

③ 滑动带式输送机。其利用货物在输送带表面的滑动来输送散装货物。

2. 链条输送机

① 滑动链式输送机。其通过链传动直接输送散装货物。

② 链板输送机。其在链条上安装平整链板来输送散装货物。

③ 金属网链输送机。这是在两条传动链上安装无接缝的金属丝网的输送散装货物的输送机，如图 9-28 所示。

④ 闸箱输送机。这是把具有一定质量的闸箱连续安装在链条上输送散装货物的输送机。

⑤ 盘式输送机。这是在链条上连续安装了取代闸箱的货盘的输送机。

⑥ 转斗式输送机。这是斗式容器通过销轴安装在链条上的输送机，如图 9-29 所示。

⑦ 刮板输送机。这是使用特殊形式的链条把料槽中的散装货物刮下来的输送机，如图 9-30 所示。

图 9-28　金属网链输送机　　　图 9-29　转斗式输送机　　　图 9-30　刮板输送机

3. 螺旋输送机

螺旋输送机是利用螺旋叶片来输送料槽和料管中的散装货物的输送机，可分为卧式螺旋输送机（见图 9-31）和垂直螺旋输送机（见图 9-32）。

图 9-31　卧式螺旋输送机　　　图 9-32　垂直螺旋输送机

4. 振动输送机

振动输送机是使料槽振动来输送散装货物的输送机，可分为水平振动输送机和垂直振动输送机。

① 水平振动输送机，是通过在水平方向上使料槽振动，从而实现散装货物水平输送的输送机，如图 9-33 所示。

② 垂直振动输送机，是利用垂直方向的直线振动和绕铅垂中心轴的扭转、振动，使物料沿螺旋槽实现垂直输送的输送机，如图 9-34 所示。

图 9-33　水平振动输送机　　　图 9-34　垂直振动输送机

5. 斗式提升机

斗式提升机是利用料斗来实现垂直或倾斜输送散装货物的输送机，如图 9-35 所示。

① 链条斗式提升机。这是在链条上安装料斗的斗式提升机。

② 带式斗式提升机。这是在输送带上安装料斗的斗式提升机。

③ 离心送料斗式提升机。这是利用离心力输送散装货物的斗式提升机。

④ 完全排料斗式提升机。这是在最上面让料斗翻转，从而完全倒出散装货物的斗式提升机。

⑤ 重力排料斗式提升机。这是设计了水平移动部分，利用重力排出散装货物的斗式提升机。

图 9-35　斗式提升机

⑥ 中央排料斗式提升机。这是在内部排出散装货物的斗式提升机。

6. 箕斗提升机

箕斗提升机是散装货物在下部进入带滚轮的料斗中，通过链条或钢绳把沿导轨的运动的料斗提升到最高位时翻转排料的输送机，包括倾斜式箕斗提升机和垂直箕斗提升机两种，如图 9-36 所示。

(a) 倾斜式箕斗提升机　　　　　　　　(b) 垂直箕斗提升机

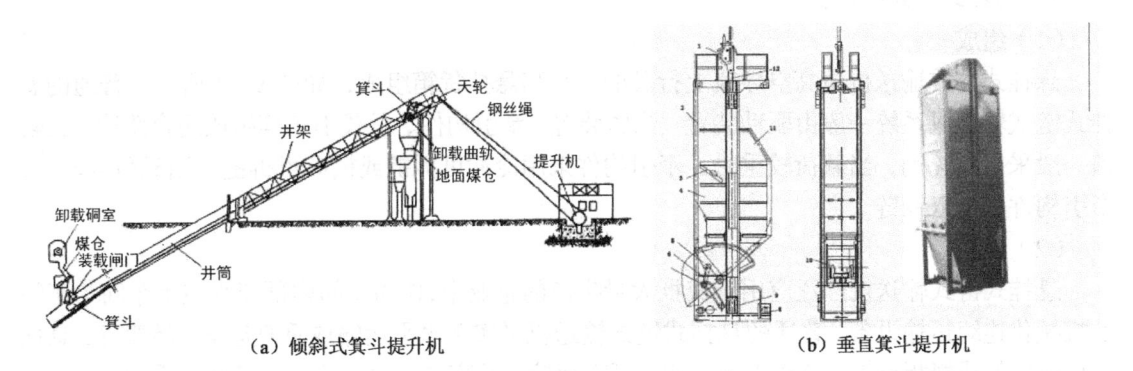

图 9-36　箕斗提升机

7. 气流输送机

气流输送机是利用具有一定速度和压力的气流输送散装货物的输送机。

8. 抛投机

抛投机是以高速度将散装货物抛投至较远处堆积起来的输送机。

9.5.5　包装输送机

现在大多数货物通常都有包装。被包装过的货物的输送情况与散装货物有一定的区别，因此两者的输送方式有些许不同。

1. 带式输送机

① 带式输送机：利用带式输送面输送被包装过的货物，一般输送带的材质有橡胶带面、纺织带面、树脂带面、钢质带面、金丝网带面等。

② 平带输送机：输送带截面为矩形。

③ 槽形带输送机：输送带截面为 V 形或 U 形。

④ 滑动带式输送机：利用货物在输送带表面的滑动来输送被包装过的货物。

2. 链式输送机

① 滑动链条输送机：把一条或几条链条作为载体直接承载、输送被包装过的货物。

② 平顶链输送机：在链条上安装一种附件作为载体输送被包装过的货物。

③ 金属网链输送机：在两条链上安装无缝金属网作为载体来输送被包装过的货物。

④ 堆式输送机：在链条上安装拉、压货物的附件来输送被包装过的货物。

⑤ 平板输送机：在链条上连续安装平板作为被包装过的货物的载体。

⑥ 推杆输送机：在链上安装推杆，类似辊道输送机的外形，将推杆作为载体输送被包装过的货物。

⑦ 吊式输送机：吊具通过空中链条在空中轨道上移动，从而实现输送被包装过的货物的目的。

3. 空中输送机

空中输送机包括悬挂式链式输送机和单轨电动小车两种。

1）悬挂式链式输送机

（1）组成

悬挂式链式输送机由高空导轨上行驶的一系列悬挂货箱组成，如图9-37所示。普通的悬挂式链式输送机系统一般由驱动装置、张紧装置、牵引构件、承载小车等组成闭合路线，其轨道一般采用冷轧钢，当载荷较重时，牵引构件采用冷冲可拆链或模锻可拆链；当载荷较轻时，牵引构件采用双铰链。

（2）应用

悬挂式链式输送机广泛应用于成批大量生产的企业中，作为车间内部流水线上车间与车间的机械化连续运输设备。普通的悬挂式链式输送机可实现水平运输或垂直运输、转弯等，悬挂在厂房屋架或楼板梁下，节省占地面积；可实现较长距离的输送，从几十米到几千米，功率损耗较低。

2）单轨电动小车

单轨电动小车与悬挂式链式输送机不同，它不用链条等牵引构件带动，而是每组小车具备独立的驱动装置（见图9-38），这样灵活性较高、不受链条牵引等约束。单轨电动小车系统可设置道岔，能实现从一个轨道进入另一个轨道的交叉搬运。

图9-37　悬挂式链式输送机

图9-38　单轨电动小车

4. 辊道输送机

辊道输送机包括以下几类。

① 直线辊道输送机：这是直线式输送货物的输送机。
② 曲线辊道输送机：这是曲线式输送货物的输送机。
③ 自由辊道输送机：其输送机辊筒是无驱动的。
④ 动力辊道输送机：这是通过某种动力辊筒运动的输送机。
⑤ 链条驱动辊道输送机。
⑥ 带式驱动辊道输送机：其输送带可以是平带、U形带或圆形带。
⑦ 摩擦驱动辊筒输送机：这是用摩擦辊筒来驱动运输辊筒的输送机。
⑧ 滚珠输送机：这是用滚珠取代辊筒的输送机。

9.6 自动化分拣设备

9.6.1 自动分拣系统的概念

自动分拣系统是将随机、不同类别、不同流向的物品，按其要求自动进行分类（按产品类别或产品目的地不同分拣）的一种自动化分拣设备。

自动分拣系统作业流程如下：物流配送中心每天接收供应商或货主的运输车辆送来的各种货物，在最短时间内将这些货物卸下并按其品种、货主、储位或发货地点进行快速而准确的分类，将这些商品分流至指定存储区域，同时，当供应商或货主通知物流配送中心并要求物流配送中心发货时，自动分拣系统要在最短的时间内从存储区取出货物并将货物分拣至不同的发货理货区域或配送站台，以便装车配送。

自动分拣系统的主要特点如下。
① 连续、大批量地分拣货物。
② 分拣准确，误差率极低。
③ 分拣作业基本实现无人化。

9.6.2 自动分拣系统的组成部分

自动分拣系统一般由控制装置、分类装置、输送装置及分拣道口组成。

控制装置的作用是识别、接收和处理分拣信号，根据分拣信号的要求指示分类装置、按商品品种、商品送达地点或货主的不同对商品进行自动分类。这些分拣需求可以通过条码扫描、键盘输入、重量检测、语音识别、高度检测及形状识别等方式输入分拣控制系统中，根据对这些分拣信号的判断，来决定某一种商品该进入哪一个分拣道口。

分类装置的作用是根据控制装置发出的分拣指示，当具有相同分拣信号的商品经过该装置时，该装置动作，使商品改变在输送装置上的运行方向进入其他输送机或进入分拣道口。分类装置的种类很多，一般有推出式、浮出式、倾斜式和分支式几种，不同的分类装置对分拣货物的包装材料、包装重量、包装物底面的平滑程度等有不同的要求。

输送装置的主要组成部分是传送带或输送机，其主要作用是使待分拣商品通过控制装置、分类装置，输送装置的两侧一般要连接若干分拣道口，使分好类的商品滑下主输送机（或主传送带）以便进行后续作业。

分拣道口是已分拣商品脱离主输送机（或主传送带）进入集货区域的通道，一般由钢带、皮带、滚筒等组成滑道，使商品从主输送装置滑向集货站台，在那里由工作人员将该道口的所有商品集中后入库存储，或者组配装车并进行配送作业。

以上4部分装置通过计算机网络联结在一起，配合人工控制及相应的人工处理环节构成一个完整的自动分拣系统。

9.6.3 分类输送机

1. 分类输送机的构成

分类输送机种类很多，其主要组成部分相似，主要包括下列几部分。

① 输入设备。被拣货物由输入设备输入分类输送机。

② 货架信号设定装置。被拣货物在进入分类输送机前，货架信号设定装置（键盘输入、激光扫描条码、重量检测、语音识别、外形及外观检测等）将分拣信息输入计算机中央控制器。

③ 导入装置。导入装置将被拣货物依次均匀地送入分拣装置，与此同时，导入装置还具备拉距、整形等功能。

④ 分拣装置。分拣装置是分类输送机的主体，包括传动装置和分拣机构两部分。前者的功能是将被拣货物输送到设定的分拣道口位置；后者的功能是将被拣货物分流至指定道口。

⑤ 计算机控制器。计算机控制器是分类输送机的指挥中心，将分拣信号传送至相应分拣道口，并指示启动分拣装置对被拣货物分流。分拣控制方式主要是脉冲信号跟踪法。

2. 分类输送机的类别

1) 浮动式分拣机

（1）直角移载机

直角移载机用于实现物料的直角转向输送，安装在辊道输送机的空档内，通过电动顶升完成货物的移载动作，如图9-39所示。

（2）弹出轮分拣机

弹出轮分拣机用于实现物料的斜角转向分拣，安装在辊道输送机的空档内，通过电机驱动在辊道空档上浮、下降，并通过斜导轮实现货物分拣，如图9-40所示。

图9-39 直角移载机　　　图9-40 弹出轮分拣机

2) 挡板式分拣机

挡板式分拣机利用一个挡板（挡杆）挡住输送机向前移动的被拣货物，将被拣货物引导到一侧的滑道排出，如图9-41所示。挡板的另一种作用是以一端为支点，旋转后挡住向前输送的货物，利用输送机的摩擦力使货物沿着挡板表面移动，从输送机排出至滑道。不需要分拣时，挡板恢复原位，输送机正常输送。

图9-41 挡板式分拣机

3）滑块式分拣机

滑块式分拣机在电控系统的控制下对货物进行输送、分拣。滑块式分拣机在输送方向上由若干导轨构成，每组导轨上安装有一个滑块，可沿导轨做横向滑动。不分拣时滑块停在输送机侧边，滑块下部有导向机构，当被拣货物到达指定道口时，滑块式分拣机的分拣装置驱动滑块有序地从导轨一侧滑动至另一侧，多个滑块可构成一个斜面将货物逐渐推至分拣道口，如图 9-42 所示。滑块式分拣机对货物的损伤较小，且分拣能力可观，在国内已有较广泛的应用。

4）交叉带式分拣机

交叉带式分拣机是一种高效、高精度、高节能的分拣机，独立载货单元形成循环作业闭路，提供双向输送式卸货、分拣，如图 9-43 所示。交叉带式分拣机由主驱动带式输送机和载有小型带式输送机的台车（简称"小车"）连接而成，主驱动带式输送机与"小车"上的带式输送机呈交叉状。当"小车"移动到规定的分拣位置时，转动皮带，完成把货物分拣送出的任务。

图 9-42　滑块式分拣机

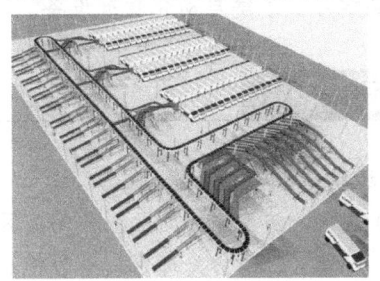

图 9-43　交叉带式分拣机

5）转盘式分拣机

转盘式分拣机利用每一个小车的盘面侧翻将装载的货物滑至分拣道口中，实现分拣功能，如图 9-44 所示。

6）扭轮式分拣机

扭轮式分拣机用于实现货物的斜角转向分拣。其通过电机驱动转向控制器改变滚轮的输送方向，实现货物的分拣，如图 9-45 所示。

图 9-44　转盘式分类机

图 9-45　扭轮式分拣机

关键术语

物流配送中心　　　　　　　　　自动化装卸搬运设备
自动化输送设备　　　　　　　　自动化分拣设备

本章小结

本章主要介绍了物流配送中心的概念、基本构成、基本作业流程。物流配送中心可理解为生产企业、商业企业、物流企业等从事大规模、多功能物流活动的业务实体。它的主要功能是大规模集结、吞吐货物，具备仓储、拣选、装卸搬运、包装、流通加工、信息传递、结算等功能，可划分为业务功能区域、物流设备、信息管理系统及辅助设施。

本章还介绍了自动化存储设备、自动化装卸搬运设备、自动化输送设备，以及自动化分拣设备。现代物流飞速发展，不管是物流配送中心的自动化程度还是信息化水平都已发展到了一个很高的水平，根据应用场景选择对应的自动化设备有助于优化物流配送中心的运行模式，所以我们要学习、了解自动化物流设备。

复习思考题

1. 填空题

（1）现代物流配送中心的业务功能区域由收货区、存储区、_____、_____、_____、包装区、发货区、退货处理区、不合格品处理区、废弃物处理区、管理区、设备存放及维护区等构成。

（2）根据美国物流协会的定义，AGV是指装有电磁或光学_____，能够按照规定的_____行驶，具有_____和_____、_____，以及具有各种_____的_____。

（3）动力辊道输送机是一种输送箱式物料、托盘物料或包状物料的输送设备，通过_____驱动，采用辊道面输送物料，主要用于物料的平稳输送，实现_____、_____并控制物料节拍。

2. 简答题

（1）AGV的基本结构是什么样的？典型的AGV有哪些？

（2）请简述巷道式堆垛机的结构组成。

（3）自动化分拣系统由哪几部分组成？各部分的作用如何？

第 10 章

地下物流系统设施与设备

本章学习目标

- 了解地下物流系统的概念；
- 掌握地下物流系统设施与设备的特点和组成；
- 熟悉各种自动运输系统的主要技术参数及特征。

案例导入

2019 年，新加坡人口达到了 564 万人，国土面积为 724.2km²。国土面积狭小而空间需求很大的新加坡，为了满足未来几代人的需求，做出了 Inter-estates Goods Mover System 规划，正在研究与规划一条长约 37km 的地下走廊，使得货物能够从各个工业区（或配送中心）直接运输到未来的 Tuas 港口。

思考题：在这个案例中，涉及哪些地下物流系统的专有的设施与设备？为什么采用地下物流系统及其设施与设备进行货物运输？这与传统物流运输方式相比有什么优势？

案例解读

专有的设施包括地下物流通道和地下物流节点，专有的设备是指在地下物流通道中自动化运输的车辆。地下物流系统运输货物极少甚至不占用地面空间，在地下的自动化运输不会因为交通拥堵影响货运时效，可以缓解城市交通压力及交通拥堵带来的各种问题，提升货运效率、降低货运成本。

10.1 地下物流系统概述

地下货物运输至少已有 200 年以上的历史。在最初，地下客运和货运同时被提出来，目前，地下客运在很多特大城市通过地下铁路已经实现；地下货运主要是利用地下管道运输气体和液体。自 20 世纪 90 年代以来，对利用地下空间运输固体货物的现代城市地下物流系统的研究受到了西方发达国家的高度重视。例如，美国著名地下空间学者格兰尼就提出了利用和发展城市中层、深层地下空间开发地下物流系统，以解决城市配送问题。从国内来看，2015 年地下物流《国家自然科学基金"十三五"发展规划》被列为优先发展领域；2019 年城市地下物流配送纳入国家《交通强国建设纲要》。从城市层面来看，地下物流系统作为构建高效物流配送网络的新手段和新趋势，从理念、技术研发到规划实践进展较快，已成为国内城市尤其是新城新区地下空间利用必不可少的功能选项之一。与建成区相比，新城新区对开拓性、创新性和示范效应有更强烈的追求，以及建设条件约束较少，与地下物流具有天然的契合性。例如，河北雄安新区、北京城市副中心、武汉长江新城等已将地下物流正式纳入或开展规划研究。

10.1.1 解析地下物流

1. 地下物流系统的概念

地下物流系统（ULS）是指以城市可持续发展为目标导向，基于自动运输技术，以地下管道和隧道等为运输通道，货物从物流园区通过干线运输转移至支线，利用自动运载工具实现与物流末端网点、小区、商场或自提柜等设施的连接，实行运输及分拣配送的一种智慧物流系统。地下物流系统具有不占用地面道路、几乎不受外界环境干扰的优势，可以实现自动化和全天候物流运输，保证了物流的时效性和可达性。其典型运营方式如图 10-1 所示。

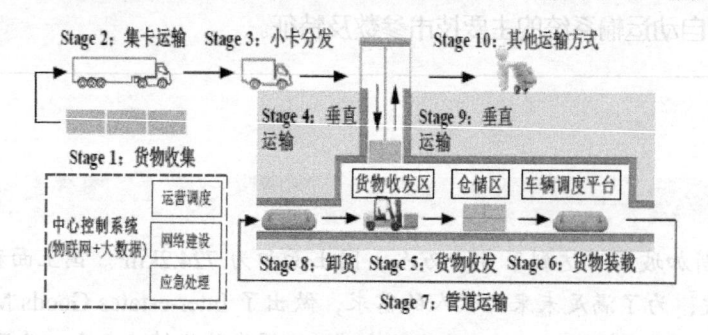

图 10-1　地下物流系统典型运营方式示意图

地下物流系统的支撑技术主要分为两类：地下空间和自动运输系统。自动运输系统与地下空间特别兼容，主要有两个原因：①自动运载工具在地下运行，不会受外界条件的干扰，从而更加可靠、效率更高；②因无人在地下空间（隧道）中，对隧道环境要求较低，可以节省地下空间维护费用。这两类技术的进展是刺激城市地下物流系统研究的直接动因，或者说给地下物流系统的提出提供了可能。

2. 地下物流系统的发展背景

随着城市规模不断拓展，很多货运车辆限制出行的范围不断扩大，原有物流设施面临二次选址；而目前城市地面空间紧张，在特大城市甚至维系城市生态平衡的必要土地和空间都很窘迫，很难保障城市物流节点的合理布局，这必然制约网上购物的发展，从而影响城市经济发展和居民的正常生活。另外，当前的城市货运现状迫使货运终端必须通过增加存储空间来保证基本服务的正常运转，这也加剧了城市地面空间资源的紧缺——物流末端存在大量违建，挤占安全疏散空间。同时，社区、写字楼内的末端也对商业空间造成一定程度的侵占。物流空间甚至考虑向"空中"及"水下"方向拓展，如沃尔玛"漂浮仓库"（Floating Warehouse）与配送系统、亚马逊的"空中物流中心"（Airbone Fulfillment Centers）和"水下存储设施"（Underwater Storage）等，然而最现实的选择是地下物流系统。地下空间技术已经成熟且发展得很快，发展地下物流系统自动运输技术已有很多应用。

10.1.2 地下物流相关研究现状及发展动态

以在美国召开的首届国际地下物流研讨会（ISUFT1999）为标志，现代地下物流系统的研究虽然已经超过20年，但仍是一个比较新的拓展领域，目前美国、荷兰、德国、比利时、日本和瑞士等国均有涉足。我国陆军工程大学（原解放军理工大学）、中国地质大学，以及上海市政工程设计研究总院和北京城市规划设计研究院等高校、科研设计单位，均从不同角度进行了地下物流系统研究，并先后将地下物流系统纳入北京、上海等城市地下空间规划之中。其研究具体包含以下3个方面的内容。

1. 地下物流系统技术概念及可持续优势量化研究

美国得克萨斯州交通研究院（TTI）的Roop提出基于安全货物机车（Safe Freight Shuttle）的地下物流系统概念，并进行了实体模型技术实验；德国波鸿鲁尔大学的Stein提出了创新的货物舱体（CargoCap）的地下物流系统概念（见图10-2），同样进行了实体模型技术实验；日本提出以两用卡车（DMT）为运载工具的地下物流系统，并完成了两用卡车自动运输的实验。瑞士研究团队等学者探讨了利用以"轨道+吊运"相混合的地下物流系统（CST）概念设计，并建立了实验段、进行了运载实验；中国地质大学马保松教授主要从地下物流系统基本概念的构建及非开挖技术等方面进行了研究。

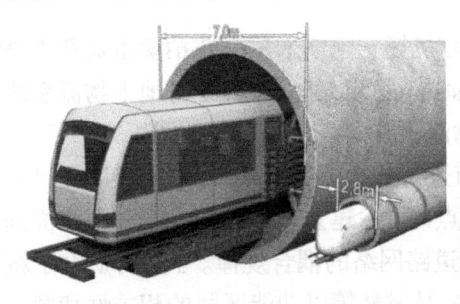

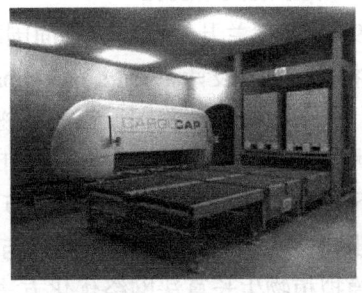

图 10-2 德国的 CargoCap 系统

在可持续优势量化方面，德国波鸿鲁尔大学的Stein等学者估计了德国公路拓展及维修方面的宏观量化费用，定性分析了德国公路拓展面临的环境和生态方面的压力，提出利用"地下运输与供应系统"可节省上述费用。美国得克萨斯州交通研究院系统总结了21世纪货物运输面临的挑战，包括公共安全、环境影响（空气与噪声）、运输系统效率、运输系统的维护、对生活质量的不利影响、对石油的依赖及安全等因素；估算了每年与墨西哥贸易交通道路的损失计量值（损坏、拥堵、事故和污染损失），以及维修费用和技术改造费用等，并计算了安全货物机车与卡车货运相比运行直接费用与公共收益的量化差值。日本进行了基于自动轨道技术的地下集装箱运输系统与集卡的无量纲能耗比较。比利时的研究结论如下：地下物流系统能耗与管道类似，对道路、铁路、水路及管道（地下物流系统）利用1L燃料运输1km的重量值进行了比较。本书作者对港口城市地下物流系统可持续优势进行了量化研究，以现有集装箱运输系统（集卡）为参照，解析地下集装箱系统与现有集装箱运输系统，不仅考虑集装箱运输"路"

的建设运营成本,也考虑现有集疏运"工具"的投资与运营成本,建立地下集装箱可持续发展优势的货币化计算模型,结合上海地下集装箱运输系统起始线路分析,得出该地下集装箱运输线路可节省能耗、减轻对路面的破坏、减少废气排放等量化数据。

2. 地下物流系统的潜在应用及规划研究

如前所述,对国际现代地下物流系统的研究已经有 20 余年,综合起来,其典型规划及研究如下:美国 Henry Liu 教授研究了基于气动舱体技术(PCP)的地下物流系统运输纽约市的建筑材料、集装箱和垃圾等 5 类货物领域的可能性;比利时 Willy Winkelmans 教授等完成了安特卫普港河底铁路隧道与地下物流系统的方案比较研究,从适合运输的坡度、建设费用、建设时间成本等角度得出利用地下物流系统运输集装箱更具可行性的结论;日本提出建设东京地下物流配送系统,确保可靠的运行,消除交通拥堵、减小环境压力,并从运载工具的尺寸、自动技术、地下深度、隧道的"一洞多用"等角度提出地下物流系统的概念要求;J.C.Rijsenbrij 等研究了利用地铁运输货物的可能性,并系统分析了客货联合运输至第二次世界大战后及目前客运与货运完全分离的演化规律,如利用地铁运输货物,必须在物流辨识、运载单元和专门货运标准等方面进行深入研究;2015 年,美国得克萨斯大学 Najafi 教授提出"将地下货物运输整合至现有运输系统",并获美国得克萨斯州交通部门资助,该研究目的在于研究美国得克萨斯州地下物流系统优化现有多式联运(尤其是卡车)系统的能力和可行性;本书作者对北京地下物流系统的起始线路选择、上海港口(洋山港)规划地下集装箱的可能性等进行一系列研究与探索。

3. 地下物流系统网络优化

早在 1996 年,荷兰开始针对史基浦国际机场、阿斯米尔鲜花拍卖市场和铁路终端之间的地下货运网络进行规划设计。Arjan Van Binsbergen 和 Johan Visser 对地下物流系统与城市物流空间网络进行了衔接研究。我国城市地下物流系统网络设计最早系统研究,可以追溯到 2003 年陆军工程大学钱七虎院士团队针对北京市进行的地下物流系统规划设计,提出了城市地理信息分析、地下物流可开发区域分析、网络节点确立、建立网络布局方案和网络优选评估等网络规划与设计步骤,并考虑了地下物流网络与道路网络的耦合规律。李彤等研究了城市地下物流优化布局的模拟植物生长算法网络优化方法。马成林等以功能区间的相关性和搬运成本为目标,构建了 ULS 节点功能区布局的 0-1 混合整数规划,并依托 AutoMod 平台进行了仿真优化。华云等认为影响地下物流节点选址的深层因素,包括站点至客户的平均距离、既有地下空间的状况和物流规模。胡万杰等从解决城市交通拥堵的角度出发,构建了"双层地下物流网络选址—路径模型",基于北京市等案例,提出一类非严格轴辐式双层 ULS 网络的物理拓扑及 O-D 运输路径综合建模与优化方法。地下物流系统作为具有"前瞻性"的一种物流设施,目前国内外没有商业化运营借鉴案例,因此对其进行物流网络仿真显得尤为重要。目前一般应用物流体系结构分布交互仿真、多 Agent 仿真技术、启发式算法、神经网络模型等方法进行仿真及建模,可对地下物流系统与其他物流方式的"无缝衔接"进行效果评估。

10.1.3 地下物流系统设施与设备

总体而言,地下物流系统设施与设备可以划分为地下物流系统设施和地下物流系统设备。地下物流系统设施在国外通常主要由政府主导规划和投资建设,为全社会生产和居民生活提供公共服务，是社会公共基础设施的重要组成部分，战略地位突出，服务和辐射范围大。地下物流系统设施与设备既有与公路、铁路、水路、航空和管道运输等物流方式通用的，也有专用的。其专用设施与设备包括地下物流节点、地下物流运输通道、地下物流公共信息平台、地下物流系统设备等。地下物流系统设施与设备的建设水平和通过能力直接影响着地下物流各环节的运行效率。纽约港口地下物流系统设施与设备示意图如图10-3所示。

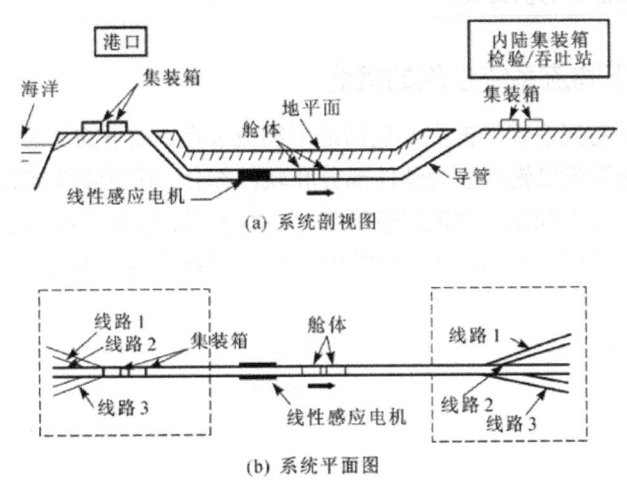

图 10-3　纽约港口地下物流系统设施与设备示意图

1．地下物流节点

地下物流节点一般主要包括物流中心和配送中心。

① 物流中心：主要指从事物流活动，具有完善信息网络的场所或组织。物流中心一般应具备以下功能：主要面向社会提供公共物流服务，物流功能较为健全，集聚辐射范围大，存储、吞吐能力大，可以为下游配送中心提供物流服务。

② 配送中心：配送中心主要指从事配送业务的、具有完善的信息网络的场所或组织。配送中心一般应具备以下功能：主要为特定用户或末端客户提供服务，配送功能健全，辐射范围小，提供高频率、小批量、多批次配送服务。

2．地下物流运输通道

地下物流运输通道是物流网络结构中的线路，是货物流动的主要通路，物流运输通道的通过能力直接影响着全社会物流的速度和效率。

3．地下物流公共信息平台

地下物流公共信息平台是指基于计算机通信网络技术，提供物流信息、技术和设备等资源共享服务的信息平台。其主要功能是支持或进行物流服务供需信息的交换，为社会物流服务供给者和需求者提供基础物流信息服务、管理服务、技术服务和交易服务。地下物流公共信息平台是建立社会化、专业化和信息化的现代物流服务体系的基石，对促进产业结构调整、转变经济发展方式和增强国民经济竞争力具有重要作用。

4．地下物流系统设备

按照功能的不同，地下物流系统设备可分为运输设备、装卸搬运设备、仓储设备、包装设备、流通加工设备、信息采集与处理设备、集装单元化设备等部分。目前，研究地下物流系统设备，除运输设备外，装卸搬运、仓储、包装、流通加工、信息采集与处理、集装单元化等设备都考虑与其他物流方式的通用或衔接。

10.2 地下物流系统设施

10.2.1 地下物流系统设施的概念

如前所述，地下物流系统设施主要包括地下物流节点、地下物流运输通道、地下物流公共信息平台。地下物流系统设施可分为硬件部分和软件部分，其中硬件部分主要是地下物流运输网络，包括地下物流节点和地下物流运输通道。一般来说，地下物流系统设施可以分为专用地下物流系统设施和与其他地下设施协同的地下物流系统设施。地下物流系统设施的组成如图10-4所示。

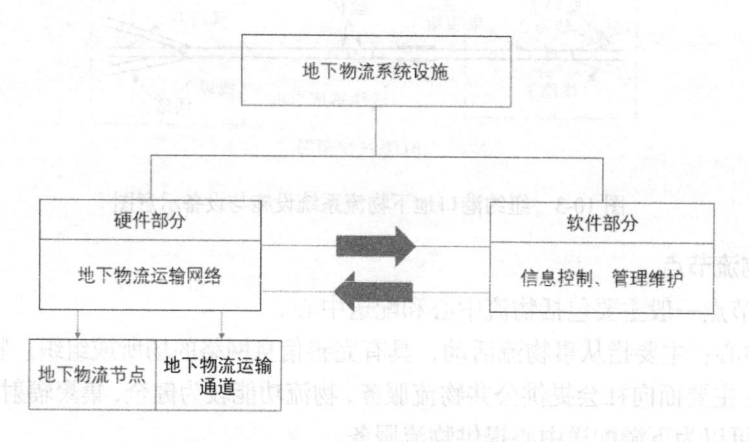

图10-4 地下物流系统设施的组成

专用地下物流系统建设耗费巨大，其优点是它的建设和运营对其他系统影响较小甚至几乎没有影响，效率较高。例如，瑞士为解决高速公路网的拥堵问题，规划了 Cargo Sous Terrain（CST）系统，CST 系统能够自动在指定的坡道和升降机中自动拾取和存放负载的自动无人驾驶运输车辆，使其在隧道中全天候行驶。CST 系统的第一部分将从 Härkingen-Niederbipp 到苏黎世，长约 70km，有 10 个物流节点。其将继续逐步向瑞士境内其他主要物流和配送中心扩展，规划到 2050 年，博登湖和日内瓦湖之间将建立总长为 500km 的网络，在巴塞尔、卢塞恩和图恩设有分支机构。建造第一部分（包括软件、枢纽，以及地下和地面车辆）的总费用估计为 30 亿瑞士法郎。

与专用地下物流系统相比，另一个城市地下物流系统方案——协同地下物流系统因其可以实现资源共享，且初始投资少，在目前较容易被建设方接受。典型的有地下物流系统与地铁系统、城市综合管廊及地下道路共用网络等。

（1）与地铁协同的地下物流系统网络

地下物流系统与地铁协同运输网络一般主要以地铁网络为骨干线路连通城市物流园区，并且选择空间上合理分布的部分地铁站点作为地下物流系统的站点，将现有的和新的地铁站、列车和隧道都经过设计和改造，以整合乘客通勤和物流功能。某国内新城地下物流系统与地铁协同网络示意如图 10-5 所示。

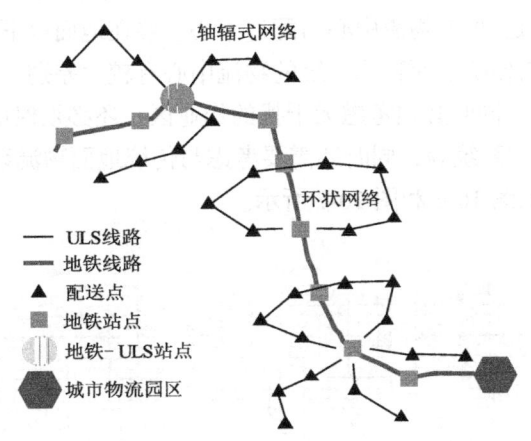

图 10-5　某国内新城地下物流系统与地铁协同网络示意

当货物从城市物流园区到达站点时，通过轴辐式网络或环状网络，采用隧道断截面较小的地下物流系统，连接城市的配送中心或终端。地下物流系统和地铁系统的联合开发可以显著降低总成本。此外，由于地铁基础设施的巨大潜力，在外部效益和服务能力方面，特别是在具有高度连接的地铁网络的主要城市地区，地铁地下物流系统可以预期与专用地下物流系统处于同一水平。这种系统的劣势在于与地铁客运的特性不同及相互影响。

（2）与综合管廊协同的地下物流系统网络

地下物流通道依托综合管廊干、支线布局，根据综合管廊线路分布情况形成网络化覆盖，在地下空间新建地下物流节点，节点宜布置在沿线物流需求集中区，选址避开管线出入口，尽可能布置在管廊的同侧，物流可服务到生活、生产核心区域。与地铁整合的地下物流系统相比，这种系统的物流活动可避免客运系统的影响，全天候运行，物流服务的安全性及稳定性高，可以依据实际情况考虑合舱或分舱形式。其劣势在于由于服务对象的不同，综合管廊与地下物流网络布局的差异性将影响运营服务水平和效率。

（3）与地下道路协同的地下物流系统网络

将点到点地下道路作为物流干线，将地块间的地下环路、地块内的地下车库联络道作为物流支线，结合地下停车库新建地下物流节点，共同形成网络，可覆盖城市配送、末端配送两个阶段。地下道路的改造建设成本较低，与地面交通路网衔接紧密，地下道路的封闭性可提高系统的独立性，但须谨慎考虑客货混行下的安全性。

10.2.2　地下物流系统节点

1. 地下物流系统节点分级

根据不同的需求，地下物流系统节点可进行规划分级。在规划中，一般分为两级，即物流中心和配送中心等。

物流中心是地下物流网络的中枢，是地下物流系统管理操控的中心，包括地上部分和地下部分。作为物流网络的出发点和集结点，物流中心的主要功能是负责货物的运输，按照输送的不同方向，可将物流划分为发出流和进入流。物流中心的辅助功能包括对物流的操作与管理，对 AGV 等承载工具的控制与维护，以及保障整个系统的安全。

配送中心是地下物流网络的节点，能够完成与物流中心相似的功能，但其组成和运作比物流中心简单。需要指出的是，地下物流中心与配送中心主要在地面以下实现对货物的配送功能，其组织结构和功能布局与传统地面物流系统的物流中心有较大差别，主要体现在：地下物流以 AGV 等为主要承载工具，同时必须考虑无干扰的作业区，还必须保证有足够的地下空间来处理货物、操作 AGV、维护系统等，同时还需要考虑与传统地面物流系统的衔接。

其典型的节点设计如图 10-6 和图 10-7 所示。

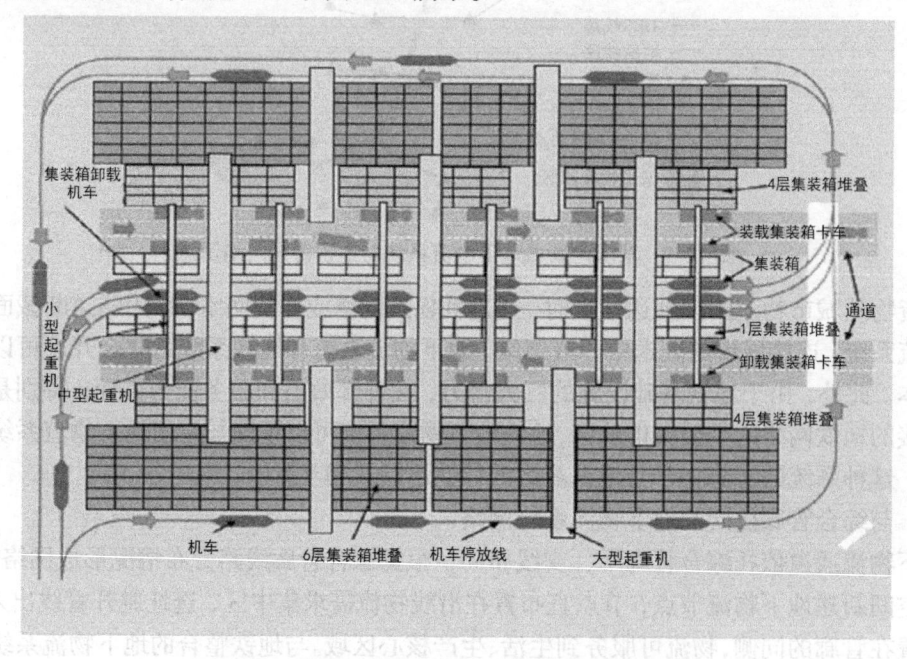

图 10-6 美国安全货物机车的物流节点平面设计

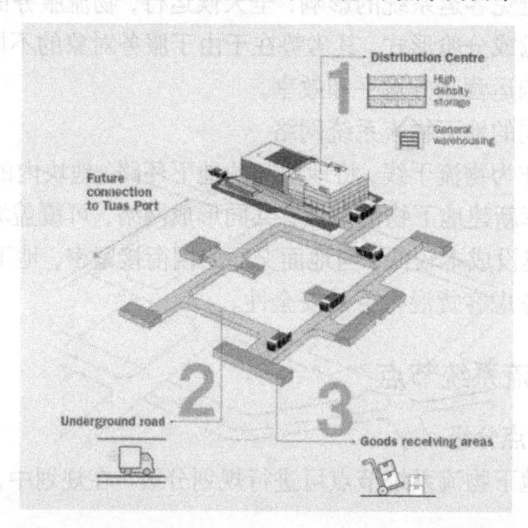

图 10-7 新加坡裕廊工业园片区地下物流节点概念设计

与地铁等协同的地下物流节点设施规划也在研究中，目前主要考虑有两种形式。一种形式是地铁客运车厢外挂货运车厢，货物进出车站的处理一般采取人工方式，轨道交通货运活动的组织，不会引起地铁客运时间表的实质性变化，如图 10-8 所示。

图 10-8　与地铁协同的地下物流节点概念设计形式（一）

第二种形式是将原来的地铁系统革命性地改造成一个新的集成系统，客运及货运为独立的专列，共享其站点区间段轨道，但其节点有分别独立的客运及货运站台，其网络能够以高度自动化的方式处理大量的物流操作，如图 10-9 所示。

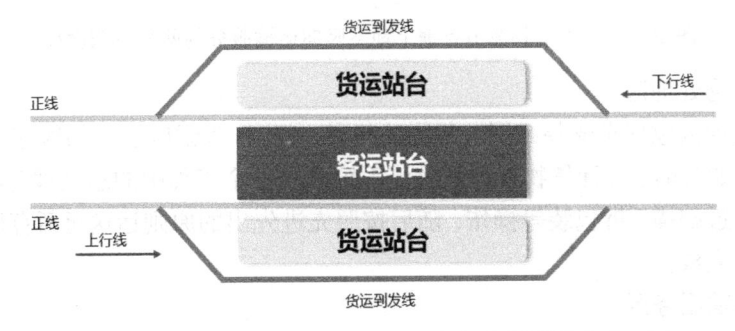

图 10-9　与地铁协同的地下物流节点概念设计形式（二）

2. 地下物流系统节点的规划建设原则

① 选址合理：物流中心和配送中心是整个地下物流系统连接的重要环节。除了考虑与地下物流网络的连接，还要考虑与传统地面物流系统的连接，包括公路系统和铁路系统。节点的选址直接关系到整个物流系统的效能，在规划中应综合考虑各项因素，尤其是要结合城市的具体情况，符合城市的总体规划。

② 容量适宜：网络节点要有足够的空间对货物进行处理。这就要求对货物运载的需求量进行分析，根据城市的相关资料信息对城市的物流需求量进行预测，进而规划出满足要求的容量。另外，节点还必须有足够的存储空间和操作空间，以便对货物进行暂时存储。由于配送中心主要是在地面以下实现其功能的，考虑到地下建设的费用远高于地面建设的费用，因此不能一味地追求大容量开发。

③ 功能完备：物流中心和配送中心必须具备完善的功能，包括货物输送、装载卸载、存储保管、系统维护及管理信息系统等功能。对各个功能划分实行分区布置，并且在各个部门的布置上要力求合理，以便最大限度地提高效能。

④ 规模化与标准化：通过对网络节点的规模化规划，以适应成本—费率结构中的规模经济原则；通过标准化的规划使得物流中心和配送中心能够更为有效地控制货物的流通与处理；通过在物流单元、存储设施装运设备及信息化体系等方面的标准化建设，提高作业效率和管理水平，同时标准化的建设能够在一定程度上降低建设费用。

3. 地下物流系统节点设计

地下物流系统终端货运系统包括地上货物处理系统、竖向运输系统、地下货物处理系统及地下集运系统，如图 10-10 所示。相应地可以将地下物流系统终端分为地上货物处理区、垂直运输服务区和地下货物处理区。

(a) 竖井形式 　　　　　　　　　　　(b) 坡道形式

图 10-10　地下物流节点地上地下竖向运输服务的两种典型设计

（1）地上货物处理区

地上货物处理区包括车辆装卸区、货物处理区、AGV 等候区、货物暂存区。从货物到达地面处理中心开始计时，统计货物在地下物流系统终端整个流程中的总处理时间。货物在地上货物处理区要经过扫描、拆包装等操作，随后按照先进先出的原则运送至暂存区。所有货物的移动都依靠叉车完成。

（2）竖向运输服务区

竖向运输服务区主要包括等待区和竖向运输工具两部分。根据竖向运输工具的运输能力限制，相应数量的货物由地面暂存区进入竖向运输等待区，随后系统调用竖向运输工具资源将货物转运到地下。

（3）地下货物处理区

地下货物处理区主要包括货物处理区、AGV 等候区、货物暂存区、装卸货站台。货物到达地下后，根据货物的目的地将货物重新打包，并将扫描后的货物运送至地下货物暂存区。如果装卸货站台的货物量未达到限值，则由货物暂存区继续向装卸货站台运送货物，等待列车到达，装车离开。

在传统物流中心布局设计的基础上，提出地下物流系统终端地上地下分离式布局形式，地上地下由竖向运输工具相联系，布局示意图如图 10-11 所示。

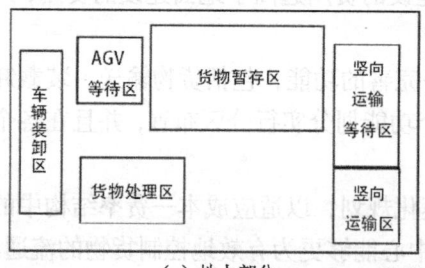

(a) 地上部分 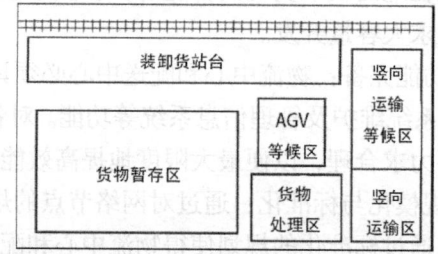　　　　　　　　　　　(b) 地下部分

图 10-11　地下物流系统终端功能区布局示意图

瑞士 CST 系统运行：货物通过枢纽进入 CST，车辆完全自动装卸，利用垂直升降机将货物运入运输系统，如图 10-12 所示。此类枢纽在现有的物流中心协同建设，并确保与所有交通系统（铁路、公路、水运、空运）实现互联互通。CST 还在建立城市物流系统，配备环保车

辆，从而有效地将货物配送融入未来的智能城市。CTS 系统参与了货运的全程，包括最后的配送，与网点和消费者的交付全面协调，进行统一交付，而不是供应商单独交付其商品。CST 系统竖向布局系统如图 10-12 所示。

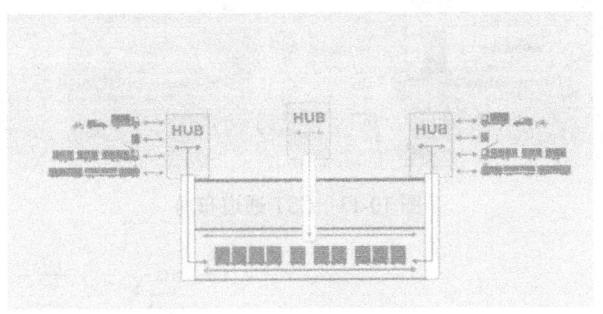

图 10-12　CST 系统竖向布局系统

10.2.3　地下物流运输通道

进行地下物流系统网络规划设计，应根据现有货运网络现状，在满足一定服务能力、客户需求、投资预算、共同安全、环境及货物运输时空约束等条件下，以提高货运网络的综合效能为目标，设计地下物流系统的节点、通道和路线，并确定相应的特征参数。

进行地下物流运输通道建设方案的决策，需要考虑货物运输网络的管理者（政府或投资者）和实际用户（物流运输商或个体客户）两个主体的行为目标，来优化地下物流网络。其中，实际用户可以选择运输的路线和模式，而管理者可以决定货物运输的类型和尺寸要求，并预测实际用户的运输行为，而实际用户不能预测管理者的决定，仅能够在固有的货运网络中进行有限的选择。按照规划建设运营模式，地下物流系统通道可分专用地下物流运输通道与协同地下物流运输通道两类。

1. 专用地下物流运输通道

（1）根据货物种类划分

专用地下物流运输通道根据货物种类可以分为运输单一类型货物通道和运输多种货物的混合货物通道。

① 单一类型货物通道：使用同一种运输方式运输相似的货物。例如，德国的 CargoCap、荷兰的 OLS 系统等都是典型的单一类型货物通道。

② 混合货物通道：使用多种运输方式运输不同类型的货物，典型的有地铁地下物流系统、瑞典的 CST 系统等。在瑞士 CST 系统中，车辆依靠电力驱动，并配有感应导轨，在三轨隧道中运行，时速约为 30km/h，货物以托盘或改装容器运输。运输车辆与制冷系统相容，还可以运输新鲜和冷藏货物。隧道屋顶是一个快速的架空轨道，用于运输体积较小的货物。CST 通道布局如图 10-13 所示。

（2）根据通道的断面大小划分

专用地下物流运输通道也可以根据通道的断面大小分为中小直径通道和大直径通道两类。

中小直径通道，一般其隧道或管道直径小于 5m，如德国的 CargoCap，其直径为 1.6~2.8m。美国 UTF 系统运输板条箱、托盘的通道也属于中小直径通道。

美国发展的地下物流系统在进行中短距离运输时，考虑在中小直径通道中使用有盖车辆运输板条箱防止负载泄漏,并在需要时提供温度控制。美国典型中小直径通道断面设计如图 10-14 所示。

图 10-13 CST 通道布局

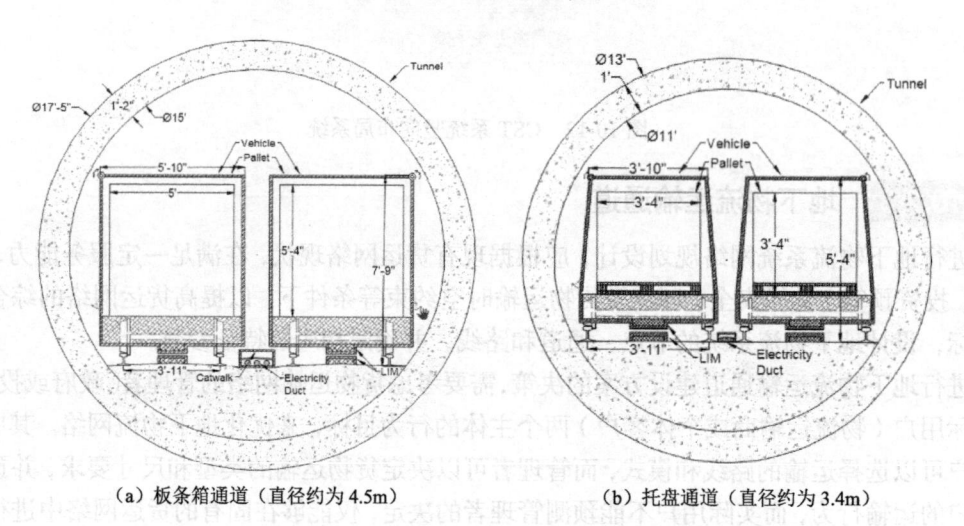

(a) 板条箱通道(直径约为 4.5m)　　(b) 托盘通道(直径约为 3.4m)

图 10-14 美国典型中小直径通道断面设计

大直径通道,一般其隧道或管道直径大于 5m。例如,日本正在研究的东京地下集装箱运输、美国发展的地下集装箱运输通道等,其运输对象主要为大型集装箱。

大直径通道又分为单轨与双轨等形式。双轨式集装箱运输通道(见图 10-15),因为集装箱本身能够实现温度控制,且内部货物溢出的可能性很小,所以在这种通道中使用平板车辆而不是使用有盖车辆进行运输。

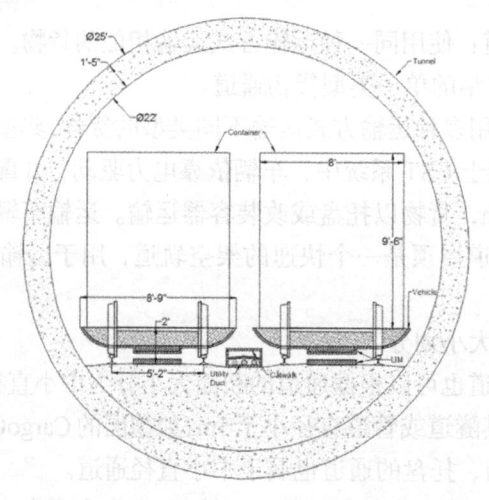

图 10-15 双轨式集装箱运输通道(直径约为 6.7m)

2005年，Dietrich Stein教授开始探讨利用CargoCap系统在港口和内陆之间运输集装箱等的可行性。其集装箱运载工具仍采用CargoCap的技术，但其尺寸等参数不同；集装箱运载工具是自动的，4个轴，最高速度可达到80km/h；能够进行编组，每组（Bundle）有3~4个运载工具，总长度为750m。其路线主体部分为单线，每30min发一组（Bundle），每18km有一个双线岛（Island），岛长2.7km。轨道的最大坡度（Inclination）为1.25%，最小转弯半径为1000m。单线方形隧道规格为5.31m×6.99m（右），双线方形隧道规格为10.08m×8.36m（左），圆形隧道直径为8.10m，如图10-16所示。

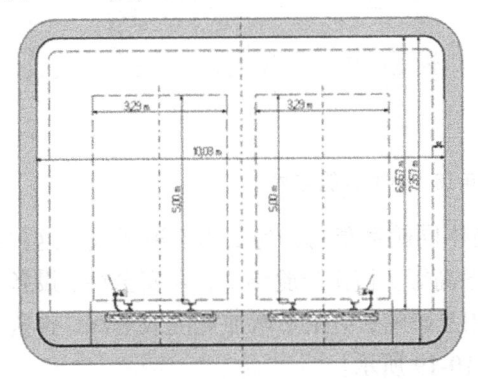

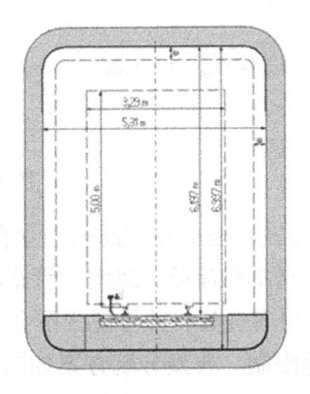

图10-16　CargoCap集装箱运输系统隧道断面图

另一个典型的大直径通道地下物流系统的案例是，日本一体化物流愿景（Integral Physical Distribution）规划提出应研究有效利用深层地下空间。为此，东京提出了在地下40m以下建设宏伟的地下集装箱运输系统，在港口与物流园区之间创造更有效的方式，将大井集装箱码头附近的一个点连接到圈央道八王子北立交附近的配送基地，并且沿着路线连接到主要道路的交汇区域附近将配置物流节点。

2. 协同地下物流运输通道

（1）与地铁协同的地下物流运输通道

利用地铁乘客车厢的空间来创建货运车厢，如图10-17所示，需要考虑货物与乘客在车厢内部的分布、货物与乘客进出车厢的模式、乘客与货物间的相互影响等。该方式的缺点有低容量、视觉干扰和潜在风险，并且很难实现规模经济，其对后勤人员的高要求也对客运服务造成了阻碍。

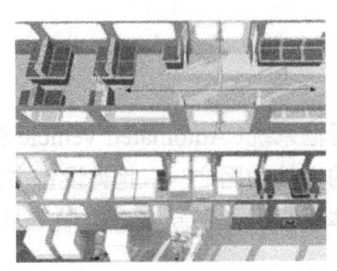

图10-17　利用地铁乘客车厢的空间来创建货运车厢

（2）综合管廊与地下物流系统

考虑到综合管理内部的管线排布可以考虑合舱或分舱形式。

① 合舱形式：地下物流通道与管线在同一舱室中布局，也可适当加高、加宽管线舱。其

优点是可节约投资，其缺点是有安全隐患。典型合舱方案如图 10-18 所示。

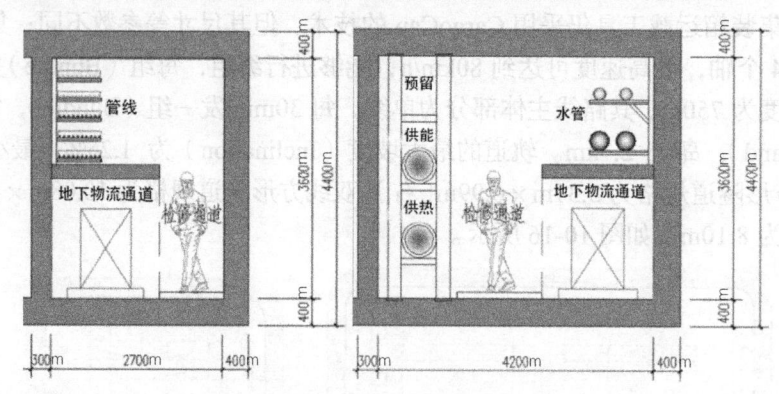

图 10-18 典型合舱方案

② 分舱形式：地下物流通道独立在不同舱室布局，为专用通道形式。这种管线排布形式可采取在两侧增加物流舱，或增加管廊净高等。相比合舱形式，在安全性、设备及设计灵活性上，分舱形式更有优势，且与管线不会相互影响；但由于增加宽度或埋深，投资有相应增加并受建设红线等限制。典型分舱方案如图 10-19 所示。

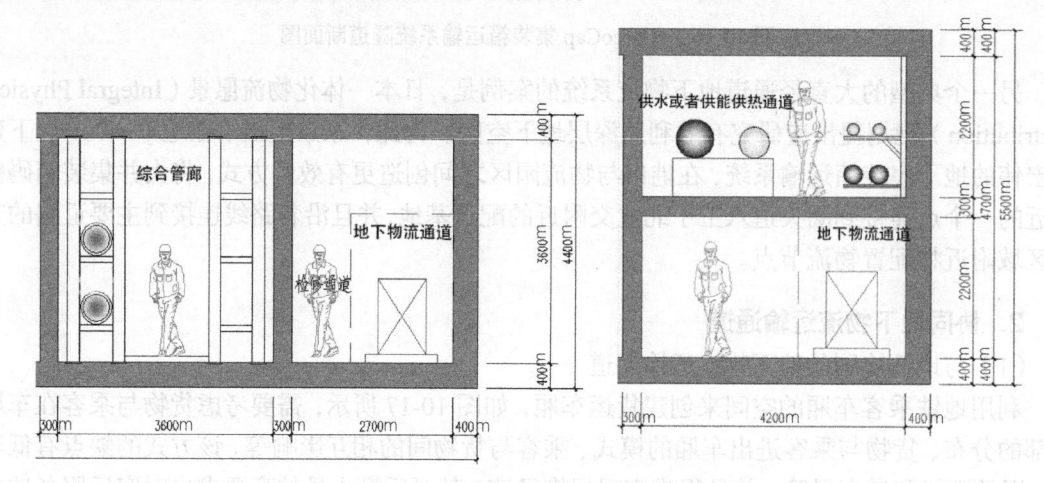

图 10-19 典型分舱方案

10.3 地下物流系统设备

地下物流系统的另一类支撑技术——自动运输系统（Automated Vehicle Systems）比较新，该技术的快速发展也是刺激地下物流系统研究的直接动因之一。此类设备主要包括传输带、基于道路或轨道的运载工具、基于密闭管道的舱体运载工具和新概念运输工具等。

1. 传输带

传输带主要用于运输包裹、小提箱和散装材料等，如煤或铁矿石等。

对于箱包运输来讲，传输带主要用于户内很短的距离，并以很低的速度行驶（1~2m/s），如图 10-20 所示。

(a)　　　　　　　　　　(b)

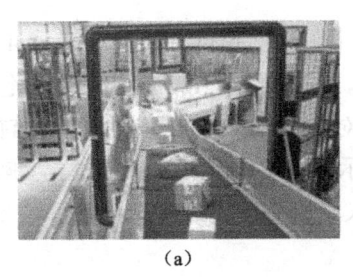

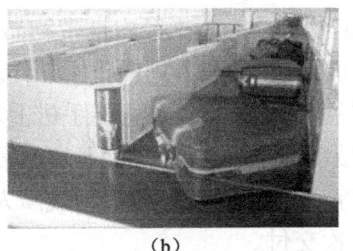

图 10-20　运输箱包的传输带

对于散料运输来讲，传输带主要用于户外并能够运输几千米之内的散料，最大的速度可达 8m/s，如图 10-21 所示。

(a)　　　　　　　　　　(b)

图 10-21　运输散料的传输带

2. 基于道路的运载工具

自动卡车和多挂车系统（Automated Trucks and Multi Trailer Systems）：目前世界上许多国家都在进行自动卡车的研究，如日本的两用卡车（DMT），尤其是 AGV，已有成功应用的例子，如图 10-22 所示的荷兰鹿特丹港口应用的 AGV 等。

从 20 世纪 50 年代到 20 世纪 90 年代，AGV 首先应用于户内的小件货物运输。在 20 世纪 90 年代，大型的户外运输集装箱的 AGV 应用于鹿特丹的 ECT 集装箱码头，随后这种 AGV 又成功应用于汉堡的 Alternwerder 集装箱码头。

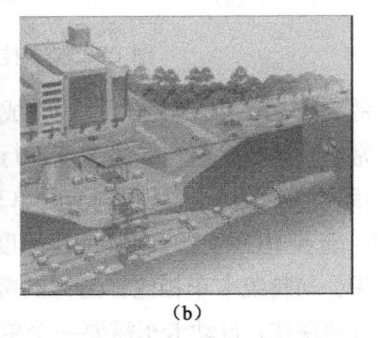

(a)　　　　　　　　　　(b)

图 10-22　荷兰鹿特丹港口应用的 AGV

AGV 目前大部分应用于中短途运输（几千米内），运行速度也不是很快，约为 1～5m/s，我国很多现代化的物流中心已经将小型 AGV 用于货物装卸搬运，AGV 也是荷兰地下物流考虑的重点应用工具之一。

针对无人配送，Skype 联合创始人 Ahti Heinla 和 Janus Friis 创办了 Starship 公司，Starship

可以在 4mi（1mi≈1609.34m）半径内携带物品［重量不超过 100ib（1ib≈0.45kg）］，以行人的速度移动，而且可以在物体和人周围正常工作。客户通过 App 提出请求，包裹、杂货和食品会直接从商店开始配送，还可以在智能手机上对 Starship 的位置进行实时监控。目前 Starship 已经在全球多个城市投入运营，如图 10-23 所示，如 George Mason 大学、威斯康星麦迪逊大学、休斯敦大学等。Starship 同样可以为残障人士提供便捷的配送服务。截至 2021 年 1 月已经完成 1 000 000 次交付。

自动卡车技术与传统卡车相当，能够进行短途运输，也能进行长途运输，其可行性已经有示范工程证明，能够在较短的时间内应用，如图 10-24 所示。

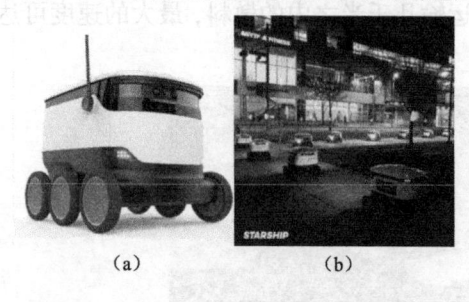

(a) (b) (a) (b)

图 10-23 Starship 的外观和配送场景　　图 10-24 荷兰的 Combi Road（左）美国的 PATH（右）

尽管还没有完全自动运输，但随着发展，多挂车系统（MTS）也是供选择的系统之一，MTS 在鹿特丹港口已经使用了很多年，如图 10-25 所示。一些实验也已经证明其自动多挂车系统的技术可行性，在荷兰 ECT Delta 港口，一辆 AGV 可以牵引 5 个挂车。

(a) (b)

图 10-25 多挂车系统

对于牵引挂车的 AGV 而言，也可以很快完成向自动卡车的转变，该系统每天 24h 运行，运行的间距可以非常小，甚至以相当低的速度运行，如 3m/s（约合 11km/h）。假设每辆卡车长为 18m，平均运行间距为 3m 多一点，其理论上的单车道最大运输能力将达到每小时 1000TEU，或每天 24 000TEU。随着速度的提高，其最快速度可能是 90km/h，理论上的运输能力将会进一步提高。进一步讲，与传统卡车相比，运行的费用可大大降低，尤其是劳力费用。

从总体上讲，直到现在，自动卡车需要一个单独的车道（Dedicated Lane），并且不能与正常交通流相混合（主要考虑安全和立法管理方面）。对于几十千米的短距离，可采用目前正在运行的 AGV 系统。该系统能够以 3~5m/s 的速度进行运输，并且该系统可以与码头终端处理系统完美地结合，不需要额外的装卸集装箱的空间。

对于长距离（150km 以上），更快的自动卡车将会被考虑。自动卡车和自动多挂车系统可能需要额外的装卸空间和对码头进行一些改进。但这类系统的使用在终端可能不会出现大的问题。

3. 基于轨道的运载工具

自动机车（Automated Trains）：世界上知名的自动轨道机车可能是在日本和法国的自动地铁系统，如图 10-26（a）所示。然而还没有用于货物运输的自动机车系统，就作者所收集的资料来看，世界上还没有正在运行的自动货物机车运行系统，但已经有了自动机车实验模型。图 10-26（b）所示为德国西门子公司设计的一个自动货物机车的原型，即 CargoMover。与自动卡车相类似，其运行速度和距离与现有火车相类似。

图 10-26 自动机车

CargoMover 是一个新设计的自驱动（Self-Propelled）、自动平板轨道货物机车，其有效载荷可达 60t，它可以在本地和地区间运输集装箱，其最高时速可达 90~150km/h。根据单线的速度和能力，其性能可以与自动卡车、多式挂车相竞争。

自动轨道机车能单个或多个编组，主要利用的是已实证的技术，这种技术不仅被 CargoMover 所证实，而且还可被正在运行多年的自动地铁系统所证明其是完全可靠的。然而，与自动卡车相类似，自动机车需要一个独立的设施，将自动货物机车与现有客车在同一轨道线上相混合是不会被接受的，至少在最近一段时间不可能被接受。德国的 CargoCap 系统其管道直径为 1.6~2.8m，利用欧洲的货盘（Pallet）作为运输的标准，以便与传统的运输系统相协调。每个 Cap 单元能运输 2 个标准的欧洲货盘。根据目前发展的 CargoCap 的概念，不需要任何的转运和重新包装，约有 2/3 的德国货物可直接利用 CargoCap 系统运输。CargoCap 技术参数如表 10-1 所示。

表 10-1　CargoCap 的技术参数

技术参数	数值	技术参数	数值
重量	800kg	轨道宽度	800mm
最大载重量	2000kg	管道直径	1600mm
转道最大坡度	4%	底盘	2840mm
最大速度	36km/h	导向轮距离	3200mm
最大加速度	1m/s^2	重量（不含货物）	800kg
轮子直径	200mm	摩擦系数	0.14
计量表	800mm	货舱宽度	1000mm
车轴距离	2840mm	货舱高度	1300mm
货舱长度	3500mm	货舱长度	3400mm
运输容量	2400mm×800mm×1050mm	最小曲线半径	20m
直流电压	500V	最大承重	1000kg
平均功率	3400W	最大功率	30 000W

另一个是线性感应电动机技术（Linear Induction Motors，LIMs）：LIMs 不是运输系统推进的新解决方案，基础技术已经存在了 150 多年。在 20 世纪早期到中期，Robert Goddard 和 Eric Laithwaite 都支持将 LIMs 用于运输推进。

LIMs 是固态设计，为车辆提供非接触式的推进动力，运行过程中不会有运动部件磨损或失效。为了进一步延长使用寿命，LIMs 使用最小故障点设计，并且在实际运行过程中不需要维护，非常适合在地下隧道等进入受限的设施中使用。LIMs 在运行过程中零排放，减少了现场污染和在运行区域（建筑物/隧道内部）对辅助设备的需求，以净化环境。

LIMs 通常单机运行，在轨道上运行推车、移动传送带或推动机械设备。磁场从电机的一端扫到另一端，拉动，然后推动反作用板使载具通过。对于大多数 LIMs 推进系统而言，定子固定在轨道上，转子安装在车辆上，以简化动力传递和减轻重量。控制系统基于轨道，传感器牢固地安装在定子内和定子周围，通常在车辆到达和离开后 100ms 内激活和停用 LIMs，降低了系统能耗和压力，延长了使用寿命。

在伦敦希思罗机场的 9 号和 5 号航站楼之间长达 11km 的系统中，有 6000 多台 LIMs 提供动态制动，系统消耗的能量仅仅是传统输送机系统的 1/3；在 4 000 000h 的运行过程中，由于故障需要更换的电机只有不到 2%。LIMs 系统用于行李运输如图 10-27 所示。

LIMs 推进车辆不依靠车轮摩擦，因此在冰雪中运行也不会影响性能。这些电机密封在 IP69 等级的不锈钢外壳中，可以通过磁场环境。爬坡能力不受抓地力的限制，减少了所需的动力输入，车辆制动不依赖摩擦力，任何车轮打滑都不是问题。英国研究的 LIMs 系统在大雪天气运行如图 10-28 所示。

图 10-27　LIMs 系统用于行李运输　　　图 10-28　英国研究的 LIMs 系统在大雪天气运行

美国研发的系统使用 LIMs 作为动力，其 3 种运载车辆的参数如表 10-2 所示。

表 10-2　3 种运载车辆的参数

参数	货物类型		
	集 装 箱	板 条 箱	托　盘
车重（美吨）	5	2.3	1
荷载重（美吨）	34	3.5	2.3
总重（美吨）	39	9.3	5.6
最小装卸时间（min）(辆·天$^{-1}$·向$^{-1}$)	1.5	2	2
系统容量（辆·天$^{-1}$·向$^{-1}$）	2880	4320	4320
需要的装卸平台	6	12	12
需要的叉车数量	N/A	14	14
需要的龙门架	8	N/A	N/A

注：1 美吨≈0.91 吨

此外，英国新研发的 Magway 是通过管道网络运输在线客户订单的系统（见图 10-29），这种系统结合了 LIMs 和控制技术，使用 LIMs 推动车辆，通过小直径（约 0.9m）的管道网络进行货物交付。目前英国正在计划建立一条从威勒斯登交界处到泰晤士河约 9km 长的管道，为 40 多万户家庭提供服务。

针对地下物流末端配送，也可以采用轨道方式自动运输技术。例如，以盒马鲜生和大润发为首的国内新零售生鲜超市已经广泛使用智能悬挂分拣输送系统（见图 10-30），以满足线上订单的时效需求。该系统能够可持续、大批量地分拣货物，系统工作效率高，分拣误差率很低，系统分拣过程可实现自动化、无人监控，这样可节省人力、减轻人工工作强度、提高劳动生产率。

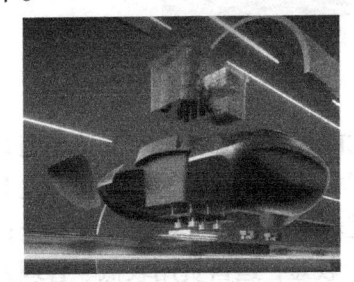

图 10-29　Magway 系统　　　　　　图 10-30　盒马鲜生的智能悬挂分拣输送系统

智能悬挂分拣输送系统采用"垂直提升装置+悬挂链系统+智能分拣位"的结构模式：分拣员收到任务后开始按区域及品类进行拣货，拣货完成后将分拣包投放到垂直提升机上，垂直将分拣包输送至运输轨道，经识别设备识别后，分拣包准确地被切换到打包挂装轨道，而后经打包员按照要求打包完成后交于配送员完成配送。这种系统逆向运行能够应用于地下物流系统入户环节的自动化运输，货物送达配送站（小区）后对货物进行分拣，投递到相应线路的悬挂分拣输送系统，通过运输轨道把货物送到各个居民楼，再由垂直提升装置输送到不同楼层并进行分拣，最终把货物分发给各楼层的住户。

4. 基于密闭管道的舱体运载工具

基于密闭管道的舱体运载工具也是一种地下物流运输设备，如水力舱体运输管线（Hydraulic Capsule Pipeline）和气动舱体运输管线（Pneumatic Capsule Pipeline），即 HCP 和 PCP。20 世纪 60 年代初，由加拿大的 RCA（Research Council of Alberta）率先对无车轮的水力舱体运输系统进行了研究，并于 1967 年建成了大型的试验线设施。之后，法国、德国、南非、荷兰、美国和日本等也相继开展了研究。特别是法国，Sogrech 公司首先建成了小型实用线，用以输送重金属粉末。1973 年后，日本日立造船公司对带车轮的水力舱体系统通过大型试验线设施开展试验研究和实用装置的设计。HCP 的特点是可以做长距离运输，根据美国能源部对距离小于 300km 的 HCP 输煤与煤浆管道做比较后得出"HCP 具有良好的经济性"的结论。无疑，其输煤成本较汽车低得多，在大多数情况下也较火车低。HCP 技术用于输送固体废弃物和输送谷物、农产品均极有开发前景。在未来，通过地下 HCP 管网连接各城市、城镇，通过物流的信息控制管理，以网络的形式如同汽车和铁路运输一样来输送货物。PCP 用空气作为驱动介质，舱体作为货物的运载工具，由于空气远比水轻，舱体不可能浮在管道中，为了在大直径管道中运输较重的货物，必须采用带轮的运输舱体，如图 10-31 所示。PCP 系统中的舱体运行速度（10m/s）远高于 HCP 系统（2m/s）。所以，PCP 系统更适合于需要快速输送的货物，如邮件或包裹、新鲜的蔬菜、水果等；而 HCP 系统的运输成本则比 PCP 系统更有竞争力，适合输送如固体废物等不需要即时运输的大批量货物。

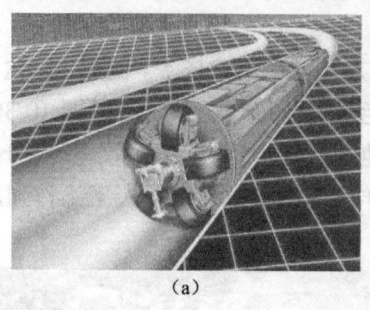

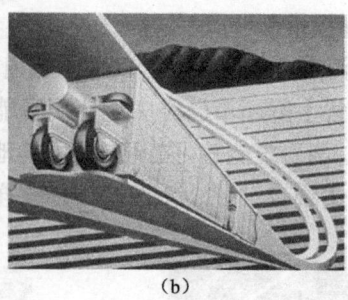

图 10-31　日本的 PCP 管道

除上述两种运输管线外，美国舱体管道物流研究中心（CPRC）还发明了 CLP 等密闭管道运输方式。CLP 是一种使用有压水作为载体，将压制成的圆柱状的煤棒作为长距离输送对象的管道输煤系统。与煤浆管道相比，CLP 技术不仅具有管道输送技术的优点（连续输送；基建投资较省，施工周期短；受地形限制较小，运输管线较直、较短；运营费用较低、管理人员少；易于自动化和维护检修较简单；占地少，对环境和生态影响小；具有全天候性等），而且它仅需煤浆管道输送的 1/5～1/2 的水量就可输送等量的煤。CLP 技术输煤的单位价格约为采用煤浆管道输送时的一半，而 CLP 的输煤量较煤浆管道提高了 2～3 倍。由于经济效益随运量的上升和运价的下降而增加，因此使用和运营一套 CLP 系统将比使用一套煤浆管道系统能获得更大的收益。

5．新概念运输工具

目前，还有一些新概念运输工具可以考虑作为地下物流系统运载工具。例如，悬挂集装箱运输（见图 10-32）、磁悬浮集装箱运输（见图 10-33），以及真空（低压）磁浮运输货物技术等具有较好的发展前景，但从作者收集的资料来看，上述运输技术仍处于试验阶段，还没有出现大规模商业运营的成功示范。

地下物流运载设备可以采用上述其中两种或多种技术。例如，荷兰正在进行的 Hyperloop 研究，是基于近真空管道中的高速舱体（大于 1000km/h），车辆利用磁力悬浮和线性电动机推进，在近真空的管道中通行，可用于客运和货运，实现低能耗、零排放的运输，进而实现有竞争力的客运和货运是该系统的目标，如图 10-34 所示。

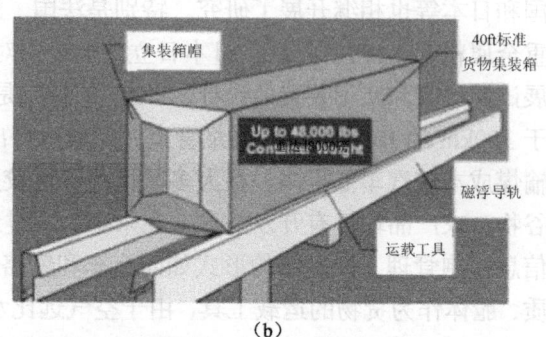

图 10-32　悬挂集装箱运输系统理念

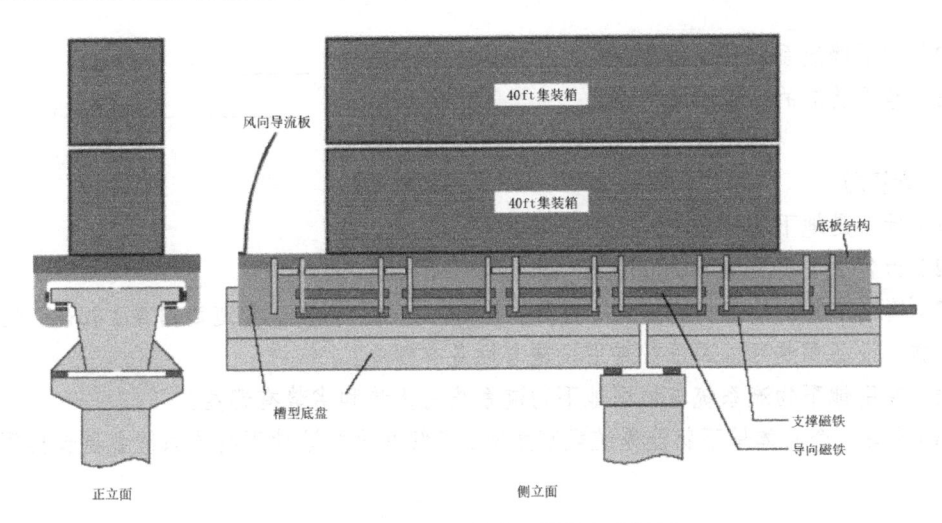

图 10-33　磁悬浮集装箱运输的概念设计

图 10-34　Hyperloop 概念图

关键术语

地下物流系统　　　　　地下物流系统设施
地下物流系统设备　　　地下集装箱运输
地下物流中心　　　　　地下配送中心
地下物流运载工具

本章小结

　　地下物流系统是全新的物流方式，通过在地下通道使用自动化的运载工具实现货物运输，旨在与传统物流良好衔接、相互配合以提高城市货运效率，缓解城市交通压力，减少环境污染。自动化的运载工具与地下的无干扰环境相契合，更加可靠、效率更高。无人化的物流设施与设备可以大幅节省地下空间维护费用，但地下物流系统设施设备建设初始投资巨大，其研发及规划设计还在不断进展之中。

复习思考题

1. 填空题
（1）地下物流支撑技术主要包括_____、_____两类。

（2）地下物流系统设施主要包括_____、_____、_____。

（3）地下物流的运载工具可分为_____、_____、_____、_____、_____ 5类。

2. 简答题

（1）什么是地下物流系统？

（2）为什么要发展地下物流系统？

（3）简述与其他传统物流方式（公路、铁路、水路、航空、管道运输等）相比，地下物流系统设施与设备哪些可以通用？专用设施与设备有哪些？

（4）专用地下物流系统与协同地下物流系统的优势和劣势有哪些？

（5）收集一个具体地下物流系统规划案例，了解并分析该地下物流系统主要包括哪些设施设备。

参考文献

[1] 付丽萍．物流技术与装备[M]．北京：清华大学出版社，2016．
[2] 曲衍国，张振华．物流技术装备[M]．北京：机械工业出版社，2016．
[3] 于英，杨扬，孙丽琴．物流技术装备[M]．2版．北京：北京大学出版社，2016．
[4] 杨扬．物联网基础与应用[M]．北京：北京大学出版社，2015．
[5] 王海雯，矫威，刘华．新编物流设施与设备[M]．北京：清华大学出版社，2015．
[6] 陈子侠，彭建良．物流技术与物流装备[M]．北京：中国人民大学出版社，2010．
[7] 范钦满．物流设施与设备[M]．南京：东南大学出版社，2008．
[8] 吴霞，刘翠翠．物流技术与设备[M]．北京：机械工业出版社，2019．
[9] 朱卫锋．物流自动化技术及应用[M]．武汉：华中科技大学出版社，2019．
[10] 徐正林，刘昌祺，毛建云．一本书看懂现代化物流[M]．北京：化学工业出版社，2017．
[11] 唐四元，马静．现代物流技术与装备[M]．3版．北京：清华大学出版社，2018．
[12] 汪时珍，张爱国．现代物流运输管理[M]．合肥：安徽大学出版社，2009．
[13] 王丰元．公路运输与安全[M]．北京：机械工业出版社，2001．
[14] 蒋祖星，孟初阳．物流设施与设备[M]．3版．北京：机械工业出版社，2013．
[15] 陈军．物流自动化设备[M]．徐州：中国矿业大学出版社，2009．
[16] 潘安定．物流技术与设备[M]．广州：华南理工大学出版社，2006．
[17] 钱七虎，郭东军．城市地下物流系统导论[M]．北京：人民交通出版社，2007．
[18] 钱七虎，郭东军．地下仓储物流设施规划与设计[M]．上海：同济大学出版社，2015．
[19] 李文斐，张娟，朱文利．现代物流装备与技术实务[M]．北京：人民邮电出版社，2006年．
[20] 陈艳艳，李平谱，张广厚，等．综合交通枢纽客流拥挤实时评价方法[J]．公路交通科技，2012，29（S1）：75-80+120．
[21] 盒马悬挂链系统首次曝光[Z]．https://3w.huanqiu.com/a/c36dc8/3zbEomHZABY?agt=11
[22] 王雅华，朱晓燕，张如云．物流设施与设备[M]．2版．北京：清华大学出版社，2018．
[23] 王喜富，苏树平，秦予阳．物联网与现代物流[M]．北京：电子工业出版社，2013．
[24] 翁兆波．物流信息技术[M]．北京：化学工业出版社，2007．
[25] 屈颖．物流信息技术与应用[M]．北京：人民交通出版社，2007．
[26] 卢瑞文．自动识别技术[M]．北京：化学工业出版社，2005．
[27] 张树山．物流信息技术与应用[M]．北京：国防工业出版社，2006．
[28] 王晓平．物流信息技术[M]．北京：清华大学出版社，2011．
[29] 苏春玲，何鑫生．现代物流信息技术[M]．北京：机械工业出版社，2006．
[30] 曹闯乐，于洪涛．无线射频识别技术在物联网方向的应用[J]．科学技术创新，2020（22）：107-108．

[31] 鲁斌. 地下物流与城市基础设施整合研究[R]. 第六次国际地下空间学术大会，2019.

[32] 陈艳艳，李平谱，张广厚，等. 综合交通枢纽客流拥挤实时评价方法[J]. 公路交通科技，2012，29（S1）:75-80+120.

[33] 郑保华，刘昌祺. 自动识别技术[M]. 北京：化学工业出版社，2016.

[34] 何程军. 智能化悬挂链配送系统在生鲜超市新零售的应用[J]. 科技资讯，2019，17（22）：192-193.

[35] 陈一村，陈志龙，郭东军. 城市地下物流系统研究现状[J]. 管理现代化，2019，39（03）：97-103.

[36] 黄欧龙，郭东军，陈志龙. 运用 SLP 方法布置地下物流系统配送中心[J]. 地下空间与工程学报，2006（01）：1-4.

[37] 陈荣兴. 新加坡规划未来地下空间——循环综合思维打造宜居和韧性的永续城市[R]. 第六次国际地下空间学术大会，2019.

[38] 陈一村，董建军，尚鹏程，等. 城市地铁与地下物流系统协同运输方式研究[J]. 地下空间与工程学报，2020（3）：637-646.

[39] 黄欧龙，陈志龙，郭东军. 城市地下物流系统网络规划初探[J]. 物流技术与应用，2005，10（06）：91-93.

[40] Houston Projects 2000 and 2001 Research Leading to The Design of A Palletized Cargo Consolidation and Distribution ULS for Houston, Texas [R]. 3th International Symposium Underground Freight Transportation，2002.

[41] M.C. VAN DER HEIJDEN, A.VANHARTEN, M. J. R. EBBEN, et al.Using Simulation to Design An Automated Underground System for Transporting Freight Around Schiphol Airport[J]. Interfaces，2002，32（4）：1-19.

[42] JUNKIKUTA, TATSUHIDEITO, IZURUTOMIYAMA, et al. New Subway-integrated City Logistics System[J]. Procedia - Social and Behavioral Sciences，2012.

[43] KELLY，J.M. MARINOV. Innovative Interiordesignsforurban Freight Distribution Using Light Rail Systems[J]. Urban Rail Transit，2017.

[44] NEIL FOSTER. Key Characteristics and Benefits of Linear Induction Motors Utilised in Underground Logistics Systems [R]. 7thInternational Society on Underground Freight Transportation Conference，2018.

[45] HUWANJIE, DONGJIANJUN, BON-GANG HWANG, et al. A Preliminary Prototyping Approach for Emerging Metro-based Underground Logistics Systems: Operation Mechanism and Facility Layout[J]. International Journal of Production Research，2020（11）.

[46] NAJAFI. Feasibility of Underground Freight Transportation in Texas [R]. The 5th International Academic Conference on Underground Space.

[47] BERTVERNIMMEN, WOUTDULLAERT, ERIK GEENS, et al. Underground Logistics Systems:Away to Cope With Growing Internal Container Traffic in The Port of Antwerp[J]. Transportation Planning & Technology，2007，30（4）：391-416.

[48] J.C. RIJSENBRIJ, B.A. PIELAGE, J.G. VISSER. State-of-the-art on Automated (Underground) Freight Transport Systems for The EU-TREND Project[R]. The 6th Towards New Rail Freight Quality and Concepts in The European Network in Respect to Market Demands, 2006.

[49] CHEN YICUN, LIU YING, GUO DONGJUN, et al. Freight Transit Assignments for An Integrated Network of Road Transportation and Underground Logistics Systems[J]. Journal of Pipeline Systems Engineering and Practice, 2020, 11（2）: 04020014.

[50] About Hyperloop[Z]. https://hyperloopdevelopmentprogram.com/about-hyperloop-hdp/

[51] Delivering Good(s) [Z]. https://www.magway.com/

[52] We are A Company Building A Network of Robots Ready to Serve You Anytime, Anywhere [Z]. https://www.starship.xyz/